DER *krumme* GITARRENHALS

JÜRG RENÉ **ACKERET**

novum ✦ pro

Dieses Buch ist auch als
e-book
erhältlich.

www.novumverlag.com

Bibliografische Information
der Deutschen Nationalbibliothek:

Die Deutsche Nationalbibliothek
verzeichnet diese Publikation in
der Deutschen Nationalbibliografie.
Detaillierte bibliografische Daten
sind im Internet über
http://www.d-nb.de abrufbar.

Gedruckt in der Europäischen Union
auf umweltfreundlichem, chlor- und
säurefrei gebleichtem Papier.

© 2024 novum Verlag

ISBN 978-3-99146-676-5
Lektorat: Sandra Fantner
Umschlagfoto:
Nikolai Grigorev | Dreamstime.com
Umschlaggestaltung, Layout & Satz:
novum Verlag

www.novumverlag.com

Druckprodukt mit finanziellem
Klimabeitrag
ClimatePartner.com/16547-2311-1001

Das Buch ist Gail gewidmet.

Inhaltsverzeichnis

Der krumme Gitarrenhals

I got to keep movin', I got to keep movin'
Blues fallin' down like hail, blues fallin' down like hail
Hmm-mmm, blues fallin' down like hail, blues fallin' down like hail
And the days keeps on worryin' me
There's a hellhound on my trail, hellhound on my trail

It keep me with ramblin' mind, rider
Every old place I go, every old place I go
I can tell the wind is risin', the leaves tremblin' on the tree
Tremblin' on the tree
I can tell the wind is risin', leaves tremblin' on the tree
Hmm-hmm, hmm-mmm

All I need's my little sweet woman
And to keep my company, hey, hey, hey
My company

Robert Johnson

Beben

Es gibt Erfahrungen, die so erschreckend sind, dass man sie vorerst nicht begreift. Das können Sekunden des Unvermögens sein, in denen sich die sichere Welt, in der man lebt, in eine Hölle verwandelt. Ich sitze lesend an meinem Pult vor dem offenen Fenster. Plötzlich ein Grollen, das rasch anschwillt. *Ist da eine Gefahr von der Verandatür herkommend – ein Monster vielleicht – welches das ganze Haus zum Erzittern bringt?* Todesangst flackert in mir auf. Nun wackelt das Pult wie ein Schiff auf hoher See. Mein Bürostuhl dreht sich. Es ist mir, als fiele ich hunderte von Metern ins Erdinnere. Ich haste durch das Wohnzimmer, vorbei an klirrendem Glas, dem zerborstenen Fernsehgerät, herabfallenden Büchern, renne unter den Türstock der Verandatür. Das Herz schlägt mir bis zum Hals. *Ich muss weg hier! Raus!* Mein Blick sucht nach etwas, an dem ich mich festhalten kann. Ich renne. Die Kalifornische Sequoia im Garten, an die ich mich kralle, schwankt hin und her. Vor meinen Augen öffnet sich die Erde, breit wie ein Bombenkrater. Mein Herz rast. Unter dem Orangenbaum, dort wo die Hecke das Grundstück begrenzt, ist der Boden mit Früchten übersät. Ist das hier schon das Ende, finito?

Es muss eine Ewigkeit vergangen sein. Totenstille breitet sich aus. Ich atme tief ein. Ein lauer Spätsommerabend, und ich schlottere am ganzen Leib. Zitternd gehe ich ins Haus zurück. Außer mir ist da niemand. Charly und George sind gar nicht erst nach Hause gekommen. Die Lichter sind ausgegangen, das Surren des Kühlschranks verstummt. Ich bin verwirrt, geschockt. *Teufel nochmal, was soll ich tun?* Ich habe keinen Plan. *Der Alltag muss doch wohl weitergehen?* Da fällt mir ein: *Heute ist mein Aikido Training.* Fast hätte ich es vergessen. Ich habe mich den ganzen Tag aufs Aikido gefreut. *Ich muss dahin. Jetzt.* Ich steige auf mein Bike und jage davon. Durch die Park Avenue, an Geschäften vorbei. Der Safeway Store ist bis zum Fensterrand ein Meer von durcheinandergeworfenen Lebensmitteln und ihren Behältern. Eingangstüre und Schaufenster sind zerbrochen. Da, ein Nachbeben. Früchte kollern aus dem offenstehenden Eingang. Straßenampeln stehen schief, sie sind dunkel. Der Verkehr ist zum Stillstand gekommen. Einige Fahrzeuge stehen ineinander verkeilt in einem Garten. Eine gespenstische Stille; Menschen sind keine zu sehen. *Was mache ich eigentlich hier?*

Meine Mitbewohner George und Charly habe ich seit Beginn des Bebens nicht mehr gesehen. Ich weiß nicht, wo sie sind, wann sie wieder kommen werden. Vermutlich sind sie bei den Eltern oder Freundinnen. Dann stehe ich wieder im Wohnzimmer. Es ist nicht zu fassen: Am Boden liegt eine Whiskyflasche, die den Sturz aus dem zersplitterten Schrank überstanden hat. Das benötige ich jetzt dringend. *What the fuck is going on here?* Ich genehmige mir einen Schluck Whisky, dann noch einen. Ich esse zwei Birnen, schalte das Radio ein. Stimmen reden durcheinander. Eine Frauenstimme betet, über einen anderen Sender ist ein Psalm singender Kirchenchor zu hören. Ein Sprecher berichtet mit sich überschlagender Stimme von der eingestürzten Bay Bridge, von verschütteten Autos und Menschen. Von Minute zu Minute werden die Nachrichten dramatischer. Teile der San Francisco-Oakland Bay Bridge seien zerstört, einige Autos seien in die Tiefe gestürzt. Mehrere Highways seien wie nach einem Bombenangriff beschädigt. Die Rettungskräfte seien völlig überlastet.

Um mich herum herrscht völlige Dunkelheit. Stunden später werfe ich mich aufs Bett, starre an die Decke. Trotz der Schwüle im Zimmer fröstle ich am ganzen Körper. Ein Gefühl der Verlorenheit kriecht meinen Rücken hinauf. *Da!* Ein erneutes Dröhnen, als hätte jemand eine Riesenwaschmaschine in Gang gesetzt. Ich gehe in die Küche, um mir einen Tee zu machen. Aber da ist kein Strom mehr. Hätte ich doch daran denken sollen, da ja auch die Lampen längst nicht mehr funktionieren. In Charlys Zimmer finde ich ein paar Kerzen, die er wohl benützt, wenn seine

Freundin Kate bei ihm schläft. Ich schaue mich in der Küche um. Der Boden ist von Scherben übersät. Ein Küchenschrank mit Schiebetür ist intakt geblieben. Darin finde ich das nötige Geschirr, um eine Mahlzeit einzunehmen. Von wegen Mahlzeit! Ich öffne die Kühlschranktür, ein unangenehmer Geruch schlägt mir entgegen. Klar, auch hier kein Strom. Erst gestern hatte Charly, auf den der Mietvertrag ausgestellt ist und der sich für die Ordnung verantwortlich fühlt, eine Menge Fleisch im Tiefkühlfach eingelagert. Wie lange wird es wohl dauern, bis wir wieder kochen können? Wovon soll ich denn leben? Selbst um einen Toast zuzubereiten, brauche ich Strom. Aber ich habe sowieso keinen Hunger. Obschon es im Haus sehr warm ist, beobachte ich eine Gänsehaut auf Armen und Beinen, zittere, bin unfähig, mich zu rühren. Ich schaue auf die Uhr, es ist drei Uhr morgens. Da klingelt das Telefon aus der Stube, am anderen Ende ist Tina aus der Schweiz. Es ist kaum zu glauben, meine Schwester. Die Mittagsnachrichten. „Ein Erdbeben", ruft sie, „Gott sei Dank! Du lebst!" Ein Rettungsanker, Tinas Stimme! Ich stammle: „Ja, ich bin noch am Leben." 8000 Kilometer Entfernung und meine Schwester hält den Telefonhörer in der Hand. Ihre Stimme klingt verwaschen. Sie sei besorgt um mich. Laut den Meldungen habe es viele Tote gegeben. Das Epizentrum des Bebens sei unweit von Palo Alto, beim Loma Prieta, dem höchsten Berg der Santa Cruz Mountains. Ich beantworte ihre Fragen, ja ich sei gesund. Meine Mitbewohner seien seit dem Beben verschwunden; vermutlich seien sie bei ihren Eltern oder Freundinnen. Tina sagt, dass sie vom Erdbeben mit Epizentrum in Loma Prieta südlich von Santa Cruz in den Frühnachrichten gehört habe. Eine Stärke von 7.1; also recht heftig. Man habe über große Schäden an Highways und Gebäuden in San Francisco berichtet. Als ich auflege, sacke ich zusammen. Ich spüre salzige Tränen in meinen Mund laufen. Doch ich fühle mich etwas weniger einsam. Wie ein Blitzschlag fährt es mir durch den Kopf: *Verdammt, wie weiter? Mein Studium?* Ich lege meine Hände übers Gesicht, mein Atem stockt. *Jetzt raff dich auf, Jonas, das Beben ist vorbei.* „Das große Erdbeben", „The Big One". War es das?

Franziska

Die jugendliche Frau wendet ihr Gesicht für einen Augenblick der blassen Sonne zu, als ob sie sich eine Pause gönnen wolle. Sie trägt zum ersten Mal in diesem Frühling eine ärmellose Bluse, dazu einen weiß geblümten Jupe. Sie ist vierundzwanzigjährig, könnte nach ihrem Aussehen eben zwanzig geworden sein. Schmales Gesicht, dunkelblaue Augen; ihre Lippen umspielt ein Lächeln. Es erscheint jedoch nur, wenn ihr Mann in der Nähe ist. Wenn er geht, aufbricht zur Arbeit, macht sich auf ihrem Gesicht der Ausdruck zerstreuter Abwesenheit breit. Sonn- und Alltag lassen sich bei ihr nicht anhand der Kleidung unterscheiden. Sie legt Wert auf einen angemessen eleganten Kleidungsstil. Um den Hals trägt sie einen hellblauen Schal.

Franziska trägt einen Korb zum Wäscheständer in den Garten. Sie greift hastig in den weißen Sack mit den Holzklammern, hängt gewaschene Hemden, dunkle Hosen, wollene, lange Unterwäsche an die Leine. Ihr Blick geht von der Wäsche im Korb zur Leine, wo sie die einzelnen Stücke mit Klammern befestigt, zum Kind, das sich eben zum Boden bückt, um eine Klammer aufzuheben und sie in den Mund zu stecken, dann ihren Schürzenzipfel ergreift. Eben hat die Kirchturmuhr halbzwölf geschlagen, sie erwartet Rolf zum Mittagessen. Heuer blüht der Flieder viel zu früh, denkt Franziska.

Eine Auffahrt führt zur Garage eines weiß gekalkten Hauses, an dessen Vorderseite ein schwarz umrandetes Schild informiert: „Dr. med. vet. Ammermann, Tierarztpraxis". Darunter informiert ein Emailschild: „Unterstraße 9".

Von der Auffahrt führen moosbewachsene Granitplatten über eine kurze Treppe in den Garten, vorbei am Wäscheständer zur Kinderschaukel, wo er endet. Unweit davon ein Kieshaufen. Der

Garten besteht aus einer großen Rasenfläche, in der mehrere inselförmig eingelassene Rosenbeete Ordnung schaffen und die sich einen sanften Abhang hinunterzieht. Die Grenze zum Wiesland des benachbarten Bauernhofs bilden eine Steinmauer und einige Johannisbeerstauden und Brombeerbüsche. Am unteren Ende, eingerahmt von Steinplatten, ein untiefer Swimmingpool, in dessen Wasserfläche sich das große Giebeldach spiegelt. Eine blaue Abdeckplane liegt zusammengefaltet daneben. Der Garten ist von einer hohen Buchenböschung umgeben; auf der Südseite schützt ein Haselnussbaumbestand die Wohnräume und einen Sitzplatz vor fremden Blicken.

Die Haustüre führt in einen Flur, von dem aus man in die Küche oder in die Stube gehen kann. Eine Treppe, mit rotem Teppich bespannt, führt hinauf zu den vier Schlafzimmern, die Treppe hinunter führt in eine unterirdische Welt, die aus einem Keller, der Waschküche und dem Nähzimmer besteht. In einem Anbau ist die Praxis untergebracht, bestehend aus zwei Sprechzimmern mit Apothekerschränken, die bis zur Decke reichen.

Der schrille Ton des Telefons ertönt durchs offene Küchenfenster und Franziska eilt von draußen ins Haus zum Wandtelefon. Bauer Wehrle ruft an, sie müsse Rolf sofort informieren, ein Notfall.

Wenig später eilt sie die Treppe hinauf ins obere Stockwerk, stellt sich ans Fenster des Kinderzimmers, schiebt die Jalousien beiseite: „Jonas, lass das!" Jonas führt sich gerade eine Kröte neugierig zum Mund. Das gelingt nicht, da sie sich zu regen beginnt und ihm das bräunlich-weiß gesprenkelte schleimige Tier entgleitet. Sein Gesicht verdüstert sich. Das Tier kriecht verängstigt auf die Böschung zu und verschwindet unter Zweigen. Das Kind rennt hinterher, stolpert; es kugelt das kurze Wiesenband hinab, bleibt im Geäst der Böschung hängen, während Franziska ihrem Sohn von oben zuruft:

– Pfui, wie kannst du? Kröten soll man nicht anfassen!

Der Gedanke streift sie, dass sie Jonas heute vor drei Jahren um diese Zeit zur Welt gebracht hat. Das Baby hatte sich so harmonisch in ihre Körperrundungen eingenistet. Tina, die Erste, hatte sie zwei Jahre zuvor gleich angelacht. Dann hatte sie geschrien, die Fäustchen geballt und dabei einen puterroten Kopf bekommen. Als Rolf seine neugeborene Tochter Tina auf den Arm genommen hatte, huschte ein stolzes Lächeln über sein Gesicht. „Myni Maite!", hatte er gerufen und ihre Babyfüße geküsst. Er war so stolz auf das Mädchen gewesen.

Als ihr die Schwester bei Jonas' Geburt das noch feuchte Baby in den Arm gelegt hatte, fragte sie sich, welche Reaktionen von ihr erwartet würden. Denn als sie bei ihrem zweiten Kind das Schnäbi des Neugeborenen gesehen hatte, war sie erschrocken. Nachdem sie mit Jonas vom Krankenhaus heimgekommen waren, hatte Rolf eine besorgte Miene aufgesetzt, ihr zwar zugelächelt, sich aber dann entschuldigt, er müsse den Abend mit Buchhaltung verbringen. Es sei dringend.

Wäre ihm eine Tochter lieber gewesen? Anstelle eines zappeligen Knirpses? Tränen treten in ihre Augen. Sie schließt das holzgerahmte Fenster, eilt die Treppe hinunter, packt den Telefonhörer, und ruft Rolf an:

– Mach bitte noch einen Umweg über den „Erlenhof". Dort lahmt ein Pferd.

Sie kennt die Bauernhöfe und die Stimmen der Bauern, sie kennt die Straßen, die Wege, die Weiler. Früh um sechs kam der erste Anruf, ein Notfall, eine Kuh, die in der Nacht ein Kalb geworfen hatte. Der Tierarzt musste die Nachgeburt entfernen, da Keime und Bakterien leicht in den Uterus eindringen konnten, wenn sie zu lange im Mutterleib blieb. Oft sind es Kalbsgeburten, die Kuh ist eng im Muttermund oder das Kalb liegt quer im Bauch und will steiß- und mit den Hinterbeinen voran heraus. Immer ist der Viehdoktor zur Stelle. Seit sieben ist er unterwegs. Auf Franziskas

Stirn bilden sich tiefe Furchen, sie fährt sich rasch mit beiden Händen durch die Haare. Es würde ein verspätetes Mittagessen geben. Also den Käseauflauf erneut aufwärmen, Esther, der Hausangestellten klar machen, dass aus der Ruhestunde frühnachmittags heute nichts werden würde. Dann steht der VW Käfer in der Einfahrt. Rolf stellt den Koffer in den Praxisraum, mit ihm weht ein Schwall herber Stallluft herein, er zieht die Stiefel voller Kuhdreck aus, platziert sie auf einer Matte und wäscht sich die Hände. Dann nimmt er seinen Platz am Tischende ein.

Im weißgetünchten Kinderhochsitz Jonas, der mit dem Löffel vor sich auf die Tischkante schlägt und den Plastikbecher umstößt, das Wasser tropft ihm über die Beine und bildet eine Pfütze auf dem Boden. Auf der Holzbank neben Mutter der blonde Krauskopf seiner Schwester Tina, den Blick zu Jonas gewandt. Im Korbwagen am Ende der Sitzbank liegt Beni, der jüngere Bruder, eineinhalbjährig, den Schnuller im Mund. Wenn seine dunklen Augen nicht geschlossen sind, richten sie sich auf die Mutter. Esther trägt das Essgeschirr und Platten mit Gemüse und Fleisch an den Tisch. Als Hauswirtschaftslehrtochter lebt sie unter dem gleichen Dach. Sie steht um sechs auf, macht Frühstück. Sie hat um zehn Feierabend, wenn alle Kinder im Bett sind. Die Erwachsenen falten die Hände: „Lieber Gott wir danken dir ...“ Um Jonas' Tellerrand ein Kranz von Wiesenblumen. Das Klirren des Bestecks, Kaugeräusche, Schweigen vorerst; dann beginnt Franziska:

  – Übermorgen Sonntag, wer hat Notfalldienst, Heiri oder du?

Rolf wirft ihr einen verärgerten Blick zu.

  – Wir, *wir* wünschen uns, dass du wieder mal einen Tag frei hast.

Rolf dreht am Knopf des Radios: „Der Sowjetrussische Regierungschef und Generalissimus Stalin ist schwer erkrankt. Nach Berichten der russischen Nachrichtenagentur TASS hat Stalin in der Nacht auf den Montag eine Gehirnblutung erlitten, von der lebenswichtige Teile des Gehirns betroffen wurden. Die rechte Körperseite ist gelähmt, der Kranke ist unfähig zu sprechen, später verlor er das Bewusstsein. Zur Behandlung des Generalissimus sind die besten Vertreter der medizinischen Wissenschaft aufgeboten worden." Der Sprecher geht zu den Wetterprognosen über: „Alpennordseite meist sonniges und tagsüber mildes Wetter, Nachtfrost in den Niederungen." Nun ist es der Vater, der spricht:

- Der Generalissimus wird den morgigen Tag nicht überleben! Es ist absehbar, dass es zu einem Machtkampf kommen wird, vielleicht werden dabei einige erschossen. Und Chruschtschow wird wohl die Oberhand gewinnen.

Franziska schaut mit einem Lächeln vom Teller auf, nickt, bietet die Schüssel mit den Fleischstücken herum. Sie wendet sich dann schnell Esther zu:

- Die Geburtstagstorte!

Mutter und Vater und auch Esther singen „Happy Birthday!" und lachen den Jubilar an. Tina klatscht in ihre Hände. Jonas' Mund rundet sich, er darf eine weiße Kerze ausblasen; es bleibt beim Versuch. Dann hebt die Mutter die Tafel mit einer gebieterischen Geste auf:

- Esther, ich helfe dir beim Abtragen des Geschirrs, den Rest machst du bitte selbstständig.

Den freien Sonntag mit Rolf hat sie längst abgeschrieben. *Ärgerlich. Ich bräuchte Rolf, gerade die beiden Buben, ihre Angetriebenheit lässt sich ohne Rolf kaum meistern.*

Und dann wie angeworfen: eine Migräne. Die Mutter geht nach oben. Sie schlägt die Schlafzimmertüre hinter sich zu. Sie legt sich ins Bett und legt einen angefeuchteten Waschlappen auf die Stirn.

Der zornige Hagios

Dahlien, Vergissmeinnicht, entlang der Granitmauer die Kapuzinerkresse blühen im Garten. Vater schneidet Rosen. Er legt die Rosenschere neben sich:

- Lass die Finger von dieser Schere. Damit kannst du die Finger blutig schneiden!
- Pah, lass mich doch.

Mutters Blick wendet sich einem Gestell zu, auf dem Kinderbücher stehen. Sie greift nach einem dicken Buch, legt es auf die Bettdecke, blättert und bleibt dann bei einem Bild stehen.

„Die Bibel in Bildern", sagt sie, zu mir gewandt, *von Julius Schnorr von Carolsfeld*. Sie muss die Decke breitschlagen, damit sie das Buch öffnen kann: *Der Sündenfall im Paradies*. Es ist ein dicker Apfelbaumstamm zu erkennen, darunter eine Frau und ein Mann, beide nackt und umgeben von Pflanzen und friedlichen Tieren. Der Leib einer mächtigen Schlange windet sich am Stamm hinauf. Die Zunge des Tieres zielt direkt aufs Gesicht der Frau. „Eva" nennt sie Mutter. Die Frau reicht dem Mann, Adam, einen Apfel. *Diese Schlange hat einen hinterlistigen Blick*, denke ich. „Ist die Schlange schuld an der Vertreibung von Adam und Eva aus dem Paradies?" Die Mutter sagt, dass die beiden Menschen schuld seien. Sie hätten nicht vom verbotenen Apfel essen sollen. Das verstehe ich nicht, da ja die Schlange sie verführt hat. Die Mutter sitzt noch lange an meinem Bett, die Hände im Schoß gefaltet. Sie singt das Beresinalied: „Unser Leben gleicht der Reise eines Wanderers in der Nacht ... Jeder hat in seinem Gleise etwas, das ihm Kummer macht ..."

Ich erwache in der Dämmerung. Ich krieche unter meiner Bettdecke hervor, die sich klebrig-heiß anfühlt. Auf dem Nachttisch die vertrauten Bilderbücher und ein Plastikbecher, von dem mir eine Ente entgegenschnattert. Der Wind bläht die Gardinen. Die Silhouette eines Riesenkäfers sitzt auf dem Fenstergriff, er scheint seine Greifer zu bewegen. Das Nachthemd ist schweißnass, ich schlottere wie ein Schlosshund. Die Eltern dürfen um diese Zeit nicht gestört werden, nicht einmal durch Anklopfen, obwohl ich das hin und wieder getan habe: zuerst ganz leise, dann lauter. Ich starre auf den Türgriff. Das Tier, ein Käfer, beinahe so lang wie der Türgriff selbst, sitzt immer noch darauf. Der Wind singt an den Ecken des Hauses, ein vertrautes Geräusch und ich darf nicht schreien. Dann höre ich die Schlafzimmertüre der Eltern – tripp trapp tripp trapp – der Vater auf der Treppe. Ich höre, wie das Schloss der Toilettentüre im Parterre einrastet. Stille. Dann das Rauschen der Spülung. Ich schleiche mich am Schlafzimmer der Geschwister vorbei und rutsche am Geländer nach unten, stehe dann vor der Türe. Ich schaue durchs Schlüsselloch direkt ins Auge des Vaters, höre seinen heftigen Atem, ein unterdrücktes Röcheln. Ich warte, mein Körper wird steif. Die Toilettenspülung ertönt erneut. Die Türe öffnet sich, der Vater, im blaugestreiften Schlafanzug, knöpft sich die Hosen zu, ein paar dunkle Haare dazwischen. Ich zeige auf den Türgriff. Vater beruhigt mich: „Du hattest einen schlechten Traum." Er mustert mich, ergreift mich bei der Hand und begleitet mich ins Kinderzimmer, wo er mich zudeckt. Dann höre ich ihn die Türe des elterlichen Schlafzimmers schließen. Die Mutter hat sich am Abend früh ins Bett gelegt, mit einem nassen Waschlappen über den Augen. Ich liege wach, dann setze ich mich im Bett auf, Schweiß klebt auf meiner Stirne. Ich starre die fast kahle Wand an. Nur zwei Bilder hängen dort: Ich blicke auf das eingerahmte Bildchen des barfüßigen Jungen, der neben seinem Strohhut im Heu schläft und das andere, das Mutter so liebt: eine Auenlandschaft an einer Flussmündung. Ich wende den Blick zum offenen Fenster hin. Vater hat es geöffnet, nichts bewegt sich mehr. Das Tier am Fenstergriff schläft, ich kann es nicht sehen. Es ist hinter dem Vorhang verborgen. Aus der Ferne höre ich ein Schleifgeräusch, einen hohen singenden

Ton, eine raue Männerstimme, die lauter wird. Diese Stimme schleudert zornige Worte gegen die geschlossenen Fensterläden. Pferde schnauben. Neugierig geworden klettere ich aus meinem Bett, gehe hinaus. Aus dem Schlafzimmer höre ich den regelmäßigen Atem der Eltern. Ich rutsche die Treppe hinunter, drücke die Nase ans Glas der Haustüre. Sie ist nur angelehnt. Ich schlüpfe hinaus. Meine Füße ertasten die kalten Granitfliesen, die Hand behalte ich auf der Türfalle. Das Fluchen wird langsam, aber sicher bedrohlich, während sich der Karren, gezogen von breitschultrigen Pferden, nähert.

Die Sonne geht auf, ihr Licht schimmert im taufeuchten Gras. Der Bauer steigt fluchend ab, reißt die Sense vom Wagen und geht die Böschung hinunter, klettert über den Zaun und beginnt, wütend die Wiese zu schneiden. *Ssssh, Ssssh*, geht die Sense durch das hohe Gras. Ssssh, Ssssh. Immer wieder, nur unterbrochen von den Flüchen des Bauern, der Selbstgespräche führt, während er sich Mahd um Mahd vornimmt und dann mit der Gabel zu Haufen aufschichtet. Das Quietschen der rostigen Bremsen, die an den von Eisen beschlagenen Holzrädern schleifen, unterbricht das „Ssssh" der Sense, während der Bauer sein erregtes Selbstgespräch fortführt:

– Ihr verdammten Hurenböcke!

Hagios schwingt sich auf den Bock, die Mähnen der Pferde wehen im Morgenwind. Jonas drückt seinen Rücken an die Haustür, stützt sich mit beiden Fäusten auf den Stein. „Ssssh, Ssssh!" saust die Peitsche auf sie nieder. Der Bauer brüllt die Tiere an, Peitschenhieb folgt auf Peitschenhieb, die Haut platzt ihnen an mehreren Stellen auf; er zerrt an den Zügeln, die Rosse halten jäh an. Sie stellen sich auf die Hinterbeine, dann ziehen sie wild an der Achse des Wagens, der ruckartig vorwärts springt. Bretter knarren, Holzspäne splittern. Hagios flucht laut, während das Heulen der Bremskurbel in meinen Ohren schmerzt. Unter dem „Ho!" des Bauern und dem wütenden Gezerre an den Zügeln kommen die Pferde zum Stehen. Er steigt nun wieder vom Bock und wuchtet mit der Gabel das frisch geschnittene Gras auf den Wagen. Die Tiere schlagen mit ihren Schwänzen um sich, um die Fliegen loszuwerden. Sie fressen büschelweise Gras. Er steigt wieder auf den Bock. Sein Blick richtet sich auf den nächsten Grashaufen. Das schüttere Haar fällt ihm ins Gesicht, aus dessen Mitte ein rauchender Stumpen hervorsteht. Als er erneut mit der Peitsche ausholt, landet der Zigarrenstummel im Gras. Der beißende Geruch weht bis zu mir hinüber. Ein Aufschrei, ein Schwall derber Worte. Verärgert dreht Hagios den Kopf in Richtung seines Hofes. Er holt mit der Peitsche aus, lässt sie auf die Rücken seiner Pferde zischen. Sie zittern wie Espenlaub. Ich erschrecke, will zurück ins Haus, aber die Tür ist zu. Der Wagen mit Bauer Hagios hoch auf dem Bock entfernt sich langsam. Ich friere, ich will nur noch hinein. Mit beiden Handflächen drücke ich gegen die Tür, sie bleibt geschlossen. Es ist kalt. Ich hämmere gegen die Tür, bis mir Vater im Schlafanzug und mit zerrauftem Haar die Tür öffnet:

– Hagios war da.
– Was machst du bei dieser Kälte da draußen? Ich habe doch gesagt, du sollst im Bett bleiben.

Vater nimmt mich bei der Hand, dann trägt er mich zurück ins Haus.

Eines Tages ist die Mutter weg. Sie ist im Spital. „Gallensteine“, sagt der Vater zu mir. „Wo sind die Steine“, frage ich argwöhnisch. Mein Vater schweigt, doch ich will die Wahrheit wissen. Spitäler sind etwas Schlimmes; da geht man nur hin, wenn man sehr krank ist.

– Sie hat Steine im Bauch, die sind etwa so groß wie Kieselsteine.

Der Vater führt Daumen und Zeigefinger der linken Hand zusammen, sodass nur ein kleiner Abstand bleibt.

– Das kann's nach einer Schwangerschaft geben.

Jeden Abend beim Zubettgehen frage ich Esther nach der Mutter. Esther weiß nichts und ich kann in diesen Nächten lange nicht schlafen. Einmal rufe ich nach dem Vater. Er kommt ins Schlafzimmer.

– Morgen werden wir sie zusammen besuchen.

Vater und ich gehen durch einen Park. Der Weg ist voller umgestürzter Bäume, die auf dem Waldboden und am Wegrand verstreut liegen, teilweise zersägt. Nachdem wir eine Weile gegangen sind, stehen wir vor einem schlossähnlichen, efeuberankten Gebäude. Ein Springbrunnen mit einem nackten, smaragdgrünen Knaben, der Flöte spielt, steht vor dem Eingang. Die Mutter liegt in einem Bett aus Metallstangen. Ihr Kopf ist tief im Kissen vergraben. Die Luft im Zimmer ist schlecht. Die Sirenen eines Notfallwagens ertönen. Mir wird übel. Ich gebe ihr die Hand, sie lächelt müde. Während die Eltern reden, stehe ich am Fenster und beobachte Spatzen, die sich auf einem Gartentisch um Brotkrümel streiten. Mir ist todlangweilig

– Wann gehen wir endlich?

Der Vater wirft mir einen missbilligenden Blick zu:

– Bedenke, du wirst deine Mutter eine Weile nicht mehr sehen.

Wenn ich im Bett liege, vermisse ich die schöne Stimme meiner Mutter. Die Lieder, die sie mir vor dem Einschlafen singt:

Alle Vögel sind schon da,
alle Vögel, alle.
Welch ein Singen, Musizieren,
Pfeifen, Zwitschern, Tirilieren.

Mutter

Esther und ich hängen gemeinsam Wäsche auf. Jonas kriecht auf allen Vieren zwischen unseren Beinen herum, während wir uns über das bevorstehende Mittagessen, Erbsen, Kartoffelstock mit Fleischvögeln unterhalten. Sie ist im ersten Jahr. Ich muss ihr viel erklären:

- Stell mir bitte zwei Pfannen Wasser auf. Fürs Gemüse. Für die Kartoffeln den Dampfkochtopf. Ich komme gleich nach.
- Jonas? Lass uns reingehen.

In der Küche drückt Jonas ein Loch in ein Stück Brot, das ich ihm gegeben habe. Er schaut durch das Loch und lacht, nagt am eingespeichelten Brotrauft, pustet laut und würgt einen Teil wieder hervor. Auf allen Vieren geht er auf Entdeckungsreise in der Wohnung. Er sabbert, ich wische ihm den Mund ab, worauf er schreit. Das hat er nicht gern. Das Telefon klingelt, ich wische mir die Hände an der Schürze ab, gehe in den Flur und greife nach dem Telefonhörer. Bauer von Allmen meldet: „Kuh mit Uterus … das Tier hat starke Schmerzen." Ich renne in die Küche zurück, aus der es dampft. Jonas wimmert, er ist hingefallen, schreit wie am Spieß und verteilt überall Brotkrümel. Das Telefon klingelt schon wieder. Im Laufgitter wimmert Beni schon seit einer halben Stunde, nachdem er den Schnuller, die Holzeisenbahn und die Legosteine zwischen die Stäbe hindurchgeworfen hat. Ich kann nicht mehr. Ich brauche einen Moment Ruhe. Dringend! „Esther, kannst du Jonas übernehmen? Ich bin oben." Ich nehme das Gespräch im Schlafzimmer entgegen. Rüdisühli. Schon wieder. Der hat diese Woche schon dreimal angerufen. „Eine der Muttersauen hat Rotfieber", sagt er. Wahrscheinlich wie immer falscher Alarm. Das letzte Mal war es die Schweinepest. Rüdisühli japst. Ich beruhige ihn und verspreche ihm, dass Rolf vorbeischaut. Dann versuche ich, Rolf zu erreichen. Jonas schreit. Ich rufe nach Esther. Irgendetwas riecht angebrannt. Wo ist Esther? Unten wird es still, wahrscheinlich hat sie mit Jonas hochgehoben. Rolf kann ich nicht erreichen. Ich hinterlasse eine Nachricht auf seiner Sprachbox und renne aus dem Schlafzimmer. Auf der Treppe muss ich mich am Geländer festhalten, weil die Beine beinahe ihren Dienst versagen. Aus der Küche schlägt mir Wasserdampf entgegen. Esther hat die Erbsen vergessen und die Kartoffeln haben zu wenig Wasser. Im letzten Moment ziehe ich den Dampfkochtopf vom Herd. Tina schleppt ein Salatsieb hinter sich her, das vom Tisch gefallen ist. Dann krallt sie sich in meine Schürze. Ich beobachte, wie Jonas sich durch die Stubentüre zwängt. Warum beschäftigt sich Esther nicht mit ihm? Er kriecht über den Gang zur Treppe, setzt den rechten Fuß auf die erste Stufe, zieht den linken nach oben, hält sich an der zweiten fest, schaut kurz zurück, um meine Erlaubnis zu holen, weiterzuklettern. Da ist niemand, der seinen Blick auffangen könnte. Er weiß, dass Abenteuer auf der steilen Treppe bei mir nicht gut ankommen. Erneut schaut er zwischen den Stangen des Geländers zur Küche, wo ich am Anrichten des Mittagessens bin. Ich sollte nicht immer „Nein" sagen, wenn er etwas ausprobieren will. Doch hat er sich bei Treppenstürzen schon zweimal den Kopf aufgeschlagen und sich tiefe Wunden in die Zunge gebissen. Ich halte es nicht mehr aus. Ich nehme ihn mir auf den Arm, setze ihn auf meine Hüfte und dann in den Kindersitz, was nicht ohne Zeter und Mordio abläuft. Nach dem Mittagessen ziehe ich mich ins Schlafzimmer zurück, während Rolf die Zeitung aufschlägt. Ich liege unter der schweren Daunendecke, lege mir einen kalten Waschlappen auf die Stirn und versuche, ruhig zu atmen. Die Vorhänge sind zugezogen. Plötzlich steht Jonas an meinem Bett. Er tritt von einem Fuß auf den anderen und schaut immer wieder, ob ich wach bin. Als ich die Augen aufschlage, kneift er erst die Lippen zusammen und lächelt mich dann an. Später begleite ich ihn nach oben und helfe ihm aus den Kleidern. Ich greife nach dem Schnorr-Buch in der obersten Reihe des Büchergestells. Das schwere Buch fällt mir auf die nackten Füße. Mein Blick muss schmerzverzerrt sein, denn Jonas schaut mich erschrocken an. Dann schlage ich eine Seite auf und erkläre ihm:

- *Das Bild zeigt den Bruch zwischen Gott und Adam und Eva, unmittelbar nachdem sie aus dem Paradies vertrieben wurden.*

Jonas betrachtet sich das Bild, den Herrgott eingehüllt in einen bodenlangen Mantel. Langes Haar fällt ihm bis auf die Schulter und ein furchterregender Strahlenkranz umgibt ihn. Der gestrenge, das Kind ängstigende Blick richtet sich auf das Paar, das sich in den Wurzelstock des Paradiesbaums kniet. Sogar die Schlange duckt sich vor dem Gebieter weg. Ihr unheilverheißender Blick richtet sich nicht wie im Bild des Apfeldiebstahls auf die beiden. Ich erkläre ihm:

- Eva und Adam verbergen sich vor Gottes Gesicht. Sie haben trotz des Verbots vom Apfelbaum gegessen. So ist das Böse in die Welt gekommen.
- Was ist eigentlich das Böse?

Ich schweige einen Moment.

- Wenn wir Eltern mit dir schimpfen müssen, nachdem du Dummheiten gemacht hast. Dann bist du böse.

Ich erahne, was er im Moment denkt: immer sind wir Eltern uns einig, gegen ihn. Doch ich fahre fort:

- Den Menschen ist der Weg zurück ins Paradies versperrt. Sie haben eine Sünde begangen.
- Was ist eine Sünde?

Wenn die Menschen eine Bosheit gegen den Willen Gottes tun, kehrt er ihnen den Rücken zu. Genauso können Kinder böse Monster sein. Albert Schweitzer hat einmal mit einer Steinschleuder auf Vögel gezielt. Das ist sündhaft. Er ging danach reuevoll in die Kirche, um Vergebung zu erbitten.

Ich will ihm etwas über Albert Schweitzer, den Urwaldarzt aus dem Elsass erzählen, aus dessen Büchern mir bereits meine Mutter vorgelesen hat. Doch seine Augen sind zugefallen.

„Der Mond ist aufgegangen, die goldenen Sternlein prangen am Himmel hell und klar", singe ich an der Bettkante und gebe ihm einen Gutenachtkuss. „Schlaf gut."

Dann lösche ich das Licht. Jonas schreit auf. Der Vater kommt und trägt das Kind in sein Bett. Er habe eine Schlange gesehen, die unter seinem Bett liege, sagt Jonas. Er schläft sofort ein. Gegen Morgen trägt mein Mann ihn wieder in sein Bettchen.

Jahre vergehen

Ende November fallen Tag und Nacht schwere Flocken vom Himmel. Nur vereinzelte Grasbüschel sind am schneebedeckten Berghang noch zu sehen. Sträucher und das Gewirr der Äste von greisen Apfelbäumen heben sich wie Gespenster vom Himmel ab. Begrenzt wird der Horizont durch einen Saum riesenhafter Tannen, die bei hereinbrechender Dunkelheit bald zu einer schwarzen Fläche zusammenwachsen.

Jonas ist viereinhalbjährig. Er trägt eine handgewebte, karierte Jacke mit einem Kragen aus Fuchspelz, mit rotem Wollzipfel und wollene Handschuhe, die bald durchnässt sind. Sein Lieblingsspielzeug ist die Schaufel, glänzend grün, die ihm die Mutter heute Vormittag in der Eisenwarenhandlung gekauft hat. Er stochert damit im knöcheltiefen Schnee herum. Als es einnachtet, entfernt er sich unbemerkt mit dem Schlitten vom Haus. Die Dämmerung kriecht aus dem nahen Waldrand. Er zieht den Schlitten bergan. Noch geht es weiter hangaufwärts. Dann stoßen Hampe und Reto aus der Nachbarschaft zu ihm. Gemeinsam ziehen sie ihre Schlitten hügelan durch den Tiefschnee. Jonas' Atem dampft. Nun sind sie bei den ersten Tannen angelangt, die Schlittenbahn ist erreicht. Dann entgleitet die Schnur der klammen Hand, der Schlitten entgleitet ihm, bevor er sich daraufsetzen kann, gewinnt an Fahrt und saust selbstständig in die Nacht. Jonas fällt vornüber, der Kopf taucht ins klebrige Nass. Er zittert vor Kälte. Reto und Hampe haben sich längst auf ihren Schlitten davongemacht. Jonas' Mütze liegt irgendwo im Schnee; seine Augen tränen. Aus der Nase tropft es rot. Er versucht, aufzustehen, er rutscht aus, hartes Eis drückt gegen die zarten Wangen, die Füße sind längst taub vor Kälte. Er bleibt liegen. Erst als die Mutter erscheint, weint Jonas.

— Du bist nicht bei Trost, allein hier schlittenzufahren! Wieso hast du dich davongestohlen?

26

Sie hebt ihn hoch, wischt Schnee fort. Die Mutter hält ihn, das nasse, zitternde Bündel in den Armen, sie hüllt ihn in dunkle Wolle.

— Siehst du, sagt sie, was geschehen kann, wenn du einfach verschwindest!

Später am Abend klingelt das Telefon: „Ja?", sagt die Mutter. Dann ruft sie Vater zu: „Eine Fehlgeburt!" Ein Blick durchs Stubenfenster genügt: Es schneit heftig. Um diese Zeit wird nicht mehr gepfadet. Jonas schaut zu, wie Papa fluchend Schneeketten montiert.

Als die Mutter an sein Bett tritt, ruft Jonas: „Muh muh – macht die Kuh." Er imitiert das Brüllen, wenn die Kühe vor dem Stall warten, um gemolken zu werden. Dann sinkt sein Kopf zufrieden aufs Kissen.

Tag um Tag ist Jonas sich selbst überlassen, während die Mutter täglich die verschmutzte Kleidung ihres Mannes, des Tierarztes – Schlupfhosen, Schlupfkasacks und Schürzen – und die Kleider der Kinder wäscht; wenn sie mit Esther am Tisch sitzt, ihr Anweisungen gibt und sie über Hausarbeiten unterrichtet oder in der Küche hantiert. Esther ist erst seit einigen Monaten hier. Die Mutter nimmt zuweilen Beni aus dem Laufgitter und lobt Jonas, wenn er mit den Plastikklötzen Türme baut, die Beni wieder zerstören kann. Nach einer Weile langweilt er sich; dann unternimmt Jonas Entdeckungsreisen in Haus und Garten. Er klettert gern, wird täglich kräftiger. Er erklimmt die Sitzbank in der Stube, um mit den Sitzkissen zu spielen. Einmal fällt er von der Sitzbank aufs Kinn. Die Zunge bleibt zwischen den Schneidezähnen hängen. Es blutet stark. Er schreit so laut, dass die Nachbarn, ein rühriges Ehepaar, zu zweit an der Türe klingeln. Herr Etter zupft an seinem Spitzbart, an dem noch Eigelb vom Frühstück kleben und macht ein säuerliches Gesicht. Frau Etter, eine rundliche Dame mit weit ausladendem

Busen, stößt den Vater in die Seite: „So mach doch und hol endlich das Auto aus der Garage, der Junge muss zum Arzt!" Doch die Mutter hat schon Doktor Mächler angerufen. Sein Mercedes fährt eben in die Garageneinfahrt. Der korpulente Arzt mit einem schwarzen Koffer in der Hand lächelt freundlich. Jonas darf sich an den Küchentisch setzen. „Kannst du mir mal die Zunge herausstrecken?", weist ihn der Arzt an. Dann sieht er genauer hin, stellt fest, dass die Zunge einen Riss in der Mitte hat, die Zungenspitze hängt nur an einem Stück Haut. Der Blick des Arztes wird ernst:

– Da müssen wir wohl nähen!

Er öffnet seinen Lederkoffer. Scheren und Messer verschiedener Größe werden sichtbar, zugleich verbreitet sich ein scharfer Desinfektionsgeruch, den Jonas aus Vaters Praxisraum kennt. Der Arzt beruhigt Jonas:

– Komm her, wir machen ein paar Stiche, du brauchst doch für den Rest deines langen Lebens eine ganze Zunge!

Das Kind drückt sich unter den Stubentisch.

– Wenn die Zunge genäht ist, wirst du wieder Himbeereis schlecken können; noch heute.

Jonas weigert sich, hervorzukommen. Er wirft der Mutter einen verzweifelten Blick zu. Auch Vater wird herbeigerufen. Mit beiden Händen in den Taschen steht er da:

– Jonas, komm sofort heraus, du hast doch kürzlich beobachtet, wie ich die Zunge eines Schäferhundes nähte.
– Der Hund hat geschlafen, entfährt es Jonas.

Er kriecht zum anderen Ende des Tisches, und bevor der Vater ihn mit seinen kräftigen Armen unter dem Tisch gepackt hat, schnellt Jonas empor, rennt die Treppe hinauf, und weg ist er, verkriecht sich in einer Schlafzimmerecke. Dr. Mächlers Geduld ist nun am Ende, es ist kurz vor Mittag. Er lässt einen Eis-Pack und eine Salbe zurück. Die Mutter drückt den Pack an die Wange, um die Wunde zu kühlen. Mächler packt seinen Koffer und wünscht „Einen guten Appetit", schlägt die Haustüre hinter sich zu. Jonas darf zum Mittagessen nur einen bitteren Tee trinken. Die Aufregung hat ihn ermüdet. Die ersten Stunden des Nachmittags verbringt er auf seinem Bett, die Beine angezogen, ins Kissen schluchzend. Der Vater hat ihm einen zottigen Teddybären zur Seite gelegt, bevor er sich auf seine Praxisrunde macht. Abends zeigt sich, dass die Zunge gerötet und stark angeschwollen ist. Jonas erhält Brei aus süßlich schmeckendem Gemüse. Zum Nachtisch Himbeereis. Erstmals seit der Verletzung heitert sich sein Gesicht auf.

Am nächsten Morgen erscheint Dr. Mächler um zehn Uhr. Er schaut dem Kind in den Mund. Die Zunge ist abgeschwollen, blutet aber leicht. Obschon er nur Brei essen darf, hat er sich erneut auf die Zunge gebissen. Es blutet. Dann steht der Arzt am Küchentisch, stützt seinen Kopf mit den Ellbogen und sagt:

– Wir werden die Zunge nicht nähen, sie wird mit der Zeit zusammenwachsen. Ein Spalt im vorderen Zungenteil wird immer bleiben. Ich lasse ein Desinfektionsmittel für Jonas da.

Er verabschiedet sich, indem er Jonas den Kopf tätschelt. Jonas ist auch nach dieser Geschichte nicht vorsichtiger bei seinen Spielen.

Nachmittags erforscht er, wie es jenseits der Gartenmauer aussieht. Er klettert über die Steinmauer und fällt in die hohe Wiese, die Bauer Hagios gehört. Die Hosen sind an den Knien aufgeschlitzt. Plötzlich steht er vor einem großen Scheiterhaufen, ein altes Schindelhaus dahinter. In diesem Haus hat er kürzlich mit

Mutter Vaters Wanderschuhe abgeholt. Schuhmacher Knorr hat einen langen Bart wie der Herrgott aus dem Bilderbuch der Bibel. Und er lächelt dauernd vor sich hin. Jonas' Hand reicht mühelos bis zum Türgriff hinauf. Beim Öffnen erklingt ein Glöckchen. Der Bub betritt eine von vielen Fußtritten abgeschliffene Steintreppe. Der Schuhmacher, kahler Schädel, nur beidseits der Ohren ein Haarbündel, ein grob gemustertes Hemd, darüber eine Schürze aus Leder. Sein Rücken beugt sich über einen in einem Schraubstock eingeklemmten Schuh. Von Wand zu Wand des Kellergewölbes ein Holztisch, Dosen mit Schuhwichsen, allerlei Werkzeuge über den Tisch verstreut. Jonas tritt ein, Herr Knorr lächelt ihm entgegen. Er brummt, dass seine Katze (Jonas kann sich an das feuerrote Tier erinnern) seit einer Woche nicht mehr gesichtet wurde. Er lebe allein, seine Frau sei schon vor vielen Jahren nach einem Sturz auf der Kirchgasse gestorben, fährt er von sich aus fort. Jonas schaut ihm bei der Arbeit zu. Er liebt den Duft nach Leder und Leim. Um die Mittagszeit sagt der Schuhmacher, er gehe nun nach oben in seine Wohnung, um etwas zu essen. Er schließt das Geschäft hinter Jonas ab, der den Heimweg nur mithilfe von Frau Etter findet, die, einen großen Einkaufswagen hinter sich herziehend, ihn an der Haustüre abliefert. Die Mutter hält beide Hände beschwörend in die Höhe:

– Niemals mehr darfst du einfach davonlaufen!

Frau Etter steht schweigend daneben. Jonas errötet und wendet die Augen befangen ab.

Nach dem Nachtessen ist Vater in fröhlicher Stimmung. Er kniet sich vor die hölzerne Schallplattenkommode. Aus der geöffneten Schublade zieht er eine schwarze Scheibe und legt sie auf den Plattenteller. Eine dunkle, heisere Stimme erklingt; Louis Prima, Buona Sera Signorina ... Ein Lächeln huscht über das Gesicht des Vaters. Jonas legt sich auf den weichen roten Teppich und lauscht der erregenden Musik.

Im Frühling 1940 – die deutsche Armee hat begonnen, England aus der Luft anzugreifen – erhält Gertrud Besuch von ihrer Freundin Franziska. Franziska drückt die Klingel. Gleich rechts neben dem Eingang ist der Lichtschalter für den Flur. Eine Tür steht offen, die in den Keller führt. Ein modriger Geruch steigt von dort herauf. Die zweiundzwanzigjährige Frau steigt die Treppe des düsteren Treppenhauses hinauf und wird von ihrer Freundin abgeholt. Die erste Tür auf der linken Seite führt in Gertruds Schlafzimmer, leer bis auf ein schmales Bett, ein winziges Pult und ein riesiges Grammophonmöbel aus Ahorn und eine Tür in die Küche. Geradeaus liegt die Stube. Sie fragt nach dem Klo, Gertrud verweist sie auf eine weißgescheuerte Tür im Treppenhaus, von der die Farbe in Streifen abblättert. Im Klo hängt ein scharfer Geruch und es ist kalt. Als Gertrud sie in die Küche winkt, erkennt sie vom Flur aus einen Mann. Er sitzt auf einem Schemel, reinigt sich die Brille und blättert in einer Zeitung. Dazu trinkt er kleine Schlucke aus einer Kaffeetasse. Über drei Sekunden haben die beiden Augenkontakt. Darauf offeriert er ihr einen Kaffee, berichtet, dass er eine Assistenz im Tierspital Zürich mache. Franziska ist aus Ritterwald im Berner Oberland hergereist, um Gertrud zu besuchen. Sie macht eine Ausbildung zur Bankangestellten in Bern. So hat es mir die Mutter später erzählt.

Nie hätte Franziska daran gedacht, dass ein Studierter sich für sie interessieren könnte. Die Bauernsöhne aus der Umgebung, das waren alles bodenständige Kerle. Sie lasen keine Zeitung. Ihre Hände waren schwer und voller Schwielen an den Händen. Ihre Stimmen waren rau, wenn sie über die Landwirtschaftspolitik fluchten und die Fäuste im „Bären" auf den Tisch knallten. Sie zauderten nicht lange, wenn an Sonnabenden eine weitere Bierrunde offeriert wurde. Schließlich waren sie aus einem Grund hier. Sie hatten auf Wunsch des evangelischen Pfarrers miteinander auszumachen, wer sich sonntags in der Frühe in der reformierten Kirche zum Handläuten der Glocken einzufinden habe. Keiner wollte sich aufraffen und so blieb die Aufgabe bei demjenigen hängen, der am meisten Bier getrunken und den „Bären" lang nach Mitternacht verlassen hatte. Von den drei Glocken hing je ein Seil in den Gemeinderaum. Diese mussten punkt viertel vor neun geläutet werden.

Franziska und Rolf waren von da an unzertrennlich, auch wenn die Distanz zwischen ihnen lang und es oft unmöglich war, eine Telefonverbindung herzustellen. „Die Kerze habe ich nun auf den Tisch gestellt, gleich wie damals bei Dir, und ich möchte nun mit Dir Zwiesprache halten. Zwar wird es mir nicht ganz gelingen, es ist ja so, wie Du geschrieben hast: der schönste Liebesbrief kann unser Beisammensein nicht ersetzen. In Deine blauen Augen möchte ich schauen – dann weiß ich, wie lieb Du mich hast." „Meine Liebste! 24 Stunden sind es her, seit Du bei mir warst und schon habe ich Heimweh nach Dir. Ich fühlte mich mit Dir wie auf Windes Flügeln getragen, so eilends gingen die Stunden mit Dir vorbei. Wie gut lässt sich mit Dir plaudern, mein Engel, bald ernst und klug, bald scherzend oder gar zankend. Ich bin oft eher schweigsam, ich weiss, aber im Grunde liebe ich die Augenblicke innigen Zusammenseins sehr. Es braucht dazu gewiss keine gelehrten und weltbewegenden Gespräche; Offenheit und Mitgefühl für den andern bringt uns näher und öffnet Mund und Herzen. Jetzt rückt der Zeiger bald auf Mitternacht zu, und die Lust, meine Arbeit an der Dissertation wiederaufzunehmen, ist mir vergangen."

Nackt

Esther weiß, woher die Wölfe kommen, die nachts unter seinem Bett heulen. Jeden Abend muss die Mutter nachschauen, ob da auch wirklich kein wildes Tier unter dem Bett lauert. Aus den Wäldern des Piz Beverin hoch oben in den Bergen kommen die Rudel, dort, wo sie aufgewachsen ist. Sie besucht jedes zweite Wochenende ihre Eltern in Cazis.

Die Kirchenturmuhr schlägt fünfmal. Esther hat dem Sechsjährigen die Kleider ausgezogen, nackt steht er vor ihr, dann kehrt sie sich zur Badewanne und lässt das Wasser einlaufen.

> – Du hast mir zugesagt, dass ich dich auch mal ohne Kleider sehen darf, so richtig nackt, bitte!

Die Haushaltlehrtochter lächelt ihn verlegen an. Es stimmte ja, und das Drängen dieses Kindes ist kaum auszuhalten. Was, wenn ich es tun würde? Das ist die kindliche Erinnerung, die nun zur Forderung wird, denkt Esther, während Schamröte in ihr Gesicht steigt und sie holt die Brille aus dem Etui:

> – Jonas, das wird sich geben.

Esther seufzt:

> – Nein, jetzt! Ich habe zu tun, deine Mutter wartet unten schon auf mich, du kriegst bald Nachtessen.
> – Dann will ich nicht baden.

Sie legt eine Schildkröte aus Plastik und anderes Spielzeug vor ihn hin. Dann schließt sie hinter sich die Türe. Fische und Schildkröten fliegen an die Wand. Jonas ballt die Fäustchen und wirft den Plüschteddy ins Wasser. Er schreit:

– Nackt, nackt!

Es ist nichts zu machen. Esther tritt vor die Badewanne – wird von einem Strahl aus der grünen Wasserpistole getroffen – lässt das Badewasser ablaufen. Jonas folgt ihr an der Hand die Treppe hinunter, weg von der oberen Etage mit den Schlafzimmern in den unteren Stock.

Esther nimmt ein Messer aus der Schublade, um im Garten Gewürzkräuter zu schneiden. Jonas trippelt hinter ihr her. Sie legt das Messer zurück in die Schublade. Dann eilt sie in die Waschküche. Jonas hat sie beobachtet. Er nimmt das spitze Küchenmesser aus der Schublade, dazu Rührschüssel und die Zuckerdose. Folgsam geht er ins Arbeitszimmer zurück, wo auch die Nähmaschine der Mutter steht und die alte Truhe mit den Graubündner Bauernmalereien. Er schnipselt entlang der unteren Kante des Möbelstücks und der Gravur, den ockergelben und roten Rosen, den hellblauen Lilien. Die Holzspäne fliegen, es müssen mehr und größere Späne fallen, bis sich auf dem Spannteppichboden eine Pyramide bildet. Dann holt er ein Butterbrot unter der Truhe hervor, welches er irgendwann dorthin gebracht hat, streicht die zerflossene Butter eines Brotes an den Holzkerben entlang, streut Zucker aufs Brot und verklebt den Matsch mit Speichel, der nun eine feste Form annimmt, eine Pyramide, wie der Steinhaufen im Garten. Stolz betrachtet er sein Werk, Farbe altrosa, als sich vom Hausflur her Schritte nähern; Esther betritt den Raum, ihr Gesicht wird streng, ihre Stimme überschlägt sich:

– Komm mit raus zur Mutter, sofort!

Sie wendet sich zur Küche.

Hemden und Handtücher flattern im Wind. Die Mutter eilt auf die Aufforderung von Esther ins Arbeitszimmer und steht darauf mit zornesrotem Kopf vor Jonas:

– Herrgott, was hast du schon wieder angestellt. Die Kante unserer Barocktruhe – sie schlägt sich die Hände vor den Kopf – hast du zerschnitten. Du bist ein Taugenichts.

Jonas eilt auf sie zu und krallt sich zornig mit Fäusten an ihren Beinen fest, hält sie zurück, indem er sich in ihrem Rocksaum festbeißt. Sie richtet sich auf, nun beide Arme beschwörend nach oben streckend, dem Herrgott entgegen, während sich tiefe Furchen auf ihrer Stirn einnisten. Sie schreit:

– Das reicht für heute.
– Ab! In den oberen Stock!

Es geht nach oben, diesmal schleppt ihn die Mutter an den Beinen, wobei sein Kopf unsanft auf den Teppichstufen aufschlägt:

– Du gehst heute ohne Abendbrot ins Bett!

Und eilt die Treppe hinunter. Doch das Kind bleibt nicht lang in seinem Zimmer. Es zieht den rosa Vorhang der Besenkammer auf, dessen rätselhafter Inhalt muss erforscht werden. Es zerknittert das farbige Papier, das die Mutter nach Weihnachten zusammenfaltet und hier gestapelt hat. Die mehrfarbigen Metallröllchen in einer Schüssel auf dem untersten Gestell grinsen ihn durch ihre Löcher an wie irre Käfer. Heute Morgen saß die Mutter stundenlang am Küchentisch, trug diese Röhrchen im Haar und blätterte dazu in einer Zeitschrift; dann zog sie eine Haube über ihren Kopf, aus der ein wütender Strom heißer Luft blies. Auf Jonas' Frage, was sie da mache, schaute sie nur kurz auf und wandte sich wieder den bebilderten Blättern zu.

Jonas besucht nun die erste Klasse im Schulhaus Zwicky, wo auch der örtliche Kindergarten untergebracht ist. Tina geht als Zweitklässlerin in ein von zu Hause weiter entferntes Schulhaus. Die beiden stecken die Köpfe oft zusammen. Aufregend ist es, über die Dachbodenleiter hinauf zum Estrich zu steigen.

Dort oben lässt es sich ungestört spielen. Vaters Militäruniformen und Hüte sind die Utensilien für ihre Verkleidungsspiele. Tina vermummt sich in der Berner Tracht der Mutter, sodass ein Auge frei bleibt und sie sich gerade noch zurechtfinden kann und versteckt sich hinter einem Dachbalken, bis Jonas sie findet. Zur Abwechslung springen sie vom Dachboden auf die Türluke, auf der die Leiter angebracht ist. Plötzlich öffnet sich diese nach unten. Tina fällt durch die Luke auf den unteren Boden, während sich Jonas noch am Holzrahmen festklammern kann. Sie schreit, Blut rinnt zwischen den Lippen hervor. Esther ist sofort zur Stelle. Wieder einmal muss Dr. Mächler gerufen werden. Er stellt fest: Der rechte Arm ist geschwollen, und der linke Fuß läuft rot an. Tina kann ihn nicht mehr bewegen. Jonas steht verlegen vor seiner Zimmertüre. Dr. Mächler stellt eine Knöchelverstauchung des linken Fußes fest. Zum Vater gewandt:

– Eine Radiusköpfchenfraktur am rechten Arm.

Vater steht plötzlich mit beiden Fäusten in den Hüften vor ihm:

– Kannst du nicht besser aufpassen, du Trottel?
– Kann doch nichts dafür, Tina ist auf die Dachluke gehüpft.
– Also wirklich, wir haben anderes zu tun, als wegen euch dauernd den Arzt zu rufen.
– Es tut mir leid.
– In den kommenden Wochen wirst du auf Tina aufpassen und mit ihr spielen. Sie wird nicht gerade glücklich sein, mit einem eingegipsten Arm.
– Das sehen wir dann. Wütend schlägt Jonas mit den Fäusten auf den Boden.

Tim und Struppi: Der Fall Bienlein, die Juwelen der Sängerin und die Geschichten um Asterix und Obelix. Jonas liest ihr den halben Tag vor. Vor dem Einschlafen zeigt er ihr die Bilder aus Daniel Defoes Robinson Crusoe. Doch Tina schimpft:

– Es ist grausam, wie Robinson seinen Sklaven peinigt, ihm den Fuß auf den Kopf stellt, oder hier, sieh mal: ihn sogar schlägt. Er hat immer eine Peitsche in der Hand, wie Hagios.

Tinas strohblonde Haare werden mit der wärmenden Frühlingssonne noch heller. Der rechte Arm ist nach drei Wochen verheilt. Nur der linke Fuß schmerzt immer noch. Zum Glück will sie sich weniger austoben als ihre Brüder. Inzwischen beschäftigt sie sich ohnehin lieber mit dem Großen Abc-Buch als mit Asterix und den Galliern. Die meiste Zeit sitzt sie brav über den Hausaufgaben. Jonas spielt weiterhin im Estrich; längst hat er gemerkt, dass ihn die anderen dort in Ruhe lassen. Tinas Wunden sind verheilt, sie hat den Raum unter dem Dach seit dem Sturz nicht mehr betreten. Die langen Sommerferien stehen an. Für Jonas sind es die ersten. Tina weiß schon genau, wohin es geht.

Drei Juliwochen verbringt die ganze Familie in dem Ferienhaus im Bündner Bergtal, welches Rolfs älterem Bruder Roland gehört. Das Haus ist ein ehemaliges Kalkwerk. Während des 2. Weltkriegs wurde aus einem Steinbruch Kalk geholt, der in einem Kalkschachtofen gebrannt und von LKWs zur weiteren Verarbeitung abtransportiert wurde. Ein enges und düsteres Bergtal in den Bündner Alpen. Im Regen glänzen die Felswände schwarz. Dunkelgrüne Tannen steigen den Wasserrinnen entlang empor. Wenn Jonas den Kopf auf die gegenüberliegende Talseite richtet, sieht er, dass der dunkle Waldsaum von schneebedeckten Gipfeln abgelöst wird. Über dem Tal ein Streifen dunkler Wolken.

Am nächsten Tag ist der Himmel blau. Der intensive Duft von Arvenholz im Wohnbereich geht auf der Treppe zum Ausgang in einen modrigen Steingeruch über, da das Haus aus groben Kalkblöcken gebaut ist. Dieser Duft kommt den Kindern so vertraut vor, dass Jonas sich bereits darauf freut, bevor die Haustüre aufspringt. Bevor die Sonne über den Bergkanten erscheint, läuft er auf einen gekiesten Vorplatz. Beni trägt noch seinen Pyjama und folgt ihm die Treppe hinunter. Der Fünfjährige – hellblonde Haare, blasses Gesicht, rundliche Oberschenkel – ist der Jüngste von den dreien. Jetzt rennt er über den grobkiesigen Boden hinter Jonas her. Während Jonas schon vor dem Bach steht, stürzt Beni über einen Holzstock. Er schreit laut auf. Die Mutter steht am Küchenfenster, mir schriller Stimme ruft sie: „Kommt sofort zurück, Buben." Benis rechter Fuß blutet, ein Kiesel steckt im Fleisch der Ferse. Nun steht auch der Vater im hellblau gestreiften Schlafanzug im Türrahmen. Der Notapotheke entnimmt er eine Pinzette. Er zieht den Kiesel aus der blutenden Ferse und Beni schreit noch lauter. Er schlägt mit den Fäusten auf den Vater ein. Jonas blickt verächtlich auf seinen Bruder, der immer einen Grund zum Wimmern zu finden scheint.

An einem Nachmittag steuern alle auf einen Kiefernwald am oberen Ende des Platzes zu. Beni humpelt noch. Ein Teich, der durch einen über Steine brechenden Bach gespeist wird. Jonas und Beni sammeln Holz. Der Vater hat ihnen versprochen, abends Würste über dem Feuer zu braten. „Wir leiten das Wasser des Teichs in den Sandhaufen um", schlägt Beni vor, „dann können wir mit dem Zement Burgen bauen." Jonas insistiert, dass sie zuerst eine Pyramide aus Holzscheiten errichten, damit der Vater nur noch anzünden muss. Beni will mit Jonas im Sand spielen. Es kommt zu einem heftigen Streit. Sand fliegt. Jonas leert Beni einen Kübel Sand über den Kopf. Er schreit, er könne nichts mehr sehen. Mutter, ein Wasserglas zwischen den Fingern, steht am Fenster. Sie schimpft wie eine Elster. Eben wollte sie ein Buch zur Hand nehmen. Nun eilt sie nach unten. Beni hat gerötete Augen, er weint. Mutter ist untröstlich. Die Kinder streiten seit Ferienbeginn dauernd. Sie schlägt Jonas mit der flachen Hand ins Gesicht: „Wie kannst du nur? Wenn du dich weiter so benimmst, gehen wir morgen nach Hause!" Sie versucht, Beni die geröteten Augen auszuwaschen. Es funktioniert nicht. Sie muss den Buben zum Arzt Dr. Barandun fahren. Auch hier geht es nicht ohne Arzt, denkt sie. Tina hat währenddessen Schönschreiben geübt. Später bekommen Tina und Beni

Erdbeereis-Cornets, Jonas geht leer aus. Abends ist der Ton der Mutter immer noch gereizt; es gelingt Jonas trotz aller Schmeicheleien nicht, die ursprüngliche Vertrautheit wiederherzustellen. Erst nachdem alle ums Feuer versammelt sind, Würste mit dunklem Brot essen, die Eltern Rotwein aus Bechern trinken, wird der Ton der Mutter versöhnlicher. Während es eindunkelt, spielt Tina auf der Blockflöte „Au clair de la lune". Die Mutter singt:

Au clair de la lune,
Mon ami Pierrot,
Prête-moi ta plume
Pour écrire un mot.
Ma chandelle est morte,
Je n'ai plus de feu;
Ouvre-moi ta porte,
Pour l'amour de Dieu.

Die Sonne scheint an Nachmittagen heiß auf den Vorplatz des Hauses, wo früher die LKWs gewendet haben. Während vieler Nachmittagsstunden sitzen der Vater und Tina unter der schattenspendenden Arve am Bach. Tina schwenkt ihre Füße im Wasser, während ihr der Vater hilft, die Sätze im Buch „Wenn Tierkinder spielen" zu entziffern.

Bei schlechtem Wetter holt Tina eine Schachtel mit Gesellschaftsspielen. Beim Mikado gewinnt meist Beni, da er eine ruhige Hand hat. Beim Mühlespiel ist es Tinas einziges Ziel, Jonas mit den schwarzen Steinen einzukreisen. Sie verweigert den Wechsel der neun Steine bei der nächsten Runde, da sie der Überzeugung ist, dass ihr nur die Schwarzen Glück bringen. Beni hat bald genug. Dann begnügt er sich damit, die Mikado-Stäbe am Boden auszubreiten und damit zu spielen.

Den Abschluss der Ferien bildet eine Autofahrt über den Julierpass ins Engadin. Der Vater fährt die schmale Straße an den

Oberengadiner Seen entlang. Ein Parkplatz mit vielen Autos verrät, dass hier etwas Besonderes zu sehen ist. Die Kinder drücken ihre Nasen an den Fenstern platt. Rasch wendet der Vater das Auto. Oberhalb des Parkplatzes sind Gruppen von Murmeltieren versammelt. Einige wagen sich in die Nähe von Zuschauern, welche den Tieren Nüsse zuwerfen.

Am letzten Ferientag sammeln sich nachmittags dunkle Wolken zwischen den Bergrücken. Bald sind erste Blitze am Horizont sichtbar und dann trommelt Regen gegen die Stubenfenster, an denen die Kinder stehen. Der Donner schallt von den Bergwänden wieder. Noch nie haben sie ein Gewitter so nahe erlebt, das wie eine nicht zu bändigende Kraft durch das Bergtal zieht.

Im Gefängnis

Im April bin ich zehn Jahre alt geworden. Ich habe begonnen, Tagebuch zu schreiben. Monika Fischer hat mich dazu aufgefordert. Wer ist Monika? Sie wohnt im dunkelbraunen Haus an der Oberstraße. Sie ist gleich alt wie ich und trägt lange blonde Haare. Mir gefällt ihr Röckchen mit bunten Blümchen, das sie in diesen Frühlingstagen oft trägt. Im Haus danebenen wohnt Kaspar Keller.

Die Wohnhäuser der Kellers und Fischers haben große Gärten, Büsche und Geräteschuppen, in denen wir uns verstecken. Die Oberstraße ist für mich ein Paradies, weil dort viele Kinder wohnen, alles Katholische. Sie sind eigenbrötlerisch und man kann ihnen nicht ganz trauen. Zumindest sagt das mein Vater. Allerdings verstehe ich nicht, wo der Unterschied liegt. Mit Monika verstehe ich mich gut. In der Unterstraße leben die Reformierten. Wir Reformierten sind braver. Die „Bibel in Bildern" von Schnorr von Carolsfeld hat mir Onkel Roland letzte Weihnachten geschenkt. Mit Monikas Bruder Reto, Kaspar und ein paar anderen spiele ich draußen Räuber und Poli; im Sommer, bis es dunkel ist. So lang dürfen wir draußen bleiben. Manchmal kommen noch andere dazu. Wir klauen beim Nachbarn Beeren und Äpfel. Beni geht früher nach Hause, ich komme regelmäßig zu spät, einmal viel zu spät. Ich werde immer ins Gefängnis gesteckt und das eine Mal hat mich Kaspar bewacht und mich nicht rausgelassen.

- Wo warst du so lange?
- Ich kann nichts dafür.
- Wo du warst, wollen wir wissen.

Sie sitzen am Tisch und haben schon gegessen. Vater ist wütend. Es hat keinen Zweck zu lügen.

- Ich war im Gefängnis.
- Wo warst Du?
- Ich sage doch, im Knast.
- Was?
- Reto und Kaspar sind die Polizisten. Na klar, die Älteren eben. Als Räuber renne ich davon, bis sie mich einfangen.
- Schluss jetzt. Du bist zum letzten Mal zu spät heimgekommen. Morgen Abend musst du eine halbe Stunde früher zurück sein.

Mein Herz schlägt mir bis zum Hals. Und doch bin ich zufrieden, dass das Donnerwetter nicht schlimmer ausgefallen ist. Reto ist zwölf und er ist einen Kopf größer als ich. Sein Vater macht in seiner Garage uralte Autos wie neu. Er ist richtig gut darin, er findet immer genau den richtigen Schraubenzieher, was mich wundert. Die Garage ist voll davon. An den Wänden, auf der Werkbank, in Schachteln. Wenn sich Retos Augen zu zwei Schlitzen verengen, weiß ich, dass er mir gleich von einem neuen Abziehbild erzählen wird. Er sammelt sie: Bilder von Ferraris, Jaguars, Alfas und Porsches, und wenn er mir sein Album zeigt, schaut er mich an, als ob die ihm alle gehören würden. Seine Mutter hat Zucker und Bluthochdruck. Wenn sie von der Apotheke zurückkommt, bringt sie ihm jeweils ein neues Sportauto-Abziehbild mit. Bei ihnen riecht es immer so geheimnisvoll. Reto sagt, dass das Motorenöl, Benzin und Schmiermittel sind. Der kräftige Junge kann mich in die Luft stemmen. Er kennt alle Verstecke unter den Haselstauden und hinter den Tannen am Bach, zeigt mir die Höhle in der Felswand aus Nagelstein auf der anderen Seite des Bachs. Er will nicht aufs Gymnasium, will lieber Lehrer werden. Seine Schwester Monika ist meine Freundin. Mein Kopf wird heiß, wenn sie mich anlächelt. Sie sagt dann, ich werde rot. Mein Kopf wird noch heißer. Etwas weiß sie nicht: Von der Schaukel in unserem Garten in der Unterstraße aus kann ich durch die Büsche die Fensterläden ihres Schlafzimmers sehen. Sonntags, bevor sie in die Frühmesse geht, kommt sie zu mir in den Garten. Wir sprechen übers Heiraten, es ist selbstverständlich, dass wir das einmal tun werden. Wir spielen dann auch „Heiraten". Das geht so: Hinter den Brombeerenstauden lässt sie mich unter ihren Rock schauen und im Gegenzug darf sie mir in die Hosen greifen. Dort spüre ich mein kleines Ding, mit dem etwas passiert. Ich weiß nicht, was ich tun soll, aber es ist schön erregend. Ich schaue noch einmal unter ihren Rock. Tatsächlich: Sie sieht da ganz anders aus. In der Nacht kann ich lange nicht einschlafen. An einem Sonntag, die Sonne strahlt durch die Bäume im Garten, sind wir längst auf den Beinen, während die Eltern noch schlafen. Wir treffen uns vor der Frühmesse bei der Wäscheleine und gehen dann hinter die Brombeerstauden. Dort sieht uns niemand.

–   Ich habe ein neues Kleid, schau!

Es ist himmelblau, wie der Rock meiner Mutter, darunter ist die Unterhose zu sehen und sie trägt an einer Kette mit Veilchen ein Holzkreuz. Ausnahmsweise hat sie Zöpfe.

–   Heute will ich dich heiraten.

Sie nickt, antwortet:

–   Heute wird Kommunion gefeiert. Ich muss bald zurück. Da müssen noch Blumen ins Haar.

Ich lege meinen Kopf auf die Kante der Steinmauer. Ich bin enttäuscht. Sie fragt:

–   Was ist?
–   Nichts.

Warum darf ich sie nicht begleiten, sie hat mir doch alle ihre Geheimnisse erzählt? Nun geht sie mit ihrem Bruder in die Messe!

In diesem Moment beginnen die Kirchenglocken zu läuten und ich weiß, sie wird mit den Katholiken in die Messe gehen. Sie rennt die Steintreppe hinauf, ohne sich nochmals umzublicken. Enttäuscht setze ich mich auf eine Steinbank, dann gehe ich auf Zehenspitzen auf Beobachterposition zur Haustüre. Später sehe ich, wie sie sich mit ihrem Vater den Bach entlang entfernt. Ohne mich.

Ich beneide die Katholiken, die halten so fest zusammen. In ihrer Kirche geschehen geheimnisvolle Dinge, an denen wir Evangelischen nicht teilnehmen dürfen. An Fronleichnam machen sie eine Prozession; Vater und ich gehen hin. Die Kirchenleute tragen geschmückte Altäre über die Kirchentreppe zur Bahnhofstraße und dann zum Friedhof. Sie laufen an Kerzentischen vorbei und an den blühenden Apfelbäumen. Alle sind auf der Straße. Vater sagt, dass der Anführer der Katholiken der Papst in Rom sei. Die Katholischen müssen ihm viel Geld bezahlen und dafür werden ihnen ihre Sünden vergeben. Den Papst kenne ich nur aus dem Fernsehen. Er steht auf einem Balkon in Rom, legt an Ostern und Weihnachten seine Hände zusammen und hebt sie in die Höhe. Dann sind alle auf dem Platz vor dem Balkon vom Bösen erlöst. Sie haben an nichts mehr Schuld, egal, was sie getan haben. Das gilt für alle, egal wo auf der Welt wir vor den Fernsehern sitzen, sagt Vater.

Jedes Jahr an Ostern stellt er uns Kindern dieselbe Frage:

– Gilt das auch für uns Protestanten?

Er wartet die Antwort nicht ab und sagt:

– Setzt euch an den Tisch, sonst wird der Kalbsbraten kalt!

Reto darf nicht erfahren, dass Monika sich mit mir trifft, er würde mich sofort verdreschen, denn ich bin reformiert und sie alle katholisch. Aber so eigenartig sind die gar nicht, auch wenn Monika mit dem heiligen Geist redet, wie sie mir mal hinter den Brombeerstauden erzählt. An einem Sommerabend gehen wir

zusammen in der Oberstraße bis zu ihrer Haustüre. Sie verabschiedet sich rasch, ich will aber unbedingt von ihr wissen, was
der Heilige Geist ist:

- Du redest doch mit ihm. Was sagt er denn? Redest du lieber mit ihm als mit mir?
- Das verstehst du nicht. Du bist doch reformiert.

Dann schweigt sie und macht sich los. Sie ist ungeduldig. Ich bin
betrübt, tröste mich aber damit, dass der Liebe Gott, der Heilige Geist und der Papst schuld daran sind.

Ich renne nach Hause, schlüpfe rasch in die Badehose und springe in den Pool. Das kalte Wasser tut gut. *Der Papst kann mich mal.*
Die Katholischen sind eigenartig, hat Vater gesagt. Er hat recht.

Dienstag nach Ostern treffe ich Kaspar, der mir erzählt, dass
Reto Fischer mich bestrafen will – ich soll schuld sein, dass Monika am Heiligen Geist und am Papst zweifelt. Ob er von unseren geheimen Treffen hinter den Brombeersträuchern weiß?

Das Schulhaus liegt im Dorfzentrum, ich muss nur den Park durchqueren, ich muss am Rathaus, der Bäckerei und dem Schlachthaus vorbei. Dann stehe ich vor der Sandsteinjungfrau, die am
Eingang zum Pausenhof steht. Auf dem Heimweg mache ich den
Umweg unter den Gleisen hindurch, durch den Fahrradtunnel
und über den Hügel. Ich renne los, bin im Tunnel, und dann
taucht ein Schatten auf. Es ist Reto, er stellt sein Fahrrad quer.

- So, nun habe ich dich endlich!
- Was hast du denn?
- Ich habe dir schon oft gesagt, lass die Monika in Ruhe!
  Du willst nicht hören.

Ohne Vorwarnung schlägt er mir seine Faust ins Gesicht. Dann
zieht er mit einem Ruck mein linkes Bein unter mir weg, ich

schlage hart auf dem Boden auf. Er tritt mich heftig zwischen die Beine. Dann packt er meinen Schulranzen und leert Bücher, Bleistiftetui und Hefte auf der Straße aus. Nach einem letzten Tritt gegen mein Schienbein schwingt er sich auf sein Rad und wird vom Sonnenlicht verschluckt. Ich bleibe eine Weile liegen, die Zähne tun mir weh und Blut tropft aus der Nase. Ich humple nach Hause. Unterwegs begegne ich niemandem. Ich klingle. Tina öffnet genervt die Tür. Als sie das Blut sieht, erschrickt sie:

- Was ist passiert?
- Nichts.
- Spinnst du? Du blutest. Wir müssen zum Arzt.

Tina begleitet mich später zur Schulärztin. Ich bin unendlich froh, dass sie mitkommt. In meinem Kopf hämmert es. Das Wartezimmer ist voll. Mütter und Kinder starren uns an. Frau Zäch schaut sich meine Nase an, ich schreie auf. Sie zwinkert mit den Augen und grinst: „Die ist gebrochen. Hast du dich nicht besser wehren können?" Tina tröstet mich auf dem Heimweg, allein ihre sanfte Stimme lässt mich den Schmerz etwas vergessen. Wir kommen hungrig wie die Wölfe von der Schule heim und schlecken die Teller leer, bis keine Erbse zurückbleibt. Wenn ich das Haus um vier Uhr nachmittags betrete, schleiche ich mich in die Stube zum Holzschrank, wo allerhand Knabbereien aufbewahrt sind, und schnappe mir einige Kekse. „Ich bin's nicht gewesen", brülle ich, als ich über Hausaufgaben sitze und die Mutter ins Schlafzimmer kommt. „Wer denn sonst?" Ich runzle die Stirn, schüttle den Kopf. Ich spüre, dass sie es weiß. Der Vater sperrt mich in die Besenkammer. Ich weiß, er macht es ungern, vermutlich der Mutter zuliebe. Ich trete ein paarmal gegen die Tür, doch ich gebe nicht auf. Der Schweiß juckt mich unter den Armen, mein Atem geht stoßweise. Ein altes Kaminrohr führt zum Estrich, durch welches ich mich nun hinaufhangle, um dort zu spielen. Gerade rechtzeitig zum Nachtessen bin ich zurück in der Besenkammer. Später liege ich im Pyjama auf dem Teppich, schiele zum Vater hoch. Er nimmt den Blick von seinem Buch, lächelt. Dann legt er Single-Schallplatten auf, eine nach der anderen: *„Buona Sera Signorina"*, von Louis Prima, dem amerikanischen Sänger, der mit seiner Sägemehlstimme auf Italienisch singen konnte, oder von Hank Snow „Cool Water" (ein Lied, das ich besonders liebe, da man im Hintergrund der Musik ein galoppierendes Pferd hört).

Ich gehe nun in die dritte Klasse. Meine Mutter fragt Frau Lüthi, ob ich bei ihr Musikunterricht nehmen dürfe. Ich mache mich auf durch den Park mit seinen Lindenbäumen zum ockerfarbenen Haus unterhalb des Kirchenhügels. Frau Lüthi, die neben Mutters Schrebergarten eine Parzelle begärtnert, wohnt dort. Sie trägt eine Wuschelfrisur in pink-rosa Farbe und ihre Lippen umspielt ein süßliches Lächeln. Im Frühsommer offeriert sie mir nach der Schule in ihrem Atelier Sirup und Kekse. Dann drückt sie mir eine Ukulele in die Hand. Auf dem Korpus ist ein tanzender Hawaiianer mit schwarzer Haarmähne eingraviert. Ist es ein Zauberer? Meine kurzen Finger schmerzen beim Druck auf die Plastiksaiten und die Hand fühlt sich kraftlos an. Das Instrument gibt einen fremdartigen, hohen Ton von sich. Ich darf es leihweise mit nach Hause nehmen. Doch der Schmerz in den Fingerkuppen bleibt. Der erzeugte Ton hört sich eigenartig weich an. Nach einigen Wochen finde ich die Ukulele langweilig. Die Finger schmerzen und die Töne kratzen. Frau Lüthi spielt großartig. Zum Vergleichen nehme ich nachts den kleinen Radio von der Marke „Nordmende Transita" ins Zimmer und halte ihn an mein rechtes Ohr. Zuweilen knistern daraus zutiefst aufregende Töne hervor, eine fremde Musik, deren Texte ich nicht verstehe. Ich schalte das Gerät erst spät nachts aus.

Tina spielt Klavier. Ständig klimpert sie auf dem Klavier die scheiß Mondscheinsonate, deren Melodie mich bis in den Schlaf verfolgt. Gegenüber den Eltern spielt sie gern die Frühreife, denke ich, um sich von Beni und mir abzugrenzen. Pausbackig, gelockte, bis zu den Schultern reichende braune Haare, nie um eine Antwort verlegen. Sie besucht die vierte Klasse. Nach der Rückkehr nachmittags setzt sie sich sofort hinter die

Hausaufgaben. Vater muss mich vor dem Nachtessen ermahnen, dass ich nun augenblicklich mit den Hausaufgaben beginnen solle.

Eines Tages nimmt mich Frau Lüthi auf ihren Dachboden mit. Hier gibt es Leitern, mit Stoff zugedeckte Stühle und Tische, das Alphorn ihres verstorbenen Mannes, alles mit einer dicken Staubschicht bedeckt. In der dunkelsten Ecke liegt eine Gitarrentasche, deren Plastikumrandung geborsten ist. Frau Lüthi öffnet die Hülle: eine Gitarre. Ich nehme sie in die Hände. Es stellt sich heraus, dass die sechste Saite fehlt. Die fünf restlichen Plastiksaiten tönen wie Mutters Plastikschnüre des Wäscheschirms. Der Gitarrenhals ist angeschrägt, der Halsuntergrund von Kratzern übersät. Hatte wohl der Fette Armin, Frau Lüthis Sohn, das Instrument gespielt? Hustend folge ich ihr die Treppe zur Stube hinunter. Ich bin enttäuscht. Einige Minuten verstreichen, bis Frau Lüthi die Höfner gestimmt hat. Und kaum sind ein paar Akkorde gespielt, muss sie nachstimmen. Ich betrachte mein neues Instrument von allen Seiten und versuche, meine Enttäuschung hinunterzuschlucken.

In der folgenden Woche trete ich dem Fetten Armin nach der Gitarrenstunde in den Weg. Armin ist einige Jahre älter als ich. Wir gehen in dasselbe Schulhaus. Er ist ein schlechter Schüler, na ja, wie man sich so auf dem Schulhausplatz erzählt. Ich mag ihn gut, da er für Späße immer zu haben ist. Außerdem redet er nie über andere Schüler, sondern befasst sich mit seinen Interessen. Er spielt recht gut auf der Gitarre seiner Mutter, und er ist mit ihr zusammen auch schon bei Dorfkonzerten aufgetreten. Ich bitte ihn, kurz vor die Haustüre zu kommen:

— Wie kann bei einer Gitarre ein „krummer Hals" entstehen?

Armin ist um eine Antwort nicht verlegen:

Beim Bau einer Gitarre werden Bretter einerseits für den Gitarrenkörper, andererseits für den Hals verwendet. Noch in der

Rohform kann sich durch nicht optimal getrocknetes Holz die Form verändern.

- – Warum ist das so?
- – Das Holzbrett ist nach dieser Verbiegung außen trockener als in der Mitte. Legt man nun die feuchtere Schicht frei, trocknet diese nach und zieht sich zusammen. Dadurch biegt sich der Gitarrenhals.
- – Ja und?
- – Das langsame und gleichmäßige Austrocknen des Stücks Holz wäre sehr wichtig. Eben damit das nicht passiert, nämlich dass sich der Hals aufgrund noch feuchten Holzes krümmt.
- – Hmm!

„Wie es im Leben eben leider nicht ist, diese gleichmäßige Temperatur", brummt der Fette Armin.

Wir setzen uns auf eine Steinbank. Während ich drei Griffe greife, drückt er mir mit seinen Fingern auf meine Fingerbeeren, bis die Akkorde rein klingen. Es tut weh, aber ich reiße mich zusammen. Ich möchte unbedingt spielen lernen. *Bin ich nicht selbst ein wenig schlecht getrocknetes Holz? Ein krumm gebogener Bub?* Dann trödle ich durch den Dorf Park zur Unterstraße zurück. Diese Frage hat mich wie ein Blitz getroffen. Abends biete ich alle Fingerkraft auf, um auf der Höfner ein E zu greifen. Die Mutter ist unten in der Küche mit dem Einfüllen von Birnen in Einmachgläser beschäftigt. „Kannst du mal zur Milch schauen?", ruft sie hinauf, sodass ich es hätte hören sollen. Das E gelingt nicht, immer wieder rutschen die Finger zur Seite. Der Klang scheppert wie die Milchkannen auf dem Anhänger von Bauer Hagios. Der Geruch verbrannter Milch steigt hinauf, die Mutter stürmt herein, beide Fäuste geballt an der Stirn: „So, nun kann ich wieder eine Stunde den Herd putzen! Am kommenden Morgen wird es im ganzen Haus stinken!" Sie schäumt wie die Milch, die eben über den Pfannenrand getreten ist. Ich senke den Blick, um ihren Augen nicht zu begegnen.

Bei den Großeltern

Tina und ich verbringen diese Ferien bei den Großeltern in Ritterwald. Na ja, auf Wunsch der Eltern. Ich wäre lieber ins wilde Tal in den Bergen gereist. Tina schaukelt gern in der Hängematte, die der Großvater in der von Geranien geschmückten Laube aufgebunden hat. Sie vertieft sich tagsüber in ihre Bücher: „Sachrechnen, Lesebuch für das 6. Schuljahr". Nur mir vertraut sie an, dass sie zuweilen lieber in den Büchern von Elisabeth Müller „Vreneli oder Theresli" liest. „Warum nicht", flüstere ich ihr zu. „Ich bin doch viel zu alt dafür."

Großvater Paul wuchs auf einem Bauernhof im Emmental auf; das Metzgern hatte er auf seinem heimatlichen Hof gelernt. Großmutter Anna leidet an Arthrose. Sie trägt tagsüber immer eine Schürze, arbeitet mit ihren knorrigen Händen Tag und Nacht. Im Garten hinter dem Haus zieht sie Stangenbohnen, kultiviert Sellerie und Salate. Sie ist auch für das Füttern der zahlreichen Hühner verantwortlich. Das Federvieh bevölkert den Garten. Sie ruft: „Komm Bibeli, Bibeli", dann flattern ihr die Tiere vor die Füße. Samstagnachmittag wäscht sie das Auto des Großvaters, die Borgward Isabella, kocht und backt Süßigkeiten für uns. Großvater liebt Mahlzeiten mit Fleisch über alles. An Sonntagen gibt es geschmorten Rindsbraten oder – was wir Kinder vor allem lieben – Schweinebraten mit Kartoffelstock und viel Sauce. Die Großmutter steht dann schon früh in der Küche. Kurz vor Mittag erscheint er in der Küche, wetzt ein Messer, riecht am Braten und zerteilt ihn.

Ihre müden Hände legt Großmutter sonntags in der Kirche in den Schoß. Für Jonas und Tina gehört es zu den schönsten Augenblicken der Ferien, wenn sie mit ihnen nachmittags um vier Uhr Tee trinkt und süße Brezeln anbietet. Der Großvater feuert frühmorgens den Holzofen ein, steigt in sein dunkelgrünes

Auto, um Schlachtvieh einzukaufen. Nachmittags schlachtet er Hühner oder hilft in der Dorfmetzgerei aus. Wir hören den Schlag auf dem Holzbock. Von Neugier angetrieben, steigen wir die Treppe hinunter, um ein durch die Waschküche flatterndes Huhn ohne Kopf zu sehen. Ein weiteres Huhn hängt an einem Haken an der Wand. Blut tropft auf die Waschmaschine.

Wir ahnen, dass wir den Festbraten an einem besonderen Tag genießen dürfen. Es ist der Ostersonntag, Großmutter Anna wird das Festmahl zubereiten. Nachdem der Rinderschmorbraten, garniert mit Rosmarin, über drei Stunden gegart hat, stürzt Paul in die Küche, um die Temperatur zu kontrollieren: „Anna, er braucht noch zehn Minuten mehr." Der Großvater ist sackstreng. Er drückt mich an seinen Bauch und predigt: „Schau, du sabberst dauernd. Das Besteck hält man nicht wie ein schweres Werkzeug, sondern umfasst es am unteren Ende des Griffes. Geräusche, die bei der Berührung von Metall mit Porzellan entstehen könnten, sollten vermieden werden. Benutzt man das Besteck nicht, soll es auf dem Teller gekreuzt werden, wobei der Gabelrücken nach oben gekehrt ist, was anzeigt, dass man mit dem Essen noch nicht fertig ist. Wenn man genug gegessen hat, soll man das Besteck beiseitelegen und die Hände falten." Großvater gähnt nach dem Mittagessen. Nachdem alle außer mir die Stube verlassen haben, legt er sich auf die Couch, die sich unter seinem Gewicht wie eine Hängematte wölbt. Er wünscht, dass ich mich neben ihn lege. Sein schlechter Atem und der Geruch nach Staub, der der Matratze entströmt, sind widerlich. Die alte Pendeluhr in dunklem Holz und mit goldenem Pendel schlägt alle Viertelstunden eine Melodie. Dann schläft er ein, die zerknitterte Zeitung sinkt zu Boden und ich schleiche mich davon. Aus Langeweile mache ich mich über die Kommode meiner Großmutter im Schlafzimmer her. Ein blütenreiner Duft entströmt dem Holz. Die Nachthemden des Großvaters, sauber zusammengelegt, liegen auf dem oberen Tablar. In der unteren Schublade die Unterwäsche der Großmutter, die einzelnen Stücke aufeinanderliegend, bündig ausgerichtet. Durch die angelehnte Türe höre ich sein Schnarchen. Ich betrachte ihn, sein aufgedunsenes Gesicht, seinen Schnurrbart, der die Form eines Nussgipfels hat. Ich habe Angst vor ihm, denn er kann plötzlich so zornig werden. Doch ich liebe den würzigen Duft seines Pfeifentabaks, seine Raucherutensilien, fein angeordnet auf einem Silbertablett.

Ich gehe hinaus auf die Straße, wo mich ein Mädchen anspricht:

- Was machst du hier, habe dich noch nie gesehen?
- Ich bin bei den Großeltern in den Ferien, im Haus auf der anderen Seite.
- Du hast einen komischen Dialekt.

Sie erkundigt sich weiter nach meinem Dialekt:

- Woher kommst du?
- Ich habe keine Lust, ihr das zu verraten.
- Ich heiße Verena. Wie heißt du?
- Sollte ich ihr meinen Namen sagen?
- Kommst du morgen wieder?

Die Großeltern haben mir den Kontakt mit der Familie Ernst im Nachbarhaus verboten, ohne mir dafür einen Grund anzugeben. Am folgenden Mittag wälze ich mich wieder von Großpapas Couch herunter, während er vor sich hin schnarcht. Zu meiner Freude treffe ich Verena Ernst vor dem Haus. Sie führt mich durch die Dorfstraße zur Stelle, wo der Feldweg wegführt, und die Haselsträucher blühen, an den nahen Bach hinunter. Sie zieht mich zwischen die Haselstauden. „Ich habe eine neue Unterhose mit blauen und roten Blümchen. Möchtest du sie sehen?" Ohne meine Antwort abzuwarten, lässt sie ihre Unterhosen herunter. Ich höre ihr Pinkelgeräusch im Gebüsch. Dann zieht sie die Unterhosen rasch wieder herauf. Ich spüre eine unbestimmte Erregung. Sie nimmt meine Hand und wir gehen langsam den Bach entlang zurück zur Dorfstraße, bis wir uns vor dem Bauernhaus mit dem Dach, das einem großen Pilz gleicht, verabschieden. Verena streicht mir sanft über die Wange. Dann ist sie verschwunden. Mit schwingenden Armen gehe ich nochmals die Dorfstraße hinunter, bis zur Metzgerei.

Abends, im Pyjama höre ich die Nachrichten über das Radio mit. Es ist von einer Bombardierung durch amerikanische Kriegsschiffe im nordvietnamesischen Tongking die Rede. Danach informiert der Sprecher über einen Empfang der Beatles auf irgendeinem Flughafen, das Kreischen der Menge im Hintergrund, ein paar Worte über bevorstehende Studioaufnahmen an einer neuen Langspielplatte, begleitet von einigen Takten Musik. Großvater: „Diese Blödiane, wir stellen den Mist ab!" *Nein, das darf nicht sein, jetzt wo es echt spannend wird*, denke ich. Mein Freund Ray, auch Beni und sogar Tina ein wenig, sie alle lieben die Beatles. Wenig später ertönt aus dem Schlafzimmer hinter der Stube das Püüh-Äääh-Schnaufen des Großvaters. Ich schleiche über die Holztreppe in mein Schlafzimmer. Ich schließe die Augen. Die leuchtenden Knöpfe des Transistorradios in der Stube neben der Pendelstanduhr starren mich wie zwei runde, blutige Eulenaugen an. Ich versuche, mir Verenas Gesicht vorzustellen.

Rock'n'Roll Music

Zu meinem achten Geburtstag am sechzehnten April habe ich Nüssli, meinen besten Freund, eingeladen. Das ist sein Über-Name, auf den er stolz zu sein scheint. Nüssli wohnt gleich neben dem Primarschulhaus. Er sitzt in meiner Klasse in der vordersten Reihe, während mein Platz hinten neben dem Fenster ist. Erich, mein Banknachbar, kommt in der vierten Klasse oft zu spät. Rote Haare, braune Augen, eine helle von Sommersprossen gesprenkelte Haut. Er vermeidet es, aufzufallen, indem er sich leise neben mich in die Bank drückt, die sich gleich beim Eingang befindet. Seine Hefte sind schludrig geführt, die Mathematikaufgaben unvollständig gelöst. Lehrer Egli schlägt ihm fast täglich mit dem Lineal auf die Finger. Erich kommt weiterhin zu spät. In der Deutschstunde äfft Egli sein gutturales Rrrrh nach. Erichs Versagen bedrückt mich. Egli quält ihn während der Schulstunde. Kaum ertönt die Glocke, macht er sich mit bleichem Gesicht davon. Meine Schulleistungen sind nicht grandios, doch ich führe meine Hefte gewissenhaft. So scharen sich nach Schulschluss einige Schüler um mich, um abzuschreiben. Bei schriftlichen Prüfungen schiebe ich das Heft leicht nach links ins Blickfeld meines Banknachbarn, sodass dieser abschreiben kann. Ich lese gern, schreibe gerne Aufsätze, auch diejenigen von Erich – bis Egli diesen eines Tages auffordert, seinen Text vorzulesen. Der Lehrer stellt einige Fragen, wobei Erich sich die Hände vor die Augen schlägt, und Unzusammenhängendes stottert. Damit hat sich für Egli die Sache geklärt. Er gibt der Klasse eine anspruchsvolle Rechenaufgabe. Dann schubst er mich zur Türe hinaus. Im kahlen, nach Bodenwichse riechenden Gang versohlt er mir mit dem Besen des Abwarts den Hintern.

Von Erichs Mutter wird nie gesprochen, es gibt nur seinen Vater und die vierjährige Schwester. Der Vater führt nebst dem kargen Viehbetrieb einen Rebberg. Erich sitzt lieber neben ihm auf dem Traktor, wenn dieser im steilen Gelände arbeitet, als Schularbeiten zu machen.

Nüssli weiß alles besser als wir von der Unter- und Oberstraße: wie viele Symphonien Beethoven komponiert hat. Wer Chingachgook war – selbstverständlich hat er den „Lederstrumpf" vor uns allen gelesen. Von Karl Mays siebzig uns bekannten Bänden kennt er die Hälfte auswendig – während ich mich mit Winnetou und Old Shatterhand begnüge. Von May gelangweilt schenke ich einige Bände, die ich von Tina übernommen habe, dem Fetten Armin. In der Schule ist Nüssli derjenige, dessen Hand immer als erste in die Höhe schießt. Er erklärte mir den Merksatz des Pythagoras in der zweiten Klasse. Nüssli begann mit sechs Jahren seinen Klavierunterricht. Kaum liegt der erste Schnee, hat er bereits zweimal im Toggenburg die Skier angeschnallt. Seine Eltern gehören einer christlichen Gemeinde an. Nüssli nimmt mich zu einer Zusammenkunft der Kinderbibelgruppe mit. Viele Kinder sitzen um einen Tisch im kahlen Versammlungsraum. Eine junge Frau liest einige Verse aus der Bibel. Einmal begleite ich ihn zu einem Beethoven-Konzert. Er sitzt mit leuchtenden Augen und roten Ohren neben seinem Vater in der vordersten Reihe, während mir das Kinn auf die Brust fällt. Danach schwärmt er vom berühmten Rubinstein.[1]

Ich jage den neuesten Songs des Rock'n'Rolls nach. Ich höre sie im Radio an und überspiele sie auf mein Tonbandkassettengerät. Beni ist launisch, aber wenn er einen guten Tag hat, ist er mein Komplize. Als die Mutter Beni einmal nachts mit dem Ohr am Tonbandgerät erwischt, sagt sie: „Schluss damit, die Schule geht vor!" Nüssli schwatze ich den Kopf voll über Rockmusik, doch er hört nicht zu. Ich bin stinksauer. Er kaut auf seiner Unterlippe; ich sehe, dass er gedanklich an einer anderen Sache hängt und

---

1 Jüdischer Pianist, geb. 28.Januar 1887

das Thema wechseln möchte. Dieser Sound, der in mir wohlige Unruhe hervorruft, ist für ihn lärmiges Getöse. Ich schlage ihm vor, dass ich einen Vortrag über Rockmusik in seiner Freien Evangelischen Gemeinde halte. Er lehnt ab. Doch ich bleibe starrköpfig. Ich arbeite ein Buch über Rockmusik von A bis Z und Rockzeitschriften durch und bin vorbereitet.

An einem Aprilabend stehe ich vor dem Gebäude, über dessen Eingang ein steinernes Kreuz steht. Schon oft bin ich hier vorbeigegangen. Amseln pfeifen zwischen den Dachbalken der Stuckaturen über dem Eingang. Ein leichtes Zittern in den Knien verspürend, trete ich mit meiner Gitarre unter dem Arm durch die Schwenktür in den düsteren Versammlungsraum. An Bankreihen vorbei, in denen etwa zwanzig Menschen Platz genommen haben, trete ich neben den Versammlungsleiter, der mich im Chor der Kapelle erwartet. Während dieser ein Gebet spricht, schlägt mein Herz bis zum Hals. Dann übergibt er mir das Wort. Nachdem ich ein paar Dinge über frühe Rock'n'Roller wie Bill Haley, Little Richard, die Stones, die Beatles und The Who gesagt habe, nehme ich die Gitarre zur Hand und singe:

First Thing in the Morning, turn on the Radio
First Thing in the Morning, turn on the Radio,
Every time I hear the News,
I get the Early Morning Blues.
Bad News on TV, telling me what's going on,
Bad News on TV, telling me what's going on,

I said to myself:
Whenever at Sunrise hear the News
I get the early Morning Blues.
Four a.m. should be sleeping like a Dog,
Four a.m. should be sleeping like a Dog,
But every time I hear those Fucking News,
I get the early Morning Blues.

Während meines Vortrags betrachte ich die Gesichter im Publikum. Vor allem die Zeile: „But every time I hear those Fucking News" passt überhaupt nicht in diesen Rahmen. Trotzdem kommt Stolz in mir auf. Erstens habe ich den Text zweifelsfrei übersetzt und zweitens ist der Inhalt – in den Gesichtern zu lesen – na ja, so schlecht und recht rübergekommen. Und drittens habe ich mich bei Nüssli revanchiert. Soll er doch diesen Arthur Rubinstein verehren. Verhaltener Beifall ertönt. Meine Backen brennen. Eine schwarzgekleidete Dame steht auf und fragt mich, ob ich diese Musik auch zu Hause hören dürfe. „Warum nicht?", murmele ich. Nüssli lächelt mir zu und kaut wie immer auf seiner Oberlippe – verlegen, einen Freund, der die Beatles und die Rolling Stones verehrt, zur Versammlung eingeladen zu haben. Der Versammlungsleiter kündet die nun folgende Andacht an und geleitet mich zum Ausgang, wo er mir eine Zwanzigernote in die Hand drückt. Ich weiß es doch, Nüssli wird tagtäglich weiter über mich frohlocken. Und demnächst steht das Seifenkistenrennen an. Da wird dann Nüssli wieder am Drücker sein.

Das Seifenkistenrennen findet am letzten Tag des jährlichen Oktobermarkts statt. Es wird von den Pfadfindern organisiert. Die Rennstrecke beginnt beim Pfarrhaus oberhalb der Kirche und windet sich bis zum Gasthaus Löwen hinunter. Ein Publikumsspektakel, das nicht nur Lehrerinnen, Metzger Ehrbar und Bäckerin Marti und alle Eltern, auch Stadträte anlockt, die das Rennen hinter Strohballen verfolgen. Nüssli tritt mit seiner „Seifenkiste Maag" an. Ich habe mit Unterstützung des Fetten Armins in aller Eile eine Holzkiste mit Rädern gebastelt. Wir rennen gleich nach dem Mittagessen los, um unsere Kisten in den Bereitschaftsraum zu führen. Am Start nimmt der Leiter der Pfadfinderabteilung bei jedem Startenden erstmals die Zeit. „Sag mal, spinnst du?", brüllt mein Banknachbar Erich, „mit dieser Kiste die steilen Kurven der Kirchgasse hinunterzufahren." Der Feigling hatte sich nicht mal getraut, mitzumachen. In zwei Minuten Zeitabstand werden die Seifenkisten gestartet. Nüssli schreit: „Ich bin jetzt dran, du folgst als nächster!" Er saust los und steuert seinen Maag elegant durch die erste Kurve. Ich höre den Applaus von Zuschauern, es sind einige Dutzend am Straßenrand. Ich will es denen zeigen, rase, ohne zu bremsen die steile Kirchgasse hinunter, schieße am Bäcker Marti und am Gemischtwarenhandel Müller vorbei, um in der Traubenkurve festzustellen, dass meine Bremsen versagen. Ich lande in den hoch aufgetürmten Strohballen vor dem Eingang zur Metzgerei und zerkratze mir Gesicht und Arme. Gelächter aus der Zuschauerreihe. Am nächsten Tag eine Notiz in der Tageszeitung: „Ein Fahrer hat die Kurve nicht gekriegt und landete leicht verletzt in den Strohballen." Nie wieder würde ich Seifenkistenrennen fahren. Nüssli gewinnt das Rennen.

Ab und zu mache ich Umwege, um Nüssli nach der Schule zu vermeiden. Nüssli mit seinem missionarischen Anspruch! Jeder zweite Satz aus seinem Mund beschäftigt sich mit Jesus! Wer ist Klassenbester? Auf dem Heimweg prahlt er mit seinen Noten. Das saure Zitronengesicht soll wohl seinen Stolz verbergen.

Dagegen begleite ich mit Vorliebe den Fetten Armin nach der Schule an den Kiosk, wo die BRAVO-Heftchen ausgelegt sind. Ich stelle mir Priska oder Doris, die beiden anziehenden Mädchen unserer Klasse, nackt vor. Schließlich war das nach der Zeitschrift erlaubt oder wurde sogar angeregt. Im BRAVO gab es Bilder von vollbusigen Asiatinnen, nur mit knappen Höschen bekleidet oder Jugendliche, die sich im ersten Kuss versuchten. „Herr Dr. Sommer, meine Freundin ekelt sich vor meinen Küssen. Was soll ich tun?" Am Kiosk der Mainaustraße war die Auslage der Erotik- und Jugend-Magazine von den anständigen Zeitungen und Zeitschriften durch eine Glaswand getrennt. Ich drücke mich vor den Tageszeitungen herum und schiele zu den Erotikheften. Das Brustbild der Verkäuferin spiegelt sich durch das Glas und ich kann ihren Blick kontrollieren. Wenn sie gerade mit einem Kunden beschäftigt ist, blättere ich schnell, während ich nach oben schiele. Wie lange würde es so gehen, bis sie mein tägliches Blättern kritisierte?

Monate später ergeben sich andere Gelegenheiten, mich mit Erotikmagazinen einzudecken. Meine Eltern finden es gut, wenn ich während der langen Sommerferien eine Arbeit suche und damit Geld verdiene. Wahrscheinlich entspricht es ihrer Überzeugung, Geldverdienen sei der beste Zeitvertreib. Ich arbeite in den Sommerferien als Lagerist in der örtlichen Papierfabrik. Dort kann ich unbehelligt ein Bündel Hefte, bestehend aus dem „Playboy" oder dem „BRAVO", fein zusammengeschnürt auf dem Gepäckträger meines Fahrrads heimschaffen.

Ich eile aufs Zimmer, um Hausaufgaben zu machen, der Vater steht mit einem Bündel Hefte dort, das er unter dem Bett hervorgefischt hat. Wie eine Salzsäule steht er da und schaut mir direkt in die Augen. Wortlos starren wir einander an. Ich weiß natürlich, dass es aus seiner Sicht nicht in Ordnung ist. Und doch bin ich verwirrt: Warum soll das Blättern im BRAVO so schlecht sein? Geht es ums Kinderkriegen, wie Mutter sagt? Hätte ich mit dem Blättern in den Heftchen Monika ein Kind machen können? Was will er hier: die Hefte mitnehmen oder mich kritisieren? Ich vermute, dass er denkt, dass die BRAVOs Schundheftchen sind. Aber er verliert kein Wort darüber und ich bin zu aufgewühlt, um zu fragen. Die „Aufklärung", wie das unter uns Halbwüchsigen herumgereichte Wort heißt oder mit anderen Worten, ihre Kinder über Knutschen, Sex und die Folgen zu orientieren, scheinen die Eltern zu vermeiden. Einmal hat mir Vater ein Buch zu diesem Thema gegeben, das ich bald gelangweilt ins Bücherregal gestellt habe. Verärgert drehe ich mein Tonbandgerät auf, um ihn zum Gehen zu bewegen.

Ich denke über eine nächste Gelegenheit nach, wie ich zu Heften über Erotik und Rockmusik komme. Ten Years After, Rolling Stones, die Beatles. Bands, die ihre Lust auf Sex und andererseits den Frust über das Leben besingen. Mein Kassettenrecorder enthält zudem ein Radio, von dem man Songs direkt überspielen kann. Die Audio-Kassette ist erst seit kurzem auf dem Markt. Ich bin stolz, dass ich als erster Primarschüler ein solches Gerät besitze. Ich strecke mich auf dem Bett aus, schaue mir Schnorr von Carolsfelds Bild von Jakobs Himmelsleiter an, das mir Mutter einmal gezeigt hat: Jakob liegt in einen wärmenden Mantel gewickelt am Fuß einer Treppe, die zu einem Wolkengewölbe führt. Der Kopf des Allmächtigen tritt aus dem schleierartigen Gewebe hervor, ein mildes Lächeln umspielt sein Antlitz. Während Jakob reglos an einem Felsen lehnt, steigen geflügelte Wesen leichtfüßig die Treppe hoch. Gott scheint ihm wohlgesinnt. „Ich bin der Herr, der Gott, den dein Großvater Abraham und dein Vater Isaak angebetet haben", sprach der Allmächtige zu ihm. „So wie ich bei deinem Vater und Großvater war, will ich auch bei dir sein. All das Land, das du hier siehst, wird dir einmal gehören." Er träumt vom Auszug in ein fernes Land und von Allmacht. Dabei war Jakob ein Betrüger, das weiß ich genau, der sich den Segen Gottes mithilfe seiner Mutter Rebecca auf Kosten des Bruders Esau erschlich. Er erwarb sich so die Rechte eines Erstgeborenen. Ich konnte nicht verstehen, weshalb Esau und nicht Jakob der Schuldige war. Die Mutter hatte Esau reingelegt, indem sie die zarten Hände Jakobs mit Fell umwickelt hatte, damit sie den rauen Händen des Jägers Esau entsprachen. Warum kam diese Ehre Jakob zu?

Ich denke, die Bibel nimmt es nicht so genau mit der Wahrheit, wie mir das auch schon in anderen Zusammenhängen auffiel. Ist die Himmelsleiter nicht der Aufstieg zu den Göttern der Macht? Es wird mir klar, dass Jakob nicht aufsteigen, sondern weggehen musste. Ich bin auch Erstgeborener, ohne von Privilegien Gebrauch zu machen.

Ich liege im Bett. Vor dem Einschlafen drücke ich ein Ohr an die Wand, um zu hören, was die Eltern über uns Kinder tuscheln. Sie tun das jede Nacht. Ich denke an den krummen Gitarrenhals, den Fetten Armin. Ist etwas mit mir nicht in Ordnung? Es muss wohl so sein, da heute mein Name häufig fällt. Jakob musste auf den Wunsch Gottes das elterliche Haus verlassen, um in einem fernen Land ein neues Leben zu gehen. Werde auch ich eines Tages weggehen von hier? Eine Sehnsucht kommt in mir auf, es Jakob gleich zu tun, irgendwann wegzugehen. Es muss schon sehr spät sein, als die Stimmen der Eltern aus dem benachbarten Schlafzimmer verstummen.

Jesu, meine Freude

Damals, erinnerst du dich, als du mir jeden Abend Einschlaflieder sangst:

Müde bin ich, geh zur Ruh, schließe meine Äuglein zu,
Vater lass' die Augen Dein, über meinem Bette sein.

Oder:

Jesu, meine Freude,
Meines Herzens Weide,
Jesu, meine Zier.
Ach, wie lang, ach lange
Ist dem Herzen bange,
Und verlangt nach dir!

Jesus als redlicher und hoffnungsvoller Abschluss des Tages, als letzter Gedanke. Danach löschtest du das Licht. Du hieltest mich nicht in den Armen. Eine Mutter, die immer in Bewegung ist, kann ihr Kind nicht festhalten. Stattdessen nesteltest du an der Wolldecke, zogst sie zurecht, es juckte mich am Hals, aber ich ließ es geschehen. Du sangst mich liebevoll in den Schlaf.

Du warst ständig in Bewegung, hattest immer zu tun. Ich war auch ein Wirbelwind, einen „Sturm" hast du mich genannt. Großpapa rief mich „Zappelphilipp".

Mutter, du fühltest dich verbunden mit einem Gott, der dir durch Predigten des Basler Theologen Karl Barth vermittelt wurde. Monatlich erhieltest du diese Heftchen, die aus gefalteten A4-Seiten bestanden, durch Klammern zusammengehalten. „Unsere Freiheit ist aber auch unsere Gefangenschaft in ihm (Gott)." Du fühltest dich umfassend geborgen in Jesus, den du sogar über deine Ehe stelltest. Deine frühen Briefe an Rolf bezeugen das. Dieser Glaube milderte deine Furcht vor der Unrast des Alltags, ein Spannungszustand, der sich in Kopfschmerzen bemerkbar machte. So wie du dich einschränktest, überließest du mir die Freiheit. Trotzdem – die allerliebsten Momente – deine Gebete und Gesänge an meinem Bett. Danke, du ließest mir viel Freiheit für meine Abenteuer; dein Glaube sollte uns beschützen und der war dir das wichtigste.

Damals, als ich nicht einschlafen konnte, nach der Schlange unter dem Bett oder dem Besuch im Zirkus, ein von Tigern verfolgter vierjähriger Bub, da hast du für mich unter das Bett geschaut, immer wieder, bis ich beruhigt war, dass kein wildes Tier da unten wartet, welches mein herunterbaumelndes Bein packt. Dann hast du für mich gebetet, das Vaterunser, dann aus der Bibel, den 23. Psalm: „Der Herr ist mein Hirte, mir wird nichts mangeln, er weidet mich auf grüner Aue und führet mich zum frischen Wasser." Du wiesest mich auf das Bild an der Zimmerwand vom wandernden Hirten mit dem Holzstab hin und saßest neben mir, bis ich endlich die Augen geschlossen hatte. Am nächsten Morgen war die Teppichvorlage aus Zebrafell nicht mehr in der Stube.

Zu denken, was nicht geschah, Mutter, was ausblieb, dein Lächeln, ich hätte es damals auch nicht erwartet. Heute denke ich, es hätte mich beruhigt, wäre nicht mit Gold aufzuwiegen gewesen. Dein oft leerer Blick, wenn er meine Augen traf. Immer wieder muss ich in deine Augen geschaut und ein Lächeln oder irgendeinen Glanz gesucht haben.

In regelmäßigen Abständen tratest du weg vom Fenster, was ich dir nicht ankreide, zogst dich zurück von uns, vom Geschehen im Alltag. Manchmal schon vormittags, meist aber am frühen Abend. *Ssssh, Ssssh* … der Vater hielt den Finger an den Mund, „Ruhe!", einmal mehr. Der kalte Waschlappen auf deiner Stirn, den der Vater nach einer Weile unters laufende Wasser hielt und wieder ins Schlafzimmer zurückbrachte, ein schwarzes Netz über deinen Haaren, damit die Dauerwelle nicht knitterte. Erinnerst du dich an die Herbstferien auf der Bellialp? Zwei Wochen waren geplant. Und wie wir Kinder uns freuten! Am ersten Tag nahmst du noch an der Feier für Tinas siebzehnjährigen Geburtstag teil. Ich war wütend, schleuderte ein Stück Schwarzwälder Torte an die Wand, weil du bald ins Schlafzimmer gingst. Ich dachte wohl an eine Szene, die ich abends zuvor bei Laurel und Hardy gesehen hatte. Das war zu viel. Du hast dich in deinem Schlafzimmer zurückgezogen. Ab dem zweiten Tag sahen wir dich nicht mehr. Wir hatten ein kleines Ferienhaus gemietet, im Dachstock hatte es genau ein Zimmer. Wir durften nie hinauf, vermuteten – wie ein Gespenst dort oben – die Mutter. Wir mussten annehmen, etwas stimme nicht; wir fürchteten um dein Leben. Der feuchte Waschlappen. Wir merkten es an der Übellaunigkeit des Vaters, dass da etwas nicht stimmte. Wenn wir morgens fragten, wie geht es ihr, war seine Antwort, Mama wird es morgen schon besser gehen. Zwei Wochen siechten wir durch. Vater versprach oft, mich aufs Instrigenhorn zu begleiten, womit er versuchte, mich bei Laune zu halten. Eine riskante Tour, blau-weiß markiert, aber wir hatten Bergerfahrung aus den Wanderungen im Alpstein im Toggenburg. Wie ich mich gefreut hätte, den langgezogenen Aletschgletscher endlich mal zu sehen, ich kannte ihn nur von Postkarten, doch der Tag kam nie. Stattdessen erwandern wir einen Naturpfad auf der Bellialp mit Informationstafeln: *Seit 1960 befindet sich der Gletscher in einer sich beschleunigenden Schwundphase, er hat seither rund vier Kilometer Länge eingebüßt.* Vater traute sich kaum von deinem Bett weg. Seine Übellaunigkeit nahm uns den letzten Rest Ausgelassenheit, sodass wir kleinlaut mit der Seilbahn ins Tal fuhren, dort Brot und Wurst einkauften und im Rucksack nach oben trugen. Oder wir verschafften uns Milch und Käse bei den Bauern auf der Alp. Ich blickte sehnsüchtig zu den Felskanten auf, die sich gegen den dunkelblauen Himmel abhoben. Abends empfing uns Vater mürrisch, Tina setzte die Pfannen auf den Herd. Sie lernte Griechisch, nahm nach dem Essen ihre Bücher und überließ mir und Beni den Abwasch.

Damals, als ich ausgelassen, im Überschwung, in den Swimmingpool sprang. Kopfüber, ohne die Hände nach vorne wie beim nor-
malen „Hecht", einen Seemannsköpfler hatte das der Fette Armin
genannt. Ich schlug heftig mit dem Kopf auf, die Nase blutete und
brannte, und ich hatte danach zwei Tage lang heftige Kopfschmerzen. Doch Mutter, ich bin wieder aufgetaucht. Nein, das habt ihr
Eltern nie zur Kenntnis genommen, wie denn auch? Die Hausan-
gestellte Esther hatte ihre Zimmerstunde und ihr verpasstet einer Kuh eine „Sectio Caesarea", einen Kaiserschnitt, letzte Über-
lebenschance für Muttertier und Kalb. Wie oft hast du deinem
Mann nachmittags bei diesen Operationen ausgeholfen? Was wuss-
test du von mir, hast du dich je mal gewundert, was ich mache?

Damals, Jahre später verbrachten wir beide eine Ferienwoche
im Bündner Bergtal, in einem ehemaligen Kalkbergwerk, einem großen Gebäude, das während des Krieges zur Förderung
von Kalk sowie der Herstellung von Kalkziegeln gedient hatte. Nach der Stilllegung war die Vorderseite in eine bescheide-
ne Wohnung umgebaut worden. Unmittelbar neben einer Felswand stand das Haus, davor ein großer Kiesplatz. Wir kamen
uns auf dem großen Areal recht verloren vor. Das nächste Dorf
war zu Fuß entlang der Autostraße in einer Halbstunde zu erreichen. Gingen wir täglich wandern? Wir besichtigten eine Roma-
nische Kirche und das angebaute Beinhaus, gebleichte Knochen
wie Holzscheite in einer Kreuzbeige: „Was Ihr seid, das waren
wir, was wir sind, das werdet Ihr", stand über der Tür. Ich war
erschüttert; erstmals wurde mir der Tod gegenwärtig. In der Küche roch es modrig, aus dem Hahn floss nur kaltes Wasser, du
wuschst die Teller und ich rieb sie trocken. Du erzähltest von
deiner kürzlichen Reise mit dem Vater nach Griechenland. Um
Geld zu sparen, wart ihr während einer Woche mit dem Zelt unterwegs. Einmal hättet ihr das Zelt unterhalb eines Felsenriffs
am Meeresstrand aufgeschlagen, als es bereits dunkel war. An
einem Morgen habe die Sonne durch das Zeltdach geschienen,
ihr seid durch das Summen von Wespen über dem Zelt erwacht.
Vater habe sich entschlossen, den Reißverschluss des Zelts zu

öffnen, um nachzuschauen. Er hätte dich beim Arm gepackt und ihr wärt durch den Sand davongestoben. Gleich neben dem Zelt, unter einer Felsnische, habe sich ein blutiger und entsetzlich stinkender Pferdekopf befunden, in dem die Wespen hausten. In jener Nacht zog ein Gewitter durchs Bergtal, Donner rollte gegen die Felswände, die Entladung elektrischer Energien erhellte diese auf der anderen Talseite gespenstisch, der Strom fiel aus. Wir saßen bei Kerzenschein am Küchentisch, blickten in die Finsternis, hörten den Regen prasseln. Spielten wir Halma oder Mühle? Um drei Uhr morgens rollte ein dumpfes, tiefes Grollen durch das Haus, irgendwo lief ein Wasserhahn voll aufgedreht, die Erde bebte. Du kamst in meine Kammer, unter meine Decke, ich spürte deinen zitternden Körper unter dem dünnen Nachthemd, ganz eng hast du dich an mich geschmiegt.

Der Morgen brachte frischen Glanz, die Sonne trocknete die nassen Wiesen rasch. Die Frühnachrichten berichteten kurz über das Beben in Graubünden. Bei der Wanderung von Fruns nach Narzberg nahmst du einmal meine Hand, eine Vertrautheit, die mich erschreckte. Plötzlich war sie wieder da, die Erregung von der vergangenen Nacht, als du dich an mich schmiegtest. Sie war erwachsener als je zuvor und sie verwirrte mich. Die Augenblicke, als ich mich mit Esther allein gefühlt hatte, die Heiratsspiele mit Monika, und nun du, Mutter!

Mutter, du interessiertest dich für die Pflanzen: Bergsalbei, deren Namen ich ins Schulheft eintragen würde. Ich führte ein Taschenbuch „Berg Flora" zur Bestimmung von Pflanzennamen mit mir. Auch die verschiedenen Arten der Befruchtung waren zu beschreiben. „Ich muss mal ...", sagtest du, als wir eben unter einem Eisenbahnviadukt gingen, der einen mächtigen Bogen über das Tal spannte, „geh du nur weiter." Doch ich schlug einen Bogen und drückte die Zweige auseinander, um dich hinter dem Busch beim Pinkeln zu beobachten. Es beschämte mich, doch ich fühlte mich dieser Lust ausgeliefert. Ich rief meine Gedanken zur Ordnung, zwang meinen Blick auf die uns umgebende

Bergwiese. Hier würde es noch einige Pflanzenspezies geben, deren Namen ich nicht kannte und die ich aus dem Bestimmungsbuch von August Binz herleiten konnte. Beim Gehen hatte ich Mühe, mit deinem sportlichen Gang Schritt zu halten, kam mir vor wie ein Schäferhund mit hängender Zunge. Während der ganzen Woche klagtest du nie über Migräne.

Damals, die Ferien bei den Großeltern in Moosdorf. Du brachtest Tina und mich hin und gabst uns ab wie Postpakete. Ich bettelte darum, mit dir zurückzukommen. Kein Abschied, und weg warst du. Ich schlief bei Großvater im Bett, das dicke Federbett mit dem Überzug, weiße Schwäne auf blauem Grund. Sein massiger Körper ließ die Matratze zu einem U werden. Ich drückte mich an den Bettrand, oben auf der Matratzenkante. Die Nacht ging langsam vorüber, sein Schnarchen hielt den Schlaf von mir fern. Er stand früh um fünf auf, fuhr mit seinem Auto zur Dorfmetzgerei. Ich rutschte von meiner exponierten Lage herunter, fiel endlich in den Tiefschlaf. Tina war im oberen Stockwerk untergebracht. Ich vermisste sie. Ich erinnerte mich daran, dass ich noch vor wenigen Jahren das Schlafzimmer mit ihr geteilt hatte. Du vermutetest, dass uns Ferien bei den Großeltern beglücken würden. In mancher Hinsicht gebe ich dir recht. Sein rundlicher Körper mit den kurzen Beinen und dem kugeligen Kopf erschienen mir wie zwei übereinandergeschichtete Bälle. Doch er war streng mit uns Kindern. Beim Nachtessen durften wir nicht laut reden. Die Fleischpreise sackten ab, das ärgerte ihn, er fluchte. Oder er kritisierte die Großmutter, weil der Schweinebraten nicht genügend gegart aus dem Ofen kam. Wenn er abends Pfeife rauchend auf der harten Bank vor seinem Holzchalet saß, war er am friedfertigsten. Ich saß gern neben ihm. Er zeigte mir, wie man Tabak locker in den Pfeifenkopf einfüllt und danach mit einem Stopfer festdrückt. Wir spazierten zusammen die Straße entlang bis zu einer Wiese, die er morgens mit der Sense gemäht hatte.

Du hast ihn bewundert, geschätzt, auch gefürchtet. Den Nachbarkindern aus dem Dorf, wenn sie in seinen Laden kamen, gab er – wenn er guter Laune war – Wurstringe oder ein Stück Speck. Abends war er oft unterwegs, hast du mir erzählt. Er war ein guter Networker, pflegte ständig Beziehungen zu Viehbesitzern. Nachdem sie jeweils mit dem Melken fertig waren, trat Großvater in den Stall und fragte nach feilschen Tieren. Oft ging der Viehhandel dann bei einem Kaffee Lutz über die Bühne.

Einige Jahre später, kurz vor Weihnachten, warfst du weinend den Telefonhörer an die Wand. So aufgebracht hatte ich dich noch nie gesehen. Erst einen Tag später konntest du darüber reden: morgens um vier habe es geläutet, Polizisten standen an der Haustüre, Vati sei verunglückt, man habe den Leichnam in die Aufbahrungshalle von Moosdorf gebracht. Das Fahrzeug, ein Borgward Isabella, habe man in unzugänglichem Gelände unterhalb einer Felswand gefunden, ausgebrannt, Großvater erlitt Verbrennungen vierten Grades. Später führte der Polizeibericht aus, dass er 1 Promille Alkohol im Blut hatte. Vati war bei den Bauern sitzengeblieben, länger als üblich. Er brach dann hastig auf, fuhr seinen grünen Borgward in zu hohem Tempo in die Gantrisch Kurve, die Spuren im Schnee verrieten den Verlauf seiner Fahrt. Nachbarn kümmerten sich danach um die zu Stein erstarrte Großmutter, man brachte sie bei Verwandten unter. Du hast sie am Wochenende besucht. Bald darauf organisiertest du zusammen mit deinem Buder Johann die Unterbringung in einem Altenheim. Die immer fleißige Großmutter – so wie wir sie kannten – konnte nicht mehr für sich selbst sorgen.

Mutter – klar, ich verstehe. Du bist karg aufgewachsen, im Berner Oberland, die Tochter von Minna und Paul Gruber von Moosdorf, Metzger und später auch Viehhändler. Drei Geschwister, auf den späteren Klassenfotos standest du als zweitälteste immer am Rand, irgendwie nicht ganz dazugehörig. In Erinnerung ist mir nur Johann geblieben, zwölf Jahre älter als ich, Beine wie Baumstämme, ein Hüne. Wenn ich mich mit ihm balgte, konnte er mich mit seinen starken Armen biegen wie eine Büroklammer. Er hatte rote Haare und langgezogene rote Koteletten.

Sommers wie winters trug er kurze Hosen. Stolz zeigte er mir sein neues Rennvelo, mit den hauchdünnen Reifen, das er wenig später bei einer Fahrt über den Brünig Pass zu Schrott fuhr.

Ich sehe mich auf dem Rücksitz von Vaters Auto. Die Fahrt schüttelte mich durch. Die Autos hatten damals keine Sicherheitsgurte. Wieder einmal brachtest du mich in die Ferien; diesmal zu Emilie, meiner Patin. Papa und du hattet eine Woche Urlaub in Griechenland vorgesehen: „Wir brauchen mal einige Tage für uns, ohne die Kinder!" Sie war Lehrerin oder sowas Ähnliches, jedenfalls war sie tagsüber immer weg. Ich wanderte durch die dunklen Gänge des Hauses, rutschte auf dem Treppengeländer herunter, bis die nackten Oberschenkel rot entzündet waren. Oder legte mich aufs Bett und starrte an die Decke. Ich stellte mir die blauen Ornamente der Tapeten als Labyrinth vor, aus dem ich nicht mehr herausfand. Ich zählte die Rosetten. Um der Langeweile für einen Moment zu entgehen, beobachtete ich sie durchs Schlüsselloch, wenn sie auf dem Klo saß. Kaum hatten wir mit dem Abendessen begonnen, hatte Emilie auch schon wieder abgeräumt. Sie sprach kaum ein Wort mit mir. Sie kramte ihr Cello hervor und spielte, bis ich vor Erschöpfung bat, ins Bett gehen zu dürfen. Vor dem Schlafengehen klagte sie über ihre chronischen Rückenschmerzen. Mutter, ich nahm oft wahr, dass du mit deinen Gedanken in einer anderen Welt warst, während wir doch zusammen waren, eine Hausarbeit ausführten, was häufig vorkam, etwa Abwaschen oder Kuchenbacken. Deine Augen schienen durch mich hindurchzuschauen. Warst du in Tagträume versunken? Worum kreisten deine Gedanken? Und hatten sie mit mir zu tun – hatte ich etwas angestellt, wozu ich deine Einwilligung nicht hatte? Ich kam mir vor wie ein Beifahrer auf dem hinteren Sitz eines Autos, wenn die Mitfahrer auf den Vordersitzen in ein Gespräch vertieft sind.

Kalbsgeburt

Das Telefon mit dem schwarzglänzenden Hörer, der spiralförmigen Kordel und der dicken Wählscheibe hängt an der Wand neben der Küchentüre. Auf einem Holzbrett darunter liegen Bleistift und Terminkalender. Der Anruf kommt um einundzwanzig Uhr. Mutter nimmt den Hörer, meldet sich: „Tierarztpraxis Ammermann!" und ruft kurz darauf mit durchdringender Stimme: „Der Mäder, eine Geburt! Dass das um diese Zeit sein muss! Rolf, du musst dich beeilen, die Wehen dauern schon seit Stunden an." Mit einer raschen Handbewegung deutet sie an, dass wir Kinder ins Bett verschwinden sollen.

- Ich geh' mit!
- kommt nicht in Frage! Sssssh, geh ins Bett. Das war Mutter.

Papa, mit einem Seitenblick zur Mutter:

- Du gehst ins Bett!
- Ich bestehe darauf:
- Nein, ich geh mit.

Papa:

- Steig in deine Gummistiefel!

Mutter zieht sich mit beleidigter Miene ins Schlafzimmer zurück. Schneefurchen, die aus der Dunkelheit auftauchen, Flockenwirbel vor der Frontscheibe des VW-Käfers, die Scheibenwischer kämpfen hilflos gegen den Schnee. Die Straße führt bald in einen eisigen Feldweg, an dessen Seite sich Schneemauern auftürmen. Der Käfer schlittert von einer Seite zur anderen, Papa gleicht das Ausscheren des Wagens mit ruckartigen Bewegungen des Steuerrades aus. Bergab wird der Schnee matschig.

Das Auto rutscht und kommt vor einem Baumstamm zum Stillstand, der quer über der Straße liegt. Wir müssen das Auto stehen lassen und den Rest des Weges zu Fuß machen. Es geht an einer Schweinemästerei vorbei. Der beißende Geruch der Säue weht herüber. Der Mädersche Hof „Ruberbaum" liegt in der Talsohle. Den wenigen Bemerkungen Vaters entnehme ich, dass er froh ist, nicht allein zu sein. Plötzlich schießen zwei Hunde auf uns zu, Bastarde, wie mich Papa aufklärt, die uns die Nähe des Hofs ankündigen. Als wir diesen erreichen, schlägt der größere Hund seine Zähne in meinen linken Unterschenkel, zerfetzt die Manchesterhose. Ich jaule auf und setze mich im Stall auf einen Strohballen, während Vater Instrumente aus der mitgebrachten Ledermappe bereitlegt. Meine Hose verfärbt sich rot. Ich putze mir das Blut mit Stroh ab. Papa wirft mir eine Rolle Verbandsmaterial zu und ich wickle den Verband gekonnt um den Unterschenkel. Bauer Mäder lächelt mir spöttisch zu und kümmert sich dann wieder um die gebärende Kuh. In meinem Inneren brodelt es: *Schon wieder! Was habe ich verbockt, dass der Hund mich gebissen hat?* Wütend kraule ich dem Braunvieh Resi den Hals. Das Glöckchen der nahen Kapelle schlägt zwölf. Ich zähle flüsternd die Glockenschläge.

Der Stall ein Backsteinbau, von dessen Wänden die bräunlichmilchige Farbe abblättert. Stalltüren aus zusammengenagelten Brettern, die kaum abdichten, der Wind pfeift durch die Ritzen. Daneben die angebaute Scheune, ein Riegelbau, deren Dach einer Walflosse gleicht.

Die runden aufgedunsenen Kuhleiber versprechen Wärme. Während die Anwesenden Vorbereitungen für die Kalbsgeburt treffen, wandere ich im Stall auf und ab. Erschöpft lege ich mich zwischen zwei dampfende Leiber, gehörnte Köpfe, kauende Riesenkiefer wenden sich mir für einen kurzen Augenblick neugierig zu. Heißer Atem schlägt mir entgegen. Mein schmaler, kräftiger Vater steht vor dem Hintern der Kuh. Ich sehe nur noch seine Schultern. Seine feinfühligen Hände tasten nun tief im

Leib des Tieres. Sie erforschen einen für mich geheimen Raum. Ich stelle mir die Eingeweide wie Riesenwürste in einem mächtigen Gewölbe vor. Wo ist das Kalb in diesem Hohlraum? Ich stehe daneben, atme nun stoßweise vor Spannung. Der Blick der gebärenden, im Stroh liegenden Kuh ist schmerzverzerrt. Zuerst erscheinen die Klauen und wenig später die Nüstern des Kalbs gelblich und nass glänzend im Muttermund der Kuh. Die Bauern knüpfen Stricke um dicke Haselstöcke und befestigen Schlingen an den Klauen. Das alles geschieht wortlos. Die Kuh röchelt, ihre Augen quellen hervor. Auf Vaters Anweisung greife ich auch zu einem Stock, versuche meine kurzen Beine wie die Bauern gegen den Mistgraben zu stemmen. Papa gibt kurze Anweisungen: Beim Ziehen müssen wir den Rhythmus der Wehen beachten. Dann geht es plötzlich rasch. Schwupp – ein nasses Bündel liegt auf dem mit Stroh bedeckten Stallboden. Erleichterung liegt auf den schweißglänzenden Gesichtern. Bauer Mäder packt ein Bündel frisches Stroh, wischt damit das rosaglänzende Maul und die geblähten Nüstern des Kalbs ab, damit das Tier husten kann. Es wird auf den Namen „Flora" getauft. Dann holt Mäder die Schnapsflasche hervor, um dem erschöpften Muttertier den vor Schweiß triefenden Leib einzureiben. Flora streckt mir die fleischige Zunge entgegen, der Schleim tropft aus ihren rosaroten Nasenlöchern.

Die Mutterkuh leckt das Kalb, kaum ist es geworfen und stößt es mit einer kräftigen Kopfbewegung mehrmals an. Flora fällt zur Seite und unternimmt ungelenke Versuche, sich erst auf die Vorderfüße zu erheben, dann auf alle viere. Die Kuh dreht sich nun so, dass ihre Zitzen direkt über dem Kopf von Flora sind, sodass das Tier daran riechen kann. Bald saugt es immer kräftiger. Wie ist es möglich, dass Flora schon stehen und Milch trinken kann? Menschen und Tiere verharren für Augenblicke reglos. Die Augen der Bauern sind starr. Die Mutterkuh liegt erschöpft, ihre dunkelbraunen Augen blicken stumpf. Ein Geruch von Stroh und Kuhdung umfängt mich, verbindet sich mit der Bauernhofwärme. Die Rufe der Männer vermischen sich mit den

Geräuschen der liegenden wiederkäuenden Kühe, deren Atem, dem Klirren der Ketten und dem Aufklatschen des Kuhdrecks auf dem Stallboden.

Bauer Mäder beugt sich ein letztes Mal über die Kuh, die eben geworfen hat, Vater gibt letzte Ratschläge. Ich versuche, eine altkluge Miene aufzusetzen, ich bin wie einer der schwer arbeitenden Männer. Die Bäuerin bringt auf einem Tablett Kaffee. Die Schnapsflasche wird herumgereicht. Dann verabschiedet sich der Vater mit Händedruck im Laternenschein des düsteren Stalles. „Rein in den Wagen, morgen früh gehst du zur Schule!" Zu Hause im Praxisraum nimmt Vater eine pechschwarze, nach Teer riechende Salbe aus einer Schublade, cremt mir die Wunde ein und verbindet sie mit grob genähtem Verbandstoff – und noch immer bin ich nicht müde, noch immer nicht im Bett.

Samstagnachmittag besucht der Vater immer das kleine Schlachthaus im Dorf. Metzger Ehrbar ist am Wochenende nicht dort. Die Metzgersfrau erkenne ich durchs Schaufenster der Metzgerei, an der Fleischtheke. Hinter der Glasscheibe der Auslage sind Fleischstücke, große und kleine Würste und Berge von Sauerkraut ausgebreitet. Vater ritzt da ein Kuhbein mit dem Messer, schneidet dort einen Fetzen weißen Fleisches ab und riecht lang daran. Dann entnimmt er seiner Tasche einen Stempel und drückt einen roten Kreis auf den Nacken eines für gesund befundenen Tieres. Untaugliches Fleisch wirft er in eine Wanne. Wieder im Auto, erzählt er mir, dass die Ägypter bereits 2000 Jahre vor Christus Fleisch begutachteten, indem ein Priester das Blut von geschlachteten Tieren beroch. Sie wussten, dass der Genuss von verdorbenem Fleisch Krankheiten verursachen konnte.

Mein täglicher Heimweg von der Primarschule führt an Metzger Ehrbars Schlachthaus vorbei. Die Türe steht immer halb offen. Vor dem Mittagessen stehe ich im Eingang. Ein Mann in einer weißen, blutbefleckten Schürze schickt sich an, ein Rind zu schlachten. Er richtet ein gewehrähnliches Gerät gegen die Stirn eines Tieres, ein trockenes Knacken ertönt. Das Tier sinkt auf die Knie und dann auf die Seite, an der Stirne ein Tropfen Blut. Der Schlächter wählt sorgfältig eines der langen Messer aus, die auf einem Holztisch liegen und beginnt das Rind auf der Bauchseite aufzuschneiden. Dabei greift er zwischendurch zum Wasserschlauch und spritzt das aus dem Tier rinnende Blut weg. Mit einem kleineren Messer schneidet er Organe und Därme aus dem Inneren; dann wird der Kopf abgetrennt. Dann lässt er eine Kette, an deren Ende Metallhaken hängen, von der Wand. Mittels Haken, die er durch die Fesseln des Tieres treibt, hängt er die beiden Hälften auf. Ich kann Knochen, die Rippen, rotes und weißliches Fleisch ausmachen. Aus der Unterseite tropft nur noch wenig Blut. Die Hände des Metzgers arbeiten fieberhaft. Ich staune, wie rasch aus dem lebenden Tier säuberlich getrennte Haufen von Organen und anderen Innereien werden, stelle mir vor, wie die Tiere vor kurzem noch auf der Weide lagen. Durch ein paar fachmännische Griffe sind sie nun zu einer leblosen Masse verarbeitet worden. Ich denke ans Mittagessen; die Eltern warten sicher schon, renne nun nach Hause. Zum Nachtessen gibt es Rindsbraten.

Nach der Schule nehme ich den Umweg an Priskas Wohnblock vorbei, um zum Balkon im zweiten Stock hinaufzuschielen. Steht dort vielleicht Priska an der Brüstung? Der Block liegt gleich neben der Autowerkstatt und Tankstelle. Auf einmal höre ich einen heftigen Knall, darauf das Herumfliegen von Metallsplittern und sehe eine hohe Stichflamme. Ich bleibe stehen und verfolge, wie eine sich windende menschliche Gestalt bald zu einer verkohlten Mumie wird. Schwitzend renne ich heim, erwähne aber das Erlebte am Mittagstisch nicht. Am Abend höre ich die Erwachsenen im Wohnzimmer diskutieren. Später erfahre ich von Tina, dass der Fette Armin beim Auftanken des Motorrads an der Tankstelle eine Zigarette angezündet hat. Sie sagt, er sei jetzt tot. Hatte ich nicht letzte Nacht von schwarzen Raben geträumt, die sich auf eine Maus stürzten?

In den Weihnachtsferien gehe ich an freien Nachmittagen Schlittschuhlaufen. Mittwochnachmittag beobachte ich Priska aus der unteren Primarklasse. Sie hat zwei große Schaufelzähne, die über ihre Unterlippe stehen und flachsblonde Haare. Sie trägt einen grünen Rock. Grün ist meine Lieblingsfarbe, weil sie mich an die Wälder auf dem Berg erinnert. Priskas Rock verbirgt ein Geheimnis. Wie mag es unter dem Rock aussehen? Ich spüre ein leichtes Kribbeln im Gesicht und mein Kopf fühlt sich erhitzt an. Da ihr Heimweg ebenfalls am Schlachthaus vorbeiführt, kann ich es gut einrichten, dass wir zusammen gehen. Heute zögere ich den Abschied hinaus, indem ich sie nach ihren Single-Platten ausfrage. Sie sagt: „Warte hier!“ und eilt in die Wohnung, um mit einer Single mit dem Song „Hurdy Gurdy Man“ von Donovan zurückzukehren. Ich spüre die Röte in meinen Wangen und getraue mich nicht, mehr als ein „Dankeschön“ zu stammeln. Wie gern wäre ich ihr Hurdy Gurdy Man, ihr Leierkastenmann, der ihr unter dem Balkon die schönsten Liebeslieder gesungen hätte.

Wieder bin ich, diesmal allein, am Schlittschuhlaufen. Schneeberge türmen sich hinter dem Eisfeld Gundelen, doch ich spüre keine Kälte, solange Priska in meinem Sichtfeld bleibt. Durch das Schneegestöber sehe ich sie Pirouetten drehen in ihren reizenden weißen Schlittschuhen, wie die Schneekönigin aus dem Märchen. Zwischen den Flocken, die immer dichter über der Eisfläche wirbeln, taucht plötzlich eine schwarz gekleidete Gestalt mit flachsblonder Mähne auf. Ich erkenne Gusti, den Torhüter des Eishockeyclubs. Er fährt auf Priska zu, nimmt sie am Arm und die beiden segeln zusammen über das Eisfeld. Ich lehne meinen Kopf an die Bande des Eisfelds; meine Füße fühlen sich plötzlich eiskalt an. Ich denke an meine Umwege über die Autowerkstatt, meine Sehnsucht, sie auf dem Balkon zu erspähen und an die Schallplatte. Sie hat mir doch den Song von diesem Leierkasten Sänger geschenkt! Die Geschichte von einem Typen, der am Meer liegend, in den ihm zulachenden Mond schaut.

In der Nacht träume ich vom Fetten Armin. Wir gehen zusammen auf einem Fußweg beim Fluss, daneben ein Kornfeld. Armin schiebt sein geliebtes Motorrad. Er erzählt mir von einem Mädchen, das er neulich kennengelernt hat. Dunkle Haare, kleine Brüste – so wie wir sie im BRAVO oft bewundert haben. Armin zeigt sein breites Lachen, so wie ich es immer gemocht habe. Plötzlich steigen Raben aus dem Kornfeld auf, sie verfolgen uns fortan. Ich erwache mit einem tieftraurigen Gefühl in der Brust. Mein Wecker zeigt, es ist drei Uhr morgens. Ich kann lange nicht mehr einschlafen.

Das Handgemenge

Unter keinen Umständen dürfen wir den Pausenplatz verlassen. Schulabwart Müller beobachtet, wie wir uns zwischen die Äste eines Lorbeerzauns drücken, uns davonstehlen und mit drei Kakaodrinks zurückkehren. Müller sagt diesmal kein Wort, weil er unseren Hauptlehrer Wurster hasst. Müller verabscheut uns auch aus einem anderen Grund: Wir sind die Klasse, die am meisten nachsitzen muss. „Chaoten" nennt er uns. Müller hat seine letzten Sommerferien in den USA verbracht. Er sandte mir eine Postkarte aus San Francisco. Ausgerechnet Müller! Ich fand das cool. Für ihn waren die Hippies nichts als Faulenzer. Er verachtete alle Langhaarigen. Er hat mir einmal gesagt, ich sähe verweichlicht aus, dabei standen mir meine Locken noch nicht mal auf dem Nacken auf.

Es ist Mai. Ich schaue aus dem Schulhausfenster in die Kronen von blühenden Kastanienbäumen. Auf der anderen Seite steht die alte Turnhalle, grau und verlassen. Die Pausenglocke ertönt, Türen knallen. Das Treppenhaus und der Schulhof beleben sich, aus der Turnhalle rennen Schüler. Fröhliche Geräusche, Streiten, Schwatzen, Singen, Lachen. Ich gehe auch hinunter und stelle mich allein auf das Granitmäuerchen vor der Turnhalle, blicke über den Schulhausplatz, die Hände in den Taschen der Knickerbocker. Heute Nachmittag ist Holzwerken im Plan und ich schwitze bereits am Kopf und unter den Achseln. Wenn das Werken vorüber ist, bin ich dem Fegefeuer für den Rest der Woche entronnen, bis am nächsten Montag das Unbehagen erneut beginnt. Werklehrer Kreis sagt: „Du hast zwei linke Hände." Der selbst gemachte Wäscheständer fiel beim ersten Versuch, ihn aufzustellen, in sich zusammen. Vor einer Woche hat Kreis meine Früchteschale zerbrochen und sie mir fluchend vor die Füße geschmettert. Ich hatte stundenlang daran geschnitzt, so lange bis der Holzboden hauchdünn war. Meine Hände zitterten und meine Knie drohten einzuknicken. Inzwischen ist mir klar, dass ich bei handwerklichen Arbeiten unbeholfen bin. Ich beiße in einen gelben Apfel und ein brennender Schmerz fährt mir in die Zunge. Ich spucke die Apfelhälfte samt der Wespe aus. Da ertönt die Pausenglocke, alle Schüler stürmen zum Eingang, denn wer nicht pünktlich im Schulzimmer eintrifft, wird bestraft. Unschlüssig bleibe ich mitten auf dem Schulhausplatz stehen. Abwart Renggli erscheint am Eingang der Turnhalle mit Schubkarre und Besen. Seine Markenzeichen sind dicke Stirnfalten und ein schwarzer Schnurrbart, der mich an Adolf Hitler erinnert. Er winkt mich zu sich her. Sein Mahnfinger droht mir. Aber die Zunge ist angeschwollen wie ein Tennisball und ich ringe um Atem. Renggli stutzt, dann begreift er und schickt mich zum Schularzt, dessen Praxis gleich hinter dem Schulhaus liegt. Er gibt mir eine Spritze in die Zunge. Eine Stunde später stehe ich wieder vor dem Klassenzimmer.

Alle im Schulzimmer sind vollkommen erstarrt. Es ist still. Ich schleiche an meinen Platz in der ersten Reihe. Unter dem Lehrerpult liegt Mitschüler Ray. Klassenlehrer Wurster packt seinen Haarschopf, zieht den völlig eingeschüchterten Buben zu sich heran und schlägt dabei seinen Kopf heftig gegen die Pultkante. Wursters Schlagader ist geschwollen. Er schreit Ray an: „Der Unterricht am Mittwochnachmittag darf nicht geschwänzt werden! Ich habe dich seit drei Wochen nicht mehr gesehen!" Ray heißt Raimond, aber für uns ist er Ray. Er hat einen Kopf, der dem eines Elefanten (ohne Rüssel) gleicht, und er ist dick. Ray hat eine Freundin, eine Gazelle, um die ihn viele Mitschüler beneiden. „Sister", wie wir sie rufen und Ray mögen „Bubble Gum Music". Immer wenn wir den Schulweg zusammen machen, trällert er: „Gonna sing you a Bubbles Gum Song, Bubbles Gum Bubbles Gum". Ray ist nicht in meiner Klasse. Er besucht die Parallelklasse beim evangelischen Lehrer Vogel, den wir „Pfau" nennen. In diesem Moment tritt Pfau, seinen Schüler suchend, ins Zimmer. Er sieht den schluchzenden Ray, der aus der Nase blutet und schützend die Hand vors Gesicht hält.

Vogel erstarrt zur Salzsäule, schüttelt entsetzt den Kopf. Dann schreitet er entschlossen zur Wandtafel, fasst Wurster bei den Schultern und versucht, ihn von Ray wegzuzerren. Das gelingt nicht, die beiden Männer beginnen miteinander zu raufen. Wurster schlüpft aus seiner Lederjacke und hämmert Pfau die Faust ins Gesicht. Pfau taumelt. Aus den hinteren Reihen höre ich Wimmern. Wurster holt nochmals aus und drückt Pfau gegen die Wand: Das römische Geschichtsposter über die Schlacht der Römer bei Aquae Sextiae fällt zu Boden. Nun gelingt es Pfau, seinen Gegner Richtung Türe zu drängen. Dort knallt Pfau unseren Lehrer mit aller Wucht gegen den Türrahmen, sodass Ray den Augenblick nutzen kann, um zu verschwinden. Auf dem Boden sind Blutspuren. Pfau befreit sich aus der Umklammerung, folgt seinem Schüler mit schmerzverzerrtem Gesicht und blutverschmiertem Hemd. Wurster, zornrotes Gesicht, die Lippen zusammengekniffen, stellt sich breitbeinig vor die Klasse. Kein Wort der Erklärung. Nach einer kurzen Pause nimmt er den Unterricht in Mathematik wieder auf. Auf seine Fragen fallen die Antworten der Schüler zögernd aus. Kaum läutet die Mittagsglocke, informiert Wurster: „Nachmittag ist schulfrei. Die Aufgaben habt ihr schon!" Schülerinnen und Schüler spritzen auseinander; sie wissen, was der Grund für die wüste Keilerei ist: Wurster wollte Ray eine Lektion erteilen, weil er seit langem den katholischen Religionsunterricht geschwänzt hatte.

Ich haste über den Schulhausplatz an den Bäumen, am Springbrunnen mit der Sandsteinplastik des nackten Mädchens und am Haus des reformierten Pfarrers vorbei heimwärts. Was soll das mit diesen Religionsstreitigkeiten? Monika und Reto kommen mir in den Sinn; schon lange sind sie mir nicht über den Weg gelaufen: „Reformiert – die Hosen verschmiert", hat mir der Reto jeweils nachgerufen. Ich getraute mich nicht, zurückzuschlagen, wollte ich doch das Beisammensein mit Monika nicht gefährden. Und nun das! Wie konnten Erwachsene so dumm sein? Sich wegen Konfessionszugehörigkeit zu streiten, ja schlimmer noch, sich blutig zu schlagen. Ich hatte noch nie erlebt, dass man Uneinigkeiten auf solche Weise löste. Die Gedanken jagen sich in meinem Kopf. Ich überlege, es zu Hause zu erzählen. Doch ich fühle eine Scham – warum ist mir unklar –, die mich davon abhalten wird. Und überhaupt haben die Eltern am Mittagstisch immer viel zu erörtern. Nun habe ich noch mehr Angst vor Wurster. Innerlich lobe ich mir den Pfau, hatte er doch den Mut, sich für Ray einzusetzen und ihn vor dem Schlimmsten zu bewahren. Ray tat mir leid, bestimmt ist er ein schräger Typ. Doch sein Vater hat mich immer freundlich gegrüßt, wenn wir uns im Dorf begegneten. An einem Eishockeymatch war er einmal in der Reihe hinter mir gestanden, hatte mir den Rauch seiner Zigarre ins Gesicht geblasen und wir hatten das Team von Weihrankendorf angefeuert.

Der Pfau ist ein Lehrer, der die Schüler ernst nimmt, ja kollegial behandelt. Der Ruf eilt ihm voraus, er sei ein Anthroposoph. Doch niemand weiß genau, was das ist, wahrscheinlich auch eine Sorte von Religion. Er ermuntert die Schüler seiner Klasse zu Diskussionen über Politik und Kunst. Zudem unternimmt er mit der Klasse oft Ausflüge in die Natur oder etwa ein Dinosauriermuseum. Andererseits sollen einige seiner Schüler später Mühe mit dem Übertritt ins Gymnasium haben. Aber auch das ist nur ein Gerücht.

Das Mittagessen wird von unserer neuen Haushaltlehrtochter Renate aufgetragen. Meine Zunge hat zwar ihre ursprüngliche Größe wieder erreicht, doch der Appetit ist vergangen. Der Nachrichtensprecher gibt den „Body Count" amerikanischer Soldaten in Vietnam bekannt. Ich mache einen Versuch zu sprechen, doch mich trifft Vaters strenger Blick. In den folgenden Tagen denke ich immer wieder über das Geschehene im Schulzimmer nach. Die Bilder haben sich bei mir festgesetzt. Dem Ray ist ein himmelschreiendes Unrecht geschehen und niemand hat seither ein Wort darüber verloren. Hätte ich nicht etwas tun können? Weshalb bin ich nicht weggerannt und habe den Abwart informiert? Würden meine Eltern mir glauben? Ich nehme einen

Anlauf, mit ihnen zu reden, aber sie hören nicht zu. Sie haben Wichtigeres zu tun, zu besprechen: die Nachrichten vom Radio Beromünster oder danach, beim Kaffee, Vaters Tour zu den verschiedenen Bauern für den Nachmittag, nach Dringlichkeit und Erreichbarkeit zum nächsten Hof eingeteilt. Zudem stellt Renate die eine oder andere Frage zu ihrer Arbeit an Mutter. Am nächsten Tag kommt Wurster auf das Geschehene mit keinem Wort zurück. Wir konzentrieren uns auf die Arbeit, niemand sagt ein überflüssiges Wort. Aber innerlich, da bin ich sicher, hat man dem Ray ein großes Unrecht angetan. In der folgenden Nacht habe ich einen Angsttraum: Ich beiße in einen saftigen Apfel, wie sie derzeit bei uns in der Stube in einem Korb liegen. Eine knallgelbe Wespe nähert sich, sie hat einen übergroßen Stachel. Ich schüttle meinen Kopf hin und her, um das Biest loszuwerden. Sie lässt sich nicht abschrecken. Plötzlich ist da eine Hornisse; offenbar hat sie es auch auf meinen Apfel abgesehen. Nun ist's genug, ich will davonrennen. Da greift die Hornisse die Wespe an und sie schwirren nervös um meinen Kopf. Es gelingt mir nicht, mich zu lösen. Ich bin vor Schreck starr. Ich erwache schweißgebadet, meine Zunge fühlt sich geschwollen an. Ich denke an Ray. Im Garten, bei den Himbeerstauden, fliegen oft Hornissen. Mein Vater sagt, dass ein Stich tödlich sein kann. Drei Stiche könnten gar ein Pferd töten. Dabei spricht er immer von „Roßnatur", etwa wenn er einen Bauern rühmt, der Tag und Nacht arbeitet. Ha, ha …, Pferde sind weniger zäh als wir Menschen. Wenn ein Pferd hinkt, kann man es nicht mehr reiten, es ist zu nichts zu gebrauchen, während wir Menschen die Zähne zusammenbeißen müssen. Auch ein Satz, den er mir dauernd an den Kopf wirft.

Kurz darauf beginnen die Sommerferien. Ich unternehme mit Nüssli und seinen Eltern eine Wanderung von unserem Wohnort auf den Fuhrknechtberg. Obschon ich gut zu Fuß bin, fühle ich mich von seinem Vater gehetzt. Wir müssten pünktlich um vier Uhr das Bodenseeschiff von Mammern nach Kreuzlingen erreichen, beschwört er uns. Von dort hätten wir einen

Anschlusszug nach Weinrankendorf. Also wirklich, eine solche Hetzerei. Dagegen ist mein Vater ein gemütlicher Kerl. Natürlich gelingt das alles – wie sollte es auch anders sein? Nach dem Abschied bin ich zufrieden, die Nüsslis für heute los zu sein und kehre verschwitzt an die Unterstraße zurück. Tatsächlich, mein Vater sitzt in seinem Arbeitszimmer über Rechnungen und schaut kurz auf: „So, heute hast du ein Bier verdient. Wenn ich fertig bin, nehmen wir eins zusammen." „Mein erstes. Famos."
In der Nacht darauf träume ich von Nüssli, meinem Freund. Ich habe im Rechnen eine bessere Note gemacht als er, womit ich lauthals vor ihm prahle. Im nächsten Bild sehe ich uns beide in einem Wald am Fuhrknechtberg verschwinden. Ich jage voraus, Nüssli mir hinterher. Er kommt näher. Ich spüre seinen Atem im Nacken. Ich wende meinen Kopf zurück und sehe, dass er eine Pistole in der linken Hand hält, die auf meinen Rücken zielt. Mit letzter Kraft versuche ich ihm durch einige Bocksprünge zu entkommen. Was? Nüssli, mein Freund? Doch er ist schneller als ich, packt mich von hinten und wirft mich zu Boden. Die Pistole landet neben meinem Kopf. Ich zittere am ganzen Leib, mein Herz klopft bis zum Hals. Er dreht mich auf den Rücken und nun – mich packt Todesangst. Ich schaue in sein Gesicht und erkenne Wurster. Ich erwache in kaltem Schweiß gebadet. Als ich Nüssli am nächsten Tag sehe, kommt mir der Traum in den Sinn. Natürlich behalte ich ihn für mich. Ich bin erleichtert, dass ich bald mit Mutter für einige Zeit in die Berge verschwinden kann.

Rosnellsee

Waschen und Bügeln erledige ich gern, weil ich dann eine Zeitlang für mich bin. Die Kinder auf ihren Zimmern. Ein Anruf holt mich in die Gegenwart zurück. Renate eilt mit dem Telefonhörer herbei. Rolf ruft an, eine Geburt sei nicht gelungen. Sie reicht mir das Telefon. Er bittet mich, ihm beim Kaiserschnitt zu assistieren. Ich weise Renate an, Beni und Jonas bei den Schulaufgaben zu helfen, doch mit dem Frieden zwischen den Kindern ist es damit vorbei. Ich gieße mir kalten Lindentee aus dem Krug in ein Glas, nehme ein paar Schlucke, starte unseren Zweitwagen und fahre in den Bauernweiler am Fuhrknechtberg. Rolf hat die Kuh lokal bereits betäubt. Ich kenne meine nun folgenden Aufgaben aus vielen vorangegangenen Eingriffen. Ich desinfiziere die unterschiedlich großen Zangen und Scheren in einem Becken mit Entkeimungsflüssigkeit und reiche sie Rolf im richtigen Augenblick. Er macht einen langen Bauchschnitt, ich und der Bauer halten mit Zangen die Haut auseinander. Die Füße des Kalbs sind schon sichtbar. Es braucht zwei Personen, um das feuchte Bündel herauszunehmen, da das Kalb schon recht schwer ist. Die Vernähung der verschiedenen Muskel – und Hautschichten nimmt geraume Zeit in Anspruch und muss mit Sorgfalt gemacht werden, um keine inneren Organe zu verletzen. Zum Schluss desinfiziert Rolf die große Wunde erneut, um die Narbe vor dem Eindringen fremder Keime zu schützen.

Nachdem die lange Bauchwunde vernäht ist, schüttelt mir Bauer Von Bergen mit einem verschmitzten Lachen im Gesicht die Hand:

- Nächstes Mal dürfen Sie allein kommen, wir zwei erledigen die Arbeit ohne Rolf.

- Gerne, wir brauchen die halbe Zeit ohne ihn.

Rolf wirft mir einen entrüsteten Blick zu:

– Komm, den Klaren nehmen wir dann zu Hause.

In der ersten Woche seiner Sommerferien fahre ich mit Jonas in die Berge, nach Fliessen. Wir nehmen ein Zimmer in einem kleinen Hotel, ein dunkelbraunes, in die Jahre gekommenes Chalet. Ich bin froher Stimmung, mit meinem Sohn einige Tage allein zu sein. Am ersten Tag wandern wir zum Rosnellsee hinunter. Jonas ist mit zwölf Jahren ein verspielter Junge, dunkelblonde Haare, türkisblaue Augen, gleicher Farbton wie der See. Die helle Farbe des Sees hebt sich geheimnisvoll vom Kranz der dunklen Tannen ab. Ich habe harte Eier und Kartoffelsalat sowie Tomaten und Oliven in einem Tupperware mitgebracht. Nach dem Essen dämmert Jonas im Sand liegend weg. Danach plätschert er stundenlang im seichten Wasser. Als die Sonne die längeren Schatten der Tannen über den See wirft, gehen wir eine Bucht weiter. Dort steigen wir in ein Ruderboot. Mit ein paar Ruderschlägen sind wir in der Mitte des Sees. Jonas zieht eine Hand im Wasser nach; er lächelt mir zu. Ich sehe ihm an, dass er sich freut, mich weder mit Beni noch mit Tina teilen zu müssen. Es fühlt sich überraschend an, wie in den ersten Jahren seines Lebens, und ich möchte ihn in den Arm nehmen, was ich selbstverständlich unterlasse. Nachdem wir den See umrundet haben, gelangen wir zu einer Feuerstelle. Eine kühle Brise kommt auf, die uns hilft, ein Feuer zu entfachen. Während er mit dem Taschenmesser Holzspieße zuschneidet, packe ich Würste und Brot aus. Den sanft ansteigenden Weg zum Hotel beleuchten Laternen, in deren Wiederschein Nachtfalter tanzen.

Am folgenden Abend spielt eine Blues Band Open Air auf einer Wiese oberhalb des Sees. Jonas ist nicht abzuhalten, hinzugehen – doch ich gehe gern mit. Die Band, „Whistle Blues Band", spielt einen Song von Memphis Minnie. Die Zuhörer werden aufgefordert, den Refrain von „ Hoodoo Lady"mitzusingen:

Hoodoo lady how do you do?
They tell me you take a boot and turn
it to a brand new shoe.
But don't put that thing on me...
Don't put that thing on me
because I'm going back to Tennessee.
Hoodoo lady how do you do?
Hoodoo lady how do you do?

Jonas singt lauthals, er tanzt im Rhythmus und klatscht in die Hände.

Landdienst

Um meinen dreizehnten Geburtstag herum im Jahr 1965 sandte Präsident Johnson 5000 Mann nach Vietnam. Ein halbes
Jahr später kommt es bei der Schlacht im Tanangtal im Okto-
ber 1965 zu einem ersten großen Gefecht des Vietnamkriegs.
So viel war den Nachrichten und der Tageszeitung zu entnehmen. Aber nicht nur: Bald erscheint das Kassettengerät Marke
„Telefunken", mit dem ich endlich Rocksongs aus der Hitparade
aufnehmen könnte. Ich stehe im Flur und mein Blick fällt auf
das Familienwappen an der Wand. Alles aus Kupfer. Drei Ähren
auf dunkelblauem Hintergrund. Staub, Grünspan. Immer schon
habe ich das Ding nicht gemocht. Was sage ich da: ich fand es
schon immer zum Kotzen. In diesem Moment tritt Vater hinzu und legt mir seine Hand auf die Schulter: „Das ist dein Erbe,
deine Herkunft, deine Geschichte. Alles hier zu sehen. Du bist
Teil davon. Es wird einmal dir gehören." Ich sage nichts, ich kann
nichts sagen, alles wäre falsch. Ich denke an die Ähren, an ein
Kornfeld mit Mohn und an Wiesen. Man müsste dort ein Konzert geben können. Es ist laut, ohrenbetäubend laut, und keinen stört's. The Who, Pete Townsend erschreckt die Kühe mit
seiner kreischenden Gitarre, Keith Moon mit einer Bierdose
in der Hand und Roger Daltrey verdreht den Dorfschönheiten
den Kopf. Am Schluss des Konzerts zerbricht Townsend seine
Gitarre beim Stalleingang und wirft die Gitarre den Säuen vor.
Das wär' mal was! Vater klopft mir auf die Schulter und lächelt
mir zu: „Schön, dass du dir zu unserer Familiengeschichte Gedanken machst."

Was ich denke, gehört mir, mir allein, und es ist nicht zu sehen.

Michael Brügger, mein Großonkel, war Landwirt. Er betrieb
Milchwirtschaft und hatte Obstplantagen in Freudwil am Fuhrknechtberg. An einem warmen Oktobernachmittag fährt mich

die Mutter von Weinrankendorf zum Onkel Michael auf den Bauernhof. Dort soll ich drei Wochen der Sommerferien verbringen. Aber was heißt hier schon „Ferien", wenn's um Landdienst geht? Kräftige Mithilfe in Stall, Scheune und Feld wurde von den Jugendlichen erwartet. Die Mutter sagte schon Wochen voraus, es werde mir gefallen. Doch da bin ich mir nicht so sicher. Unterwegs kauft sie noch in einem Gartencenter zwei Rasenscheren sowie „Schneckentod" für ihren Garten. Die Anreise dauert eine Stunde, die Straße ist gesäumt von frisch gemähten Wiesen und Apfelbäumen. Während der kurvenreichen Fahrt durch die Hügelzüge wird mir übel und Mutter muss anhalten, damit ich mich erbrechen kann. Das Dorf Freudwil liegt inmitten von Weiden, großen Obstanlagen und gegen Norden hin am Wald. Das Auto fährt zuerst durch Jungikon, einen kleinen Ort, danach ein Stück weit durch eine Schlucht, biegt dann ab und dann ist auch schon die Käserei zu sehen. Der Hof liegt zusammen mit mehreren anderen oberhalb der Autostraße, mitten im Ort steht neben dem Feuerwehrweiher das Restaurant „Löwen". Mein Körper ist steif und fühlt sich klamm an. Onkel Michael ist der Einzige der Brüggers, den ich kenne. Seine sieben Söhne und Töchter habe ich noch nie gesehen. „Wie lang werde ich dortbleiben?" Mutter kann es nicht genau sagen. Innerlich ärgere ich mich schwarz über die bevorstehende Landwirtschaftsarbeit. „Sei kein Schwätzer!", ermahnt sie mich, was mich noch mehr zum Kochen bringt. Sie trägt meinen Koffer in die Stube. Ich schlucke, ein Engegefühl macht sich in meiner Brust breit. Sie verabschiedet sich kurz von ihrem Onkel und seiner Frau Rosa, dann verschwindet das Auto hinter einer Staubwolke. Michael zeigt mir mein Schlafzimmer, das ich mit seinem Sohn Michi teile – das Koffertragen überlässt er mir. Beim Nachtessen ist die ganze Familie anwesend, die Eltern Rosa und Michael, die Geschwister Verena und Ida, zwei weitere Geschwister, die ich etwa in meinem Alter schätze. Sie nehmen mich kaum zur Kenntnis, es herrscht ein Gewirr von Stimmen, mir ist es zu laut: „Bringst du morgen den Volvo zum Mechaniker?" „Kannst du heute für mich das Melken übernehmen, ich muss mich noch hinter die Hausaufgaben klemmen!" „Ich habe solche Schmerzen in den Beinen, kann kaum mehr stehen …" „Der Brühwiler ist ein Dreckskerl, heute Morgen gab er uns als erstes eine Prüfung. Später hat er die Annemarie mit dem Lineal auf die Handflächen geschlagen." „Die Flora hat ihre Frühgeburt noch nicht ausgeworfen, wir werden sie heute die ganze Nacht im Auge behalten müssen. Michi, gehst du um Mitternacht mal raus."

Mir schwirrt der Kopf. Niemand spricht mit mir. Ich lade mir den Teller voll, kann aber nur wenig essen, mein Hals ist wie zu. Nur Michi, der drei Jahre älter ist und neben mir sitzt, interessiert sich für mich: „Welche Klasse besuchst du? Wie streng ist dein Lehrer? Warst du auch schon bei einer Kalbsgeburt dabei?" „Und bevor jetzt jeder von uns an seine Arbeit geht, danken wir dem Herrgott füreinander", sagt Michael. „Wir danken dir für den gesegneten Tag, begleite *du uns* durch die Nacht!", sprechen alle im Chor, dann werden die Stühle zurückgeschoben. In meinem Bett fühle ich mich unwohl. Es riecht nach Schwein, die Kissen sind riesig, die Decke schwer, das winzige Fenster verschlossen und die ganze Nacht über höre ich eine Fliege.

Michi weckt mich am nächsten Morgen um 5 Uhr. Ich krieche unter einer dicken Federdecke hervor, ziehe den Vorhang zurück und blicke durch die weißgetünchten Holzrahmen in den Nieselregen. Vor den Fenstern hängen Geranien. Wie im Bilderbuch. „In zehn Minuten bist du unten in der Küche!" Ich steige in die kalten Kleider, die auf der Kommode neben dem Waschkrug gelegen haben. Im Ofen in der Küche knistert ein Feuer. Drei junge Frauen, eine noch fast ein Kind, sitzen bereits am Tisch, während die Bäuerin Rosa Brügger aus der großen Eisenpfanne über dem Feuer gebratene, fettglänzende Rösti vom Feuer nimmt. Richtig dicke Luft hier, die Küche ist vollkommen überheizt und in der inzwischen leeren Pfanne raucht ein Rest Butter. Als ich die Tasse mit heißer Milch hochhebe, sehe ich die Milchhaut. Ich ziehe sie weg. Rosa wirft mir einen strafenden Blick zu. Michael, einen Schwall frostiger Luft hinter sich herziehend, bringt den von der

Milch abgezogenen Rahm aus dem Stall, den seine Frau nun in einer Schüssel auf den Tisch stellt. Zur Rösti gibt es gebratenen Speck. Michael Senior faltet die Hände: „Lieber Gott, segne diese Speise, uns zur Kraft und dir zum Lobpreis." Während des Essens verteilt Michael die Aufgaben. Verena hilft Martha beim Füttern der Schweine, Lisa hat die Küche aufzuräumen und dem Vater um neun Uhr auf dem Heustock zu helfen. Ich soll Michi im Kuhstall aushelfen, misten, die ganze Kuhscheiße wegkehren.

– Wir beten jetzt. Sei Du Gott uns fester Boden und begleite uns über Stock und Stein durch den Tag. Amen. – Jetzt an die Arbeit!

Während der Arbeit kehren meine Gedanken zu Monika und Reto zurück. Schon eine Weile her, doch die Bilder sind noch ganz lebendig. Der Messediener Reto, der mir im Tunnel die Nase einschlug – kann mich am Arsch lecken, der Typ. Auch den Kampf zwischen Lehrer Bauer und dem Pfau habe ich nicht vergessen. Beim Bauer mussten wir uns jeweils vor Schulbeginn bekreuzigen und bei Schulschluss ein Gebet sprechen. Einige Male sprach er im Unterricht über Nächstenliebe, das Schwein. Schließlich verprügelte er seinen Mitlehrer. Dieser Bauer kam mir wie ein übel Betrüger vor. Im Grunde genommen stehe ich seither mit der Religiosität auf Kriegsfuß. Mich kotzt die dauernde Beterei hier an. Sind die Leute innerlich bei der Arbeit oder flüstern sie auch beim Arbeiten irgendwelche Lobpreisungen? Später füttere ich den Kühen frisches Gras. Das Frühstück liegt schwer im Magen, trotzdem ist mir kalt. Wenn ich mich ordentlich bewege, wird mir warm. Das Kauen und Rülpsen der Kühe und ihre Ausdünstungen erfüllen den ganzen Stall. Michael beginnt mit dem Aufbinden der Schwänze, damit die Tiere gemolken werden können. Alles hat seine Ordnung. Grauenhaft.

Eines Nachmittags sitze ich neben Michael Senior auf den Traktor, einem Hürlimann 1940, dabei werde ich ordentlich durchgerüttelt. Michael erklärt mir, wie beim Ackern eine Furche entsteht.

- Letztes Jahr habe ich diese Arbeit noch mit zwei Pferden gemacht.
- Wo sind die Pferde jetzt?
- Es waren zwei Freiberger. Sie führen nun Materialtransporte für die Armee durch.

Während wir zusammen das Gras einbringen, erzählt mir Michael ein wenig von seinen Brüdern. Sein ältester Bruder Christoff war der erste von drei Brüdern, der aus dem Heisigtal kommend auf den Fuhrknechtberg zog und hier Land zur Bewirtschaftung kaufte. Michael und sein jüngerer Bruder Karl zogen nach. Beide waren Bauernsöhne. Michael hatte es mit einer Bäckerei versucht. Doch es gab im engen Heisigtal nicht genug Brot für die vielen Bauern und ihre Sprösslinge.

Nach einem Nachtessen weist Michael seine Töchter Verena und Ida an, abzuwaschen und die Küche sauber zu machen. Mich nimmt er beiseite:

- Ich habe dir doch heute Nachmittag von meinen Brüdern erzählt. Christoff, der, wie du weißt, letztes Jahr verstorben ist, verkehrte oft im „Löwen".
- Erzähl mir mehr davon.
- Du kennst doch den „Löwen"? Beim Dorfeingang, nicht weit von der Kirche. Vor meiner Zeit ließen einige Bauern ihren Hof verlottern. Es kam sogar vor, dass Tiere verendeten, weil man vergaß, sie zu füttern.
- Schrecklich.
- Manchmal musste der Bezirkstierarzt kommen und einen Betrieb schließen, da der Landwirt vergaß, die Tiere zu füttern. Er war nicht mehr in der Lage, die gesetzlich verlangte Selbstkontrolle zu führen.
- Logisch, jetzt begreife ich, dass es hier so viel Landwirtschaftsland und wenige Bauernhöfe gibt, das ist ganz anders als bei uns in Weinrankendorf, wo es umgekehrt ist.

Er schmunzelt und berichtet mir weiter, dass einige der Bauern die Samstagnacht jassend und saufend im „Löwen" verbrachten. An der Decke der Wirtsstube des „Löwen" klebte nach Mitternacht ein Dunst von Alkohol, Tabak und Schweiß. Einige Gäste lagen unter den Tischen, andere waren aneinander gelehnt auf den Bänken eingeschlafen.

- Das kann ich nicht glauben. Erzählst du mir Märchen?
- Herrgott nochmal, ich habe es selbst gesehen. Ich war damals ein kleiner Bub, zehn Jahre jünger als du. Christian, mein Vater, hat mich einmal mitgenommen. Die Hüte der Bauern saßen schief auf ihren Köpfen. Die Kleidung war noch von der Arbeit schmutzig. Die Schritte der Wirtin auf dem langen Flur haben die Bauern geweckt. Mit dem Beginn des Läutens der Kirchenglocken brachten die Ehefrauen den Übernächtigten die Hemdbrust ins Wirtshaus, damit sie diese vor dem Kirchgang anziehen konnten.
- Die Hemdbrust? Nie gehört.
- Die Hemdbrust ist ein gestärktes Vorhemd mit Fliege. Es kann über die Unterhemden angezogen werden. So konnten die verkaterten Bauern dem Schein nach gepflegt in den Bankreihen der Kirche sitzen.

Ich finde mich nicht zurecht. Sie sind sehr fromm, schlagen sich bei Diskussionen am Tisch fast die Köpfe ein, dann beten sie und keiner redet mehr darüber. Oder sie reden später am Stammtisch im „Löwen" über die anderen Bauersleute, die nicht Anwesenden, zumindest stellte ich mir das so vor. Doch diese Streitereien berühren mich nicht wirklich. Allerdings: beten und nicht reden tun sie auch bei uns zu Hause. Meine Eltern streiten nicht. Jedenfalls nicht vor uns. Dafür tuscheln sie jede Nacht endlos im Bett. Manchmal höre ich zu, wie sie schwatzen, bis sie sich einig sind. Dann wird es still. Am Morgen ist alles immer wie weggeblasen und manchmal ist Mutter dann besonders zurückhaltend.

Hier hingegen fliegen die Fetzen. Der Streit dreht sich um Fragen, wer am kommenden Tag frühzeitig in den Stall muss, eine weigert sich, die andere kann nicht, weil sie sonst schon um vier aufstehen müsste, um später noch den Bus in die Stadt zu kriegen, weil sie eine Banklehre macht. Michael, der neben ihr sitzt, zieht ihren Kopf am Zopf zu sich her. „Du wirst tun, was ich sage!" Verena stolpert über eine volle Milchkanne und stößt sie um, die Milch überschwemmt den Boden. Und Rosa schließlich ist immer der Meinung ihres Mannes. Michael rülpst laut, um damit das Abendessen zu beenden, holt die Bibel von der Fensterbank und liest vor:

Wenn ich rufe, erhöre mich,
Gott, du mein Retter!
Du hast mir Raum geschaffen, als mir angst war.
Sei mir gnädig und hör auf mein Flehen!
Ihr Mächtigen, wie lange noch schmäht ihr meine Ehre,
Warum liebt ihr den Schein und sinnt auf Lügen?"

Anderntags nach Michaels Nachtgebet fordert Michi mich auf, ihn zur Übungsstunde der Dorfmusik zu begleiten. Blasmusik langweilt mich zu Tode, da ich unter guter Musik etwas Anderes verstehe: die Beatles, die Stones … Meine einzige Erinnerung an Blasmusik geht auf den „Fahnenmarsch der Schweizer Armee" zurück. Einmal spielte eine Armeekapelle bei uns auf dem Dorfplatz, wobei Vater und ich ein paar Minuten zuhörten. Ich begleite Michi also auf einem alten Fahrrad, mit dem sicher keine Tour de Suisse zu gewinnen ist und dessen Sattel nach Kuhmist riecht. Da sind wir also und ich kann das Ende der Übungsstunde kaum erwarten. Diese spießige Blaserei – ich fühle mich fehl am Platz.

Beim Frühstück am anderen Morgen ist Michael nicht anwesend. Er war nachts um drei zur Nachbarin Frau Meckel gerufen worden, die einen Herzinfarkt erlitten hatte. Mit Lisa zusammen brachte er sie in seinem Peugeot ins Kantonsspital der

Hauptstadt; Michael ist noch nicht zurückgekehrt. Ohne Michael wird beim Frühstück kaum gesprochen und danach streiten sie endlos, wer was machen muss, mit dem Resultat, dass eine Stunde später immer noch nichts erledigt ist. Eine Frau, die sie Martha rufen, ist vor dem Hintereingang beschäftigt, von dort aus führt ein mit Brettern ausgelegter Weg zum Schweinestall. Sie befeuert eine Art Kochzuber, indem sie Holzscheite in die Schublade unterhalb des Zubers hineinwirft. Im Zuber kocht sie Rüben- und Kartoffelschnitzel, Küchen- und Gartenabfälle, die sie später eimerweise zum Schweinestall trägt. Die Tiere klettern übereinander, um einen Platz am Trog zu ergattern. Sie schnaufen, sie schmatzen, sie sind lebendig, sie sind laut. Ich denke an die Schweinehälften, die an Haken hängen. Ich sehe mich vor der halboffenen Türe des Schlachthauses auf dem Heimweg von der Schule in Weinrankendorf. Metzger Willi bearbeitet die Fleischstücke mit dem Messer, kurz bevor ich dann bei uns an der Unterstraße am Mittagessen mit Schweineschnitzel an Pilzen mit Weißweinsauce sitze.

Vormittags bin ich mit Michi mit Einsammeln von Fallobst beschäftigt. Es hatte geregnet und die Äpfel und das Gras sind nass. Wir knien auf Jutesäcken, die auch bald durchnässt sind. Die Feuchtigkeit dringt in alle Glieder. Der älteste Brügger treibt mich wie immer zur Eile an, dann hätten wir vor dem Mittagessen Zeit für etwas, das er mit stolzem Unterton eine „Überraschung" nennt. Bald unterbrechen wir unsere Arbeit, um die Kaninchen zu füttern. Die Tiere, von denen Michael eine große Zahl unterschiedlicher Rassen besitzt, sind in einer Scheune abseits des Hofs untergebracht. Michi strahlt, während er von der letzten Kaninchenausstellung berichtet, bei der er mit seinen Hermelin- und Farbenzwergen in der Clubschau Niederboppental einmal den ersten und zweiten Rang belegte. Er kennt den Charakter jedes einzelnen seiner Tiere.

- Bei diesem Bock darfst du den Finger nicht durch das Drahtgitter schieben!

- Warum nicht?

Die Warnung kommt zu spät. Der Bock hat mir bereits eine blutende Wunde in den Zeigefinger gebissen. „Warum sind die meisten allein eingesperrt?" Michi erklärt:

- Rassekaninchen haben einen eigenen Käfig. Sie sollen sich nicht verletzen, weil sie kämpfen und es ist wegen des Zuchtergebnisses.

Ich höre das Klatschen von Spatzen und Schwalben, die vom Wind gegen die dünne Wand und die Glasfenster der Scheune getrieben werden. Michi hat es auch bemerkt.

- Denen legen wir jetzt eine Falle!
- Was soll das heißen?
- Wir werden sie abknallen.
- Michi, das darfst du nicht tun!
- Das wird dir Spaß machen!

Der Bauernsohn grinst fies. Er streut großzügig Kaninchenfutter über die Kaninchenkästen und greift dann nach dem Luftgewehr. Ich packe ihn beim Arm: „Bitte!" Er öffnet Türe und die Fensterläden. Peng! Und peng, schießt er die durch die Türe hereinfliegenden Vögel ab. Während er schießt, flammt etwas Ungestümes und Getriebenes in ihm auf. Es ist in seinem Blick. Die unerwartete Brutalität trifft mich. Auf dem mit Stroh bedeckten Boden liegen zahllose Vögel auf ihren Rücken. Michi weist mich an, die Kadaver nun auf den Mist zu tragen. Einzelne wirft er den Katzen vor, die um die Ecken des Stalls streichen. Andere Bauernjungen machen mit Steinschleudern Zielübungen auf herumfliegende Spatzen, sagt Michi zu mir. Die in den Ställen nistenden Schwalben werden selbstverständlich verschont.

An einem Morgen nach dem Melken, als die Sonne über die Tannen des Waldes blinzelt, zieht Vater Michael Schlauchrohre von der Jauchepumpe über die Wiese. Er zieht sich eine Gummischürze um, die bis zu den Knöcheln reicht. Nun steht er vorn wie der wichtigste Feuerwehrmann an der Schlauchspritze: „He, dreh auf!" Die Jauche soll möglichst gleichmäßig über die Wiese verteilt werden. Der Geruch ist streng, heute wird die Jauchegrube der Schweine geleert. Die braune Brühe ergießt sich über die Wiese, auch die Stämme der Obstbäume kommen auf ihre Rechnung. Meine Aufgabe ist es, an der Jauchepumpe neben dem Stall den Hebel nach unten zu drücken, um die Rohre für den Schlick zu öffnen, nach oben zu ziehen, um zu schließen – na ja, keine spannende Aufgabe, doch es gefällt mir, wie Michael die Jauche in großen Bögen über die ganze Wiese verteilt. Nachdem ich wiederum einen ganzen Nachmittag mit gebeugtem Rücken im Obstgarten zugebracht habe, schmerzt er, die Hände sind wund. Inzwischen hat die deutsche Schäferhündin zwölf Welpen zur Welt gebracht, sieben von ihnen wurden von Michi gleich nach der Geburt ertränkt, wobei er vermied, dass ich ihm dabei zuschaute. Beim Abendessen will ich wissen, warum er sie getötet hat.

- Ich habe die Schwachen aussortiert.
- Wie erkennst du die?
- Ihre Größe, wie sie sich bewegen. Die Lebhaftesten, die lassen wir leben. Die liefern gute Zuchtergebnisse. Rex zum Beispiel, der Schäferhund Rex nimmt an Hundeschauen teil, er hat schon den zweiten Rang in der Regionalmeisterschaft errungen.
- Diejenigen, die sterben müssen, tun mir leid.
- Das ist nun mal so. Diese Zucht geht auf meinen Großvater aus den Vierzigerjahren zurück. Wenn du ehrlich bist, ist es bei den Menschen auch nicht viel anders. Von unserer Geburt an kämpfen wir ums Überleben, treten wir in eine Wettkampfarena, die wir erst beim Tod wieder verlassen.

Unser Deutschlehrer hat mal über Darwin und sein „Survival of the Fittest" doziert, das heißt, ich darf nie schwach sein, sonst überlebe ich nicht. Die Russen und Amerikaner experimentieren mit Affen und Hunden im Weltall. Nicht alle kommen lebendig zurück. Sie betrachten Tiere als seelenlose Wesen, die man zu Erfolgszwecken verwenden kann. Ganz so Michi, der sich bereits auf die nächste Ausstellung deutscher Schäferhunde freut. Fazit: Ich könnte niemals zusehen, wenn er die Welpen ertränkt. Am Mittwochabend begleite ich Michi erneut in die Dorfmusik. Etwas Anderes gibt es nach dem Nachtessen nicht zu tun. Er schnallt sich begeistert die Posaune an den Rücken, gemeinsam gehen wir ins Dorf. Es ist eine kleine Gemeinschaft, die sich da in einer Bauernstube zusammenfindet. Ich kann drei Posaunen, ein Waldhorn und zwei Trompeten sehen. Diesmal spielen sie ohne Musiklehrer. Michi, der Älteste, schreibt vor, was zu spielen ist, er gibt den Ton an. Heute nehmen sie sich den „Maimarsch mit den holden Mägdelein" von Urs Konrad vor. Durch die geöffneten Fenster hört man das Rauschen vorbeifahrender Autos auf der nahen Landstraße. Plötzlich knirschende Reifen, ein ohrenbetäubendes Pfeifen, ein Knall, danach Stille. „Da muss etwas passiert sein!" Michi legt seine Posaune auf den Tisch. „Diese verdammte Kurve, schon wieder!", ruft ein anderer. Sie stürzen hinaus. Auf der schneeglatten Straße sind zwei Wagen zusammengestoßen, die nun, soviel ist in der Dunkelheit erkennbar, etwa dreißig Meter voneinander entfernt stehen. Der eine steht quer in der linken Fahrbahn. Michi und ich werfen einen Blick in das Fahrzeug, das ins Wiesland gekippt ist und dessen Front eingedrückt ist. Der Kopf der Lenkerin liegt auf dem Armaturenbrett, das verformt ist. Die Frau blutet stark aus Kopf und Hals, überall Glassplitter der geplatzten Frontscheibe. Ihr Körper liegt eingezwängt zwischen den Vorder- und Rücksitzen, dem Steuerrad und einem Koffer, den es nach vorne gedrückt hat. Ein Arm ohne Hand ragt aus der geöffneten und verformten Türe. Michi löst sich aus der Erstarrung: „Ich weiß nicht, ob die Frau noch lebt – ich nehme mein Rad und fahre sofort zum Polizeiposten." Ich bleibe zurück und kann den Blick nicht von dem Armstumpf wenden. Inzwischen sind die anderen auch hinzugetreten. Um diese Zeit hat es nur sehr wenig Verkehr, den sie nun gemeinsam regeln. Die Frau blutet stark, das Blut rinnt ins Gras. Mir wird übel, ich bin unfähig, mich zu rühren. Das Herz schlägt mir wie in einem Fieber. Ich wünsche mir nur noch, zu Hause in meinem Bett zu liegen. Es dauert unendlich lange, bis der Alarm der Polizeisirene zu hören ist. Plötzlich weiß ich, dass hier nicht mehr mein Ort ist. Ich will weg, ich will nichts mehr sehen, ich renne, im Haus schleiche ich auf mein Zimmer, zu erschöpft, um mich mit dem Wasser aus dem Krug zu waschen, obwohl ich vollkommen verschwitzt bin. Ich lege mich unter die Federdecke, die sich kalt anfühlt. Bis mein Körper warm wird und ich einschlafen kann, dauert es lang.

Am nächsten Morgen stehe ich unausgeruht auf. Michi, bereits mit einer Milchkanne in der Hand, verliert kein Wort über das Ereignis, als wir uns im Korridor begegnen. Ich muss ihn fragen. Ja, sagt er, die Frau sei beim Verkehrsunfall ums Leben gekommen. „Kommst Du mit? Am Samstag ist Chilbi im ‚Hirschen' in Jungikon." Es scheint mir, Michi will nicht weiter übers Thema des Unfalls reden. Ich warte. Er sagt nichts mehr. Ja, was gibt es denn wirklich noch dazu zu sagen, denke ich mir. Ich zucke mit den Schultern: „Bis zum Wochenende ist es noch lange, mal sehen." Michi wirft mir einen kurzen, vorwurfsvollen Blick zu: „Hey, das kannst du dir nicht entgehen lassen, da gibt es Mädchen aus der ganzen Region."

Nachmittags muss ich Michael beim Grasmähen helfen. Vorerst sitze ich neben ihm auf dem Beisitz. Das Gefährt schaukelt über die unebene Wiese und ich muss mich mit beiden Händen an dem geschwungenen Geländer festhalten. Danach weist Michael mich an, das Steuer zu übernehmen, damit er selbst das gemähte Gras mit dem Rechen ordnen kann. Er zeigt mir, wie der Gang mit dem langen Hebel einzulegen ist. Schwierig ist das Schalten in einen höheren Gang. Ich muss die Kupplung zweimal treten, dabei ruiniere ich fast das Getriebe – in den Leerlauf schalten, die Kupplung loslassen, dann wieder treten und dann den höheren Gang einlegen. Die Kupplung schnarrt und es ruckelt immer wieder und Michael flucht gottsjämmerlich. Das Gefährt schlenkert wie ein Kahn im Sturm. Das Herz schlägt mir oben zur Brust hinaus, der Schweiß rinnt an beiden Seiten der Stirn hinunter. Doch allmählich gewöhne ich mich an das Auf und Ab des Traktors, die Gangschaltung gelingt nun weicher. Hinter dem Traktor harkt Michael das Gras zu Mahden.

Auch an den Wochenenden – Ausnahme ist der Sonntagnachmittag – müssen alle am Bauernkarren mitziehen. Michael sagt mir am Freitagabend mit einem wohlwollenden Lächeln:

- Du kannst morgen länger schlafen.
- Nicht schlecht, danke.

Anderntags, nach dem Mittagessen (Blut- und Leberwurst, Sauerkraut, Kartoffeln) holt mich gleichwohl die Erschöpfung ein und ich schleiche mich davon. Der Kälberstall liegt etwas abseits vom Gehöft, hier ist es ruhig. Zwei Simmentaler Kühe, an deren Eutern dicke Adern hinunterlaufen, säugen ihre Kälber. Dann legen sie sich hin und die Euter liegen wie Säcke auf dem Boden. Ich lege mich zwischen die zwei mächtigen Leiber, kraule das warme, borstige Fell. Bald bin ich, gebettet zwischen den beiden, eingeschlafen.

Samstagnacht nehme ich an der Chilbi teil. Es wird viel Fleisch aufgetragen und Michi spielt mit seiner Blasmusik auf. Später setzen sich auch Michael und Rosa zu uns. Es folgt ein Appenzeller Jodel, später ein Musiker, der auf der Hammondorgel ein paar Rocksongs zum Besten gibt. Ich sitze Sonia, einer jungen Frau gegenüber. Ich verbringe den Sonntagvormittag mit ihr, sie zeigt mir die im Bau befindliche Scheune des Nachbarhofs, wo sie lebt. Die Scheune soll für vierzig Kühe Platz bieten. Großartig. Sonntagnachmittag unternehme ich mit Michael einen Spaziergang. Er ist ausgelassener Laune uns fängt an zu erzählen: Housy, der zweitälteste Sohn Christoffs, hatte zwei Söhne,

Ferdinand und Gustav. Ferdinand war mit Myrtha, der Tochter Rosas aus einer ersten Ehe, verlobt. Rosa Brügger sah diese Verbindung von ihrem Neffen Ferdinand mit ihrer Tochter nicht gern und versuchte, sie nach Möglichkeiten zu verhindern. Anscheinend witterte sie darin die Gefahr körperlicher Missbildung; schließlich waren die beiden miteinander verwandt. Während der Hochzeitsfahrt von Myrtha und Ferdinand setzte sie sich hinten im Bus demonstrativ zwischen die beiden zukünftigen Eheleute.

Housy hatte lange als Knecht auf einem Hof in Rosenwil gearbeitet. Mit fünfzig übernahm er durch Vermittlung von Michael eine Pacht in Langenhof am Fuhrknechtberg. Pachten waren in den Vierzigerjahren günstig zu haben, da sonst viel Land unbebaut lieb. Die Brüggers waren gläubige Mitglieder der evangelisch-methodistischen Kirche. Sie besuchten jeden Sonntag den Gottesdienst im Kirchlein Klingenau. Ihre Vorfahren waren Mitglieder derselben Kirche im Heisigtal. Die Kirche förderte engen Zusammenhalt innerhalb der Großfamilien. Glaube und tätige Liebe gehörten zusammen. Grundlage des Glaubens und Handelns ist das Zeugnis der Menschen, die zuerst Gottes Reden vernommen und sein Handeln erlebt haben. Die Bibelauslegung erfolgte traditionell.

- Wieso wanderten einige deiner Verwandten aus und ließen sich am Fuhrknechtberg nieder, während andere im Heisigtal blieben?
- Meine Eltern litten in den Dreißigerjahren unter bitterer Armut. Es war ein ständiger Kampf ums Überleben. Die Eltern brachten oft kaum genug Brot auf den Tisch. Die Bauernfamilien hatten viele Kinder.
- Was waren die Konsequenzen?
- Na, es war ein Kampf zwischen den Stärkeren und Schwächeren. Einige Kinder starben, weil sie unterernährt waren oder schon früh an Krankheiten litten.
- Spannend, was du mir erzählst. Und die stärkeren?

- Die Stärksten – und es waren nicht immer die Erstgeborenen, sondern die Arbeitswilligsten – konnten den heimatlichen Hof übernehmen. Diejenigen, welche genug Mut hatten, wanderten aus, eben beispielsweise an den Fuhrknechtberg. Zurück blieben die Schwächeren, die ihr Glück als Knechte oder Handwerker in einem Betrieb versuchten.
- Und die Frauen?
- Sie bemühten sich, einen begüterten Bauern oder manchmal Bäcker oder Metzger in der Umgebung zu finden.

Weiter erzählt mir Michael, dass er die Polizei letzte Nacht bei einer der häufigen Verkehrskontrollen genarrt habe. Diese pflegte die Autofahrer wenige hundert Meter vom „Löwen" entfernt beim Dorfausgang abzufangen – zwecks Alkoholkontrolle. Um zwei Uhr früh nahm er sein Sachs-Moped und fuhr auf einem Feldweg, der hinter dem Löwen zum Dorfausgang führte, unter Umgehung der Einsatzkräfte zum Ende des Dorfes. Die Polizei nahm an, er wolle sich einer Blutkontrolle verweigern und verfolgte ihn. Der durchgeführte Alkoholtest verlief ergebnislos und die Polizei fühlte sich düpiert. Der Bauer schmunzelte, wie ich ihn selten gesehen habe, als er diese Pointe erzählte. Der Dorfpolizist verbot ihm darauf, weitere solche Späße zu treiben.

Der Landdienst neigt sich dem Ende zu. Michi habe ich bisher am besten kennengelernt, da ich ihn meist auf der Arbeit begleite. Auf dem gemeinsamen „Ahnenfoto Brügger", das in der Stube über dem Esstisch hängt, tragen die drei Männer schwarze Anzüge, die drei Frauen sind ebenfalls schwarz gekleidet. Alle Männer mit ernstem Blick; sie tragen Nelkensträußchen in der Brusttasche, nur bei *Michael* ist eine Nelke am Kragen befestigt, die ihren Kopf hängen lässt. Dieser hängende Blumenkopf soll anzeigen, dass Michael von den dreien der einzige noch unverheiratete, aber bereits verlobte Mann gewesen ist. Wenig später heiratete er seine Verlobte, die Sekretärin Rosa aus der „Großstadt" Zürich. Michael kann gut mit Hammer und Nägeln umgehen. Er baut Stalleinrichtungen, macht den Dachstock größer, sodass dabei noch ein Schlafzimmer mehr herausschaut – er hätte sogar einen ganzen Stall bauen können. Das alles macht ihm richtig Spaß, was ihm bei der Arbeit anzusehen ist. Er pfeift andauernd ein Lied. Keine Ahnung, welches. Ich habe ihm gern geholfen und es ist schade, muss ich bald gehen. Bis ich wieder zur Schule muss, sind es nur noch wenige Tage. Am letzten Tag nimmt er mich zur Seite.

– Gute Arbeit, Jonas. Ich bin sehr zufrieden mit dir.

Seine raue Hand wuschelt mir durchs Haar, wir sind beide einen Moment verlegen.

Der letzte Tag der drei strengen Arbeitswochen ist ein Samstag. Meine Mutter holt mich ab. Vor der Abreise wird für alle ein „Fondue Bourguignon" zubereitet, mit Kaninchenfleisch, versteht sich. Ich darf auch ein Glas Blauburgunder trinken, bevor ich mit meiner Mutter ins Auto steige. Ich habe einen heißen Kopf und meine Mutter dreht sich zu mir hin:

– Braun bist du geworden – und sehr kräftig siehst du aus.

Dann legt sie den Gang ein und fährt los. Im Rückspiegel sehe ich Michi, der seine Posaune geholt hat und „Rock Around the Clock" von Bill Haley bläst.

Ich dachte noch oft an meine seltsame Zeit bei den Brüggers zurück – war ich doch eben erst vierzehnjährig geworden und besuchte das zweite Gymnasium. Damals, als mir Michi ungerührt davon berichtet hatte, dass man die Hälfte der Welpen ertränkt hatte, überflüssige Jungtiere im Hinblick auf die strenge Zucht von Schäferhunden. Die Selektion der Stärkeren und Lebhafteren, wie wir es vor kurzem in der Schule gelernt hatten. Darwin hatte den Begriff geprägt. Oder der Abschuss von Spatzen, der ihm großen Spaß bereitet hatte. Und ein wenig mir auch, musste ich nun zugeben.

Ssssh

Nach den Sommerferien tritt ein Mann aus der Schulpflege vor die Klasse, der erklärt, dass Lehrer Wurster die Gemeinde verlassen habe und Lehrer Bollier nun bis zu unserem Übertritt in die Oberstufe unterrichten werde. Niemand sagt ein Wort.

Bei mir hatte die Schlägerei zwischen Wurster und dem Pfau Spuren hinterlassen. Ich bin den Erwachsenen gegenüber skeptisch geworden. Unsere Klasse war ohne Vorwarnung in einen Strudel gezogen worden. Wir hatten Wurster vertraut, einige sogar insbesondere deshalb, weil er ein strenger Lehrer gewesen war. Waren wir nicht alle an elterliche Autorität gewohnt? Sicher brachte uns dieser Lehrer weiter, ein erfolgreicher Schulabschluss stand in Aussicht. Zudem ging es in diesem Streit wieder mal um den Glauben. Wir Schüler hatten unzählige Stunden Religionsunterricht hinter uns. Im Alten Testament war immer von Kampf und Tod die Rede. Die Israeliten hatten gegen andere Völker gekämpft, am meisten gegen die Ägypter, verdammte Scheiße. Ich las die Stelle aus der letzten Religionsstunde nochmals durch, um meine Erinnerung aufzufrischen: „Der Herr antwortete ihm (Elija): Geh deinen Weg durch die Wüste zurück und begib dich nach Damaskus! Bist du dort angekommen, salbe Hasaël zum König über Aram! Jehu, den Sohn Nimschis, sollst du zum König von Israel salben und Elischa, den Sohn Schafats aus Abel-Mehola, salbe zum Propheten an deiner Stelle. So wird es geschehen: Wer dem Schwert Hasaëls entrinnt, den wird Jehu töten. Und wer dem Schwert Jehus entrinnt, den wird Elischa töten. Ich werde in Israel siebentausend übriglassen, alle, deren Knie sich vor dem Baal nicht gebeugt und deren Mund ihn nicht geküsst hat (Könige 1, 19: 15-18). Infolgedessen: Gehorche oder stirb! Immer mehr begann ich diese Religiosität zu hassen.

Ray Pfister wohnt in meiner Nachbarschaft, in einem herunter-gekommenen Haus, das vor Jahren ausgebrannt ist und seither nur dürftig wiederhergestellt wurde. Es ist von einem Garten voller exotischer Gewächse umgeben, den Emma, Rays Mutter, betreut. Auf dem Balkon hat sie nebst winterharten Pflanzen Palmen und Zitronenbäume angepflanzt, die sie im Winter sorg-sam mit Folien bedeckt. Aus einem nächtlichen Gemurmel zwi-schen Mutter und Vater habe ich mitbekommen, dass Rays Va-ter Ronald eigentlich sein Stiefvater ist. Über seinen leiblichen Vater munkelte man, er sei bei der Kirschenernte von der Lei-ter gestürzt und lebe seither in einem Paraplegiker-Zentrum. Vater ist mit Herrn Pfister befreundet, die beiden kennen sich vom Kirchenbesuch. Sie haben einen Hang für den Reformator Zwingli, über den sie oft sprechen. Die Pfisters besitzen zwei Hunde, einen Basset und eine Dogge; krankheitsanfällige Tiere, die häufig in seiner Praxis zur Behandlung auftauchen.

Lehrer Bollier schlägt mich fürs Gymnasium vor. Anfangs versu-che ich mir einzureden, diese höhere Schule sei ein Unterschlupf für Privilegierte. Will ich da dazugehören? Vater versuchte, mir einzureden, doch Buchhändler zu werden, nachdem ich in den Sommerferien in der kleinen Buchhandlung am Dorfplatz aus-geholfen hatte. Doch ich spüre, dass er sich freute, wenn ich wie Tina ans Gymnasium ginge. Schließlich bin ich Klassenbester. Eigentlich reizt es mich doch, unter den Besten zu sein.

Schon während der ersten Stunde merke ich, dass sich hier eine Elite zusammenfindet. Töchter von Unternehmern, Söhne von Rechtsanwälten. Gregors Vater ist Chefchirurg am lokalen Spi-tal. Die Eltern von Urs sind beide Theologen. Die Gymnasiasten kommen aus allen vier Himmelsrichtungen des Kantons. Mir bleiben die alten Primaner Freunde Nüssli und Erwin. Wir fah-ren zusammen in die Stadt und finden uns abends im gleichen Zug wieder: „Was hast du in Mathematik zurückbekommen?" Erwin sagt mir am Ende der zweiten Woche, es war ein Freitag Anfang März, dass er bereits zwei Sechsen geschafft hat. Später an diesem Abend übt der Vater mit Tina lateinische Grammatik, was in meinen Augen unnötig ist, da Tina selbstverständlich immer gute Noten heimbringt. Früher habe ich viel mit Tina gespielt. An Abenden des Wochenendes, wenn die Eltern irgendwo unterwegs waren, kam Ida, Heiris Frau, zu uns, mit der wir Kinder uns angefreundet hatten. Wir spielten UNO, wobei das Kartenlegen immer rasanter und die Stimmung lustiger wurde. Abends kochte Ida für uns Omeletts mit Pilzen oder Schinken, auf die wir uns stürzten. Nur ein einziges Mal waren wir mit Ida im Kino. Ich glaube, es war ein Film über einen Forscher in der unwegsamen Taiga, der zufällig einem Nomaden begegnet. Zwischen den beiden Menschen entsteht eine Freundschaft. Einmal bewahrt der Nomade den russischen Forscher vor dem sicheren Tod. Ich war sehr beeindruckt. Tina hat mir oft ihre Sorgen mitgeteilt, zum Beispiel, dass die Lehrerin sie heute im Schönschreiben kritisiert habe. Manchmal sprechen wir auf dem Schulweg über die Noten. Nach der Schule verschwindet sie immer gleich in ihrem Zimmer.

Der schlaksige, adlergesichtige Nüssli überragt mich um zwei Kopflängen. Er verfügt über eine „laute Röhre", ein loses Mundwerk, gegen das ich vergebens anzukämpfen versuche. Er weiß immer alles besser. Dafür bin ich flinker, verpasse ihm ab und zu einen Schlag in die Rippen, wenn er nicht aufhört zu quatschen. Er geht immer noch sonntags regelmäßig in diese Kapelle am Rand des Dorfes. Ich habe ihm überglücklich erzählt, dass Großvater mir das Pfeifenrauchen beigebracht hat und dass ich mir in Zürich eine Tabakpfeife aus echtem Bruyèreholz gekauft habe. Er verachtet Raucher, da das Rauchen nicht dem Wunsch Gottes entspreche. Beide lesen wir gerne Abenteuerromane. Nüssli fragt mich:

- Kennst du Livingstone?
- Nie gehört.
- Das ist der Arzt und Missionar, der im letzten Jahrhundert Afrika bereiste und die Viktoriafälle entdeckte.

- Ja natürlich, wieder mal ein Missionar.
- Jonas, halt die Schnauze. Das Buch würde dich auch interessieren. Er wollte die Nilquellen entdecken und erlebte ein Massaker arabischer Sklavenhändler auf einem Dorfplatz in Tansania.
- Weiter?
- Er erkrankte und starb mit den Worten auf den Lippen: „Mein Herz ist in Afrika".
- Oh, wie sentimental.

Nüssli fährt unbeirrt fort.

- Stanley, ein weiterer britischer Forscher, fand Livingstone kurz vor seinem Tod und begrüßte ihn mit den legendären Worten:
- Doktor Livingstone, nehme ich an?
- Du langweilst mich.
- Ich habe – ja, lass mich mal rechnen – schon vierzig Bände gelesen. Nun bin ich beim „Schatz im Silbersee".

Wir sitzen auf der Wiese inmitten von Löwenzahn, Wiesenschaumkraut und blauen Kornblumen. Nüssli sagt nach einer Pause:

- Old Shatterhand und Winnetou sind Blutsbrüder; wollen wir auch Blutsbrüder werden? Ich habe eine Rasierklinge mitgebracht.
- Warum nicht?

Er ritzt meine Haut am Oberarm auf und tut dasselbe bei sich. Wir kreuzen unsere Arme und reiben uns gegenseitig etwas Blut in die Wunde. Dann schwören wir uns unerschütterliche Treue und gegenseitige Unterstützung. Ich denke daran, dass Nüssli oft von Ritualen dieser Art in seiner Evangelischen Freikirche erzählt hat. Er geht regelmäßig zu den Methodisten und möchte mich hereinmissionieren. Ich lehne ab. Nüssli betont oft, wie wichtig ein strammer Glaube an Gott sei.

- Kennst du den Song von den „Who", „My Generation"?
- Ich denke, wir sollten uns nun an die Hausaufgaben machen.

Wir verabschieden uns.

Während Nüssli über seinen Hausaufgaben schwitzt, helfe ich dem Vater, in der Hausapotheke Veterinärmedikamente für den folgenden Tag zusammenzustellen. Anderntags frage ich ihn, ob er zum Pferdehof mitkommen will, doch Nüssli fürchtet sich vor Pferden. Der Pferdezuchthof erinnert mich an eine Ranch aus der Serie Bonanza, die wir am TV schauen. Der Geruch von Sägemehl stachelt meinen Hunger nach Abenteuer an. Dort lungern stets ein paar Jungs herum, die gern um Pferde sind und unentgeltlich aushelfen; zum Beispiel Werner, ein Junge aus der Nachbarschaft, ich habe ihn einmal bei einem epileptischen Anfall beobachtet. Er ging plötzlich zu Boden, streckte seine Arme aus, Blut floss aus dem Mund, vermutlich hatte er sich auf die Zunge gebissen. Weißer Schaum floss aus seinem Mund. Ich erschrak.

Die Helfer füttern und striegeln Pferde, treiben sie von der Weide in die Ställe. Heute haben sie fünf Pferde von der Weide geholt, die kastriert werden sollen. Bauer Brauchli führt den vierjährigen Hengst Horaz am Strick aus dem Stall auf die gemähte Wiese vor dem weißgetünchten Farmhaus. Er bindet das Tier an einer Koppel fest. Vater gibt ihm eine Betäubungsspritze. Wir tragen Strohballen herbei und breiten sie unter dem Braunen aus. Damit es sich nicht verletzt, denn gleich wird das Tier stürzen. Wir binden an allen vier Beinen Stricke fest – das bereits betäubte Tier lässt es geschehen. Wenn Horaz im Stroh liegt, drücke ich ihm einen in Chloroform getauchten Narkoseschuh auf die Nüstern. Es soll sichergestellt werden, dass das Tier beim folgenden Eingriff nicht erwacht. Vater desinfiziert sich die Hände in einem Waschbecken und nimmt dann die Eingriffswerkzeuge hinzu, Scheren, Zangen und Messer verschiedener Größen. Das linke Bein wird um seinen Hals gebunden, sodass die schwarz glänzenden Hoden sichtbar werden. Vater desinfiziert sie aus einer Spraydose. Er befestigt eine Klammer am Hodensack, drückt dabei fest zu, um eine mögliche Blutung zu verhindern. Er entfernt mit einem raschen Schnitt beide Hoden. Ein Blutgerinnsel läuft über die Flanken ins Stroh. Wie er mir im Auto auf der Hinfahrt erklärt hat, folgt nun der anspruchsvollste Teil der Operation. Es gilt, die Schnittstelle so zu vernähen, dass keine Blutung entsteht. Einmal musste ein Pferd wiederholt betäubt werden und wäre fast an der Blutung gestorben. Der Wundrand war stark entzündet, was eine zweite Vernähung verunmöglichte. Viel Blut drückte nach und konnte nach langer Zeit gestillt werden. Nachdem ich den Narkoseschuh entfernt habe, versucht das Pferd zuerst mit den Vorder-, dann Hinterläufen aufzustehen. Ich reibe seine schwitzende Flanke ab. Nach zwei Stunden sind die fünf Pferde kastriert.

Nach der Kaffeepause führt Brauchli Hektor aus seiner Koje. Der Hengst lebt von der Herde getrennt im Stall unterhalb des Wohngebäudes. Hektor schnaubt laut, beißt auf die Trense. Brauchli kann ihn nicht zurückhalten, das Pferd entreißt ihm die Halfter, indem es sich wild aufbäumt. Dann trabt es die Straße hinunter, Staub hinter sich aufwirbelnd. Die Männer folgen ihm im VW und öffnen eine Koppel der Weide. Es gelingt ihnen, ihm den Weg abzuschneiden und ihn zurückzutreiben. Hektor entflieht in die Weide. Er hat die trächtige Stute wohl gerochen, aber nicht gesehen. Vater hat die Idee, die Stute aus ihrem Stall zu holen. Die anderen Männer machen sich auf die Suche nach Hektor. Durch den Duft angelockt, dauert es nicht lang, bis sich das scheue Tier wieder nähert. *Nun keine hektische Bewegung von uns!* Hektor beginnt, am Hinterteil der Stute zu schnuppern. Aufs Äußerste erregt, wirft das Tier seinen Kopf nach oben und röhrt ein archaisch anmutendes Gebrüll. In diesem Moment gelingt es Brauchli, die Halfter zu ergreifen. Hektor versucht mehrmals, die Stute zu bespringen, welche ihn aber abblitzen lässt, indem sie sich brüsk abdreht. Der Bauer fasst nun den Strick enger. Der Hengst steht nun auf den

Hinterläufen, sein langer schwarzer Penis hängt seitlich herab. Brauchli hält einen Holzstock in der Hand, der die Form eines Y hat. Mit diesem Hilfsmittel führt er den Penis vorsichtig in die Scheide der Stute. Der Hengst führt nun kräftige Begattungsbewegungen aus. Der erfahrene Pferdebetreuer weiß genau, wie lang die Begattung dauert. Er lässt den Tieren Zeit, bis schließlich die Stute sich umwendet und mit ihren Zähnen nach Hektor schnappt. Brauchli nimmt eine Handvoll Hafer aus der Tasche und lockt Hektor damit zurück in seinen Verschlag. Ich denke an Nüssli, mit welchen Gefühlen hätte er sich wohl diesen Natursprung angeschaut? Die Wildheit dieser Pferde Paarung begeistert mich; ich renne dreimal um den Pferdestall. Auf der Heimfahrt im Auto ist der Vater wortkarg.

An diesem Sommerabend im Jahr 1968 trägt Mutter ihren hellblauen luftigen Rock. Ich sitze neben Tina am Gartentisch, dessen weiße Farbe mit jedem Regenschauer mehr abblättert. Mutter trägt Guacamole, Tomaten und allerlei Salat auf, dazu Tortilla-Chips. Die Stimme aus dem Radio berichtet über die Fortsetzung der Tet-Offensive in Vietnam. Als Reaktion werde das US-Heer auf Beschluss von Präsident Johnson in Vietnam von 685.000 auf 800.000 Mann vergrößert. Sie berichtet von abgebrannten Wäldern; ganze Regionen würden durch das Gift Napalm zerstört. Zudem werde die Ausbildung der Soldaten laufend verbessert und ihre Bewaffnung modernisiert. Ich beobachte die Mimik des Vaters, die seine Überzeugung mitteilt: Wo der Kommunismus Fuß gefasst hat, breitet er sich rasant aus. Russland ist in der Tschechoslowakei einmarschiert, um diesem Land seinen Kommunismus aufzuzwingen. Dieses wuchernde Krebsgeschwür könnte alle Länder im Umkreis von Europa in Gefahr bringen. Ich bin entrüstet. Vater hat den 2. Weltkrieg im Hinterkopf. Ich glaube nicht an den Schwachsinn dieser Kommunistenverschwörung.

Die Sommerabendsonne scheint durch die Dachluke meines Zimmers und lässt jede Rille meiner Langspielplatte „*Sssh*" von

Ten Years After erglänzen. Auf den winzigen Vertiefungen im Vinyl, dem Innenleben der Schallplatte, liegt ein verheißungsvoller Schimmer, ein Versprechen, das mich erregt. Ich nehme die Scheibe mit der dunkelroten Hülle, welche das Konterfei eines Rockmusikers mit schwarz glänzenden Haaren darstellt, und lege sie sorgfältig auf den Plattenteller. Sofort übernimmt das Schlagzeug den Rhythmus. Nachdem ich die Nadel mit einer kleinen Bürste vom Staub befreit habe, bediene ich einen kleinen Hebel, der Tonarm senkt sich und die Nadel ertastet die erste Rille. Morgen werde ich sie Rudi zurückbringen.

In der Pause um Viertel vor zehn renne ich zur Hintertreppe des Schulhauses und lauere auf Rudi. Er besucht die Parallelklasse. Er schwitzt immer, auch in den Hochsommermonaten trägt er ein kariertes Barchenthemd, sommers nur sind die Ärmel nach hinten gekrempelt. Ein breiter Hals trägt einen schmalen Kopf, umgeben von schwarzen Locken. Er lässt sich einen kauzigen Schnauz wachsen. Rudi vermeidet das Getümmel auf dem großen Pausenplatz, stattdessen wartet er, oft mit einer Plastiktüte, Aufschrift „Schweizer Illustrierte", unter dem Lindenbaum, der die Kreuzung zweier Wege überschattet, der eine zur Turnhalle, der andere zur Kantine führend. Das düstere Grau des Innenhofs der Kantonsschule und die Hallen des Schulgebäudes verunmöglichten es, eventuelle Kratzer bei einer LP zu entdecken. Die Qualität der Schallplatten gibt oft Anlass zu langen Diskussionen: „Wie oft hast du diese LP gespielt? Die sah gestern noch ganz anders aus!" Rudi sagte mir, ich sehe wie der Rockmusiker Roger Daltrey von den Who aus, blonde Locken und das gleiche Lächeln. Ich war stolz. Ich beneide Daltrey wegen seiner Haarlänge, aber meine Eltern schreiten ein, sobald meine Haare über die Ohrenläppchen wachsen. Heute kommt auf der Hintertreppe Rolf auf mich zu, der wenig von Musik versteht, umso mehr einen Zuhörer für die neuen Resultate im Pferdespringreiten sucht; eine Disziplin, für die er sich leidenschaftlich interessiert. Ich will es mit ihm nicht verderben, da er mir zuweilen mit Mathe hilft und gebe ihm zwei Minuten den Anschein, dass

mich sein Heldengesang auf den Champion interessiert, den er
verehrt. Als ich sehe, dass Rudi in der Nähe der Hintertreppe
einen Augenblick allein ist, lasse ich Rolf stehen. Seine Riesen-
sammlung von Platten ist ein Eldorado für mich. Jetzt nähert
sich ihm weitere Konkurrenz, nämlich Urs, der gern andere bei
den Lehrern verpfeift, wenn sie bei Prüfungen abgucken, der
nur mit seiner Mutter zusammenwohnt, Gynäkologe werden
will und sich für weiche Töne, Elton John oder Peter Maffay
interessiert. Arschlecker, denke ich, von deinem Rasierwasser
wird mir schwindlig. „Ha", sagt Rudi zu mir und ich habe dieses „Ha!" herbeigesehnt. „Ha, die Neue habe ich schon." Er entnimmt einer Plastiktüte einen Stapel Schallplatten und sucht
eine heraus. Die obere Hälfte des Covers zeigt eine Menschenmasse, die am Horizont in Schwarz übergeht. Im Vordergrund
stehen, mit dem Rücken zum Betrachter, vier kanarienvogel-
bunt gekleidete Männer. Den unteren Rand begrenzt ein wir-
res Gemisch von farbigen Eidechsen, Schlangen, Gräsern und
Büschen, geöffneten Blumenkelchen, aus deren einem der Titel
girlandenförmig hervorquellt: BEE GEES First. Ich lese die Titel
auf der Rückseite. Einen Song kenne ich, „Holidays". Die Glocke
kündet das Ende der Pause an, Rudi überlässt Urs die Scheibe:
„Nur für zwei Tage, bitte!" Zeit genug, um sie auf Tonbandkassette zu überspielen. Bevor Rudi durch den Eingang verschwindet (meine nächste Stunde ist Turnen), verheißt er mir: „Morgen habe ich eine Besonderheit für dich!" Er lächelt mir zu. In
jedem Vinyl steckt ein Geheimnis, wie in einer Flaschenpost.

Donnerstagmorgenpause, Rudi nimmt drei Treppenstufen auf
einmal, auf der obersten Stufe der Treppe schneidet er meine
Kurve. Er brummt etwas von linearer Algebra, heute würden
Vektorrechnungen geprüft und überlässt mir eine Plastiktüte
mit einer Platte: „Hör dir „Suzanne" an. Morgen sagst du mir, ob
ich dich geködert habe." Die Hülle zeigt das Porträt eines erns-
ten jungen Mannes, Leonard Cohen. Ein gelbbraunes Foto auf
schwarzem Hintergrund. Augenfällig seine korrekte Kleidung,
ein Veston und er trägt eine Krawatte. Unglaublich! Cohen sieht

keineswegs wie ein Rockstar aus. Ich höre mir das ganze Album am Abend an. Bei einem Song schiebe ich die Nadel immer wieder auf die Rille zurück: „One of Us Cannot Be Wrong." Beim Nachtessen wieder die Nachrichten über das Geschehen in Vietnam. Der Sprecher vermeldet, dass es nicht sicher sei, ob die amerikanischen Truppen eine Einnahme von Saigon durch den Vietcong verhindern können.

Ich lausche dem Wind, schaue durchs Dachfenster, wie er die Blätter der Silberpappel durcheinanderwirbelt. Die Hausaufgaben sind so weit gemacht als mein Kopf noch etwas hergibt. Wie genau entsteht ein elektrischer Strom, wie kann eine solche Energie aus zwei Spulen entstehen? Am Arbeitstisch lese ich die entsprechenden Seiten ein zweites Mal durch. Es wird nicht besser. Unruhig klopfe ich mit dem Bleistift auf die Tischkante. Jetzt denke ich an Nüssli. Er wird mir morgen berichten, dass er, nachdem er eine knappe halbe Stunde in den Physikheften geblättert hat, seine Freizeit in der Jugendbibelgruppe verbrachte. Vielleicht kann er mir ein paar Details erklären. Dann, nach dem Nachtessen, wird er noch auf seiner Geige geübt haben. Neid erwacht in mir. Er bewegt sich wie ein leichtfüßiges Reh locker durch den Alltag. Dass dabei gute Noten herausschauen, ist eine Selbstverständlichkeit. Ich grüble weiter. Nüssli triumphiert sich durchs Leben. Strahlt den ganzen Tag. Mein Leben gleicht dagegen einem Dschungellauf, der mit Fallen und Fallstricken gespickt ist. Schlafen geht nur noch, nachdem ich gedankliche Rituale durchgeführt habe. Das „Vaterunser", dreimal. Am Morgen schaue ich in den Spiegel: Sind erste Bartstoppeln sichtbar? Gregor hat schon einen Backenbart. Das Wissen, dass ich in den kommenden Tagen erneut zu denjenigen gehöre, die das Prüfungsheft als Letzte zurückbekommen, weil sie zu den Schwächsten gehören. Immer spielt es sich bei Physiklehrer Züst gleich ab: Er lässt die Schüler sich in einer Reihe im Schulzimmer aufstellen, die besten zuerst. Danach rezitiert er die Namen derjenigen mit den schlechten Noten mit immer lauter werdender Fistelstimme. Diese erheben sich zögernd, bis sich schließlich das Schlusslicht mit verlegenem Lächeln und hängendem Kopf ganz hintenanstellen kann.

Erste Schulstunde Donnerstagnachmittag: Herr Züst versucht erst gar nicht, das abgeschabte Manchester-Jackett vor seinem Spitzbauch zu schließen. Er schlägt die Türe hinter sich zu, während im Schulzimmer Gelächter und Getuschel zu hören ist. Züst beginnt in der vordersten Reihe, die Prüfungsblätter auszuteilen. Meine Hände zittern, da ich bereits weiß, dass ich die mehrere Seiten umfassenden Blätter halb ausgefüllt abgeben werde. Ich werde die Seiten durchblättern und ständig auf Aufgaben stoßen, denen ich nicht gewachsen sein werde. Ich beginne mit der Lösung erster Aufgaben, um nach einer halben Stunde festzustellen, dass sich anlässlich der schwieriger werdenden Problemstellungen ein Nebel in meinem Kopf ausbreitet. Ich versuche, mich durch einen Blick auf die Schuluhr an der Wand zu beruhigen. Noch ist genug Zeit. Mein linker Daumennagel kratzt das Häutchen vom Mittelfinger der rechen Hand ab, der zu bluten beginnt. Die Gedanken rasen. Mein Blick fällt erneut auf den Zeiger an der Wand, dann auf die nur halb gefüllten Seiten. Ich höre den Atem meiner Mitschüler, das schleifende Geräusch der über die Blätter huschenden Stifte. An den Mienen von Gregor und Nüssli kann ich ablesen, dass sie gut vorankommen. Also jetzt den Blick aufs Blatt heften und erneut einen Anlauf nehmen. Schließlich gebe ich auf. Die Uhr zeigt noch zwanzig Minuten bis zur Pause an. Die Blätter rascheln, wodurch sich die Anspannung erhöht. Nüssli lehnt sich im Stuhl zurück, heftet den Blick zufrieden auf die Uhr. Er schickt sich an, seine Prüfungsblätter zusammenzufalten. Die zunehmende Enge in der Brust, das Zittern meiner Augenlider kündigen an, dass ich längst aufgegeben habe. Ich denke an Hiob, den der Teufel immer wieder von den Beinen holt. Das Bild bei Schnorr von Carolsfeld hatte ich hundertmal angesehen. Wir müssen den Mund halten und Hausaufgaben machen. Ich höre dauernd Radio, Musik, Nachrichten, Musik. Unser einfaches Leben, dessen Kurs sich nach den Erfordernissen des Alltags richtet. Und daneben die schier unendlichen Möglichkeiten, welche Radio, Hippies und ihre Musik anbieten. Manche Fragen, die der Krieg in Vietnam und die Demonstrationen in Paris, Prag und Deutschland aufreißen. Soll ich dagegen oder dafür sein? Ich spüre eine diffuse Wut im Bauch, die ich mit dem Krieg in Zusammenhang bringe. Und dann wird mir klar, dass sie nicht von diesem Krieg stammen kann, denn Vietnam ist so weit weg von unserem Provinznest. Noch weiter als Prag, dessen Einwohner im Frühling auch gegen den Kommunismus gekämpft hatten.

Auch Hiob hatte es satt. Er lehnte sich gegen Gott auf, weil dieser ihn immer wieder neuen Prüfungen unterwarf. Auch ich habe es satt. Beinahe täglich haben wir Tests. Ja manchmal geht es sehr gut. Die sprachlichen Fächer machen Freude. Aber dann kommen Leute wie Zarn, die keinerlei Interesse haben, einem die Mathematik zu erklären. Oder Spahn, der Sohn des Rektors, der uns Physik erteilt. Ein Militärfanatiker! Und ich kann mich nicht gegen diese Lehrer auflehnen wie Hiob. Er fluchte, schimpfte und stampfte auf gegen Gott und war damit schließlich erfolgreich. Gott verwöhnte ihn später mit Reichtum und einem langen Leben.

Vater kommt von der Arbeit, heute hat er Schweine geimpft, mehrere Ställe, gegen die Afrikanische Schweinepest. Nie kommt er übelriechend an den Tisch. „Samstag ist ein Militär Defilee", sagt er, nachmittags in der Bezirkshauptstadt. „Kommst Du mit?" Ich sage zu, um der Schularbeit eine Weile zu entfliehen. Ein Stück der neuen Autobahn ist gesperrt worden, um den Aufmarsch zu ermöglichen. Ich bin beeindruckt von den stramm vorbeimarschierenden Truppen, hunderte von Soldaten müssen es sein, ein ganzes Heer, das einem Ranghohen die Aufwartung macht. Die über uns hinwegdonnernden Düsenjäger. Als wir zurückkommen, tritt Mutter eben aus dem Schlafzimmer. Beim Nachtessen im Radio am 16. August 1968: Der *Body Count* in Vietnam beträgt an diesem Tag laut den Mittagsnachrichten 504 Vietnamesen. Diese Angabe täglicher Verluste ist nach der

Tet-Offensive des Vietcongs wichtiger denn je. Die Amerikaner haben viele GIs verloren.

Einige Wochen später sitze ich abends mit Nüssli im Caféhaus Schuhmann. Ich trinke ein Bier. Nüssli trinkt keinen Alkohol. Also Kaffee. Auf dem Tisch liegt eine Zeitung, ein Boulevardblatt. Gewalt in Deutschen Internaten in den Sechzigerjahren – auch bei uns?

Ich habe die Wurster-Geschichte nie vergessen. Da fällt mir die Schlagzeile wieder ein. In unserer Landzeitung hatte es einen kurzen Bericht gegeben: Lehrer prügeln sich vor Klasse.

- Erinnerst du dich an Wurster? Und an Ray?
- Klar. Ray war dorfbekannt.
- Wurster hat Ray mal richtig fertig gemacht.
- Sag bloß.
- Ja, hat ihm die Nase blutig geschlagen an einem Mittwochmorgen.
- Echt?
- Ja. Warst du krank?
- Keine Ahnung. Aber Wurster ...
- Ja, Wurster.
- Ministranten-Wurster?
- Wieso Ministranten-Wurster?
- So nannte den mein Vater. Dieser Über-Name ist ziemlich herumgereicht worden.
- Und wieso hieß er Ministranten-Wurster?
- Ach, da war doch mal was, das mein Vater mir erzählt hat. Der ist wohl ziemlich unter die Räder gekommen in seiner Jugend.
- Mir egal. Der Typ hat Ray die Nase gebrochen, also bitte!
- Ja, es ging das Gerücht, dass sich der Priester von Weixdorf mehrmals an ihm vergriffen hatte, als der ein Kind war.
- Wie bitte?

- Ja. Und das war wohl nicht der einzige Junge, den er sich vorgeknöpft hat.
- Ist nicht wahr!
- Doch. Der verschwand dann plötzlich auch in einer anderen Pfarre und keiner hat mehr irgendwie drüber geredet. Und auch Wursters sind weggezogen.
- Ja, und nach der Sache mit Ray haben sie ihn an unserer Schule rausgeschmissen. Erinnerst du dich? Du warst bei Pfau. Der hat an dem Morgen auch sein Fett weggekriegt. Die haben sich bis auf den Flur hinaus geprügelt. Hat mich ziemlich viel Schlaf gekostet, die Sache. War nicht schön anzuschauen.
- Nein, keinen Schimmer mehr.
- Aber das musst du doch gesehen haben. Der hatte mindestens ein blaues Auge und sein Hemd war voller Blut.
- Nein, echt nicht. Keine Ahnung, was da war. Aber warum hast du mir nichts erzählt?
- Ja, da war diese Scham, darüber zu reden. Und das Gefühl, ich hätte etwas dagegen unternehmen sollen, welches ich lange nicht loswurde.

Dazu hat Nüssli nichts zu sagen. Ich weiß es schon, er redet nicht gern über Gefühle.

Sommercamp

Wieder diese Eltern, ja eben die Alten! Seit ich nicht mehr in die Hosen machte, bestanden die Eltern darauf, dass ich im Winter Skilager in den Bergen besuche. Ich habe sie längst durchschaut. Sie wollen eine Zeitlang ihre Ruhe von uns Kindern haben, insbesondere von mir. Tina ist anpassungsfähiger als ich. Vater sagt zu mir:

– Ich bin der Meinung, körperliche Abhärtung tut dir gut.

Auch die Mutter stimmt ein:

– Ich habe seinerzeit in der Klinik gelernt, dass körperliche Abhärtung auch das Immunsystem stärkt. Wir gingen oft im Park Wald spazieren, bei jedem Wetter. Oft fröstelten wir, als wir zurückkamen. Der Klinikarzt sagte, das mache uns unempfindlicher auch gegen psychische Leiden. Als ich Kind war, mussten wir uns Sommer und Winter am Brunnen oder mithilfe eines Krugs im Zimmer waschen.
– Ab heute Abend nehmt ihr nach dem Essen einen Löffel Lebertran. Das hilft gegen Erkältungen und Grippe.
– Muss das sein? Ich habe keine Freunde unter denen, die in die Skilager mitkommen.

Vater zitierte gern Kneipps Empfehlung des kalten Duschens nach dem Aufstehen. Er war der Meinung, dass die Warm-Kalt-Dusche das Immunsystem stärke. Ich schicke mich in das mir bevorstehende Lagerleben, schließlich kann ich da auch neue Freunde kennenlernen. Im Skilager in Kandersteg überrennt mich auf der Treppe ein großgewachsener Kerl, Heinrich Messikomer aus Zürich, den sie „Henry" nennen. „Messikomer" – der wohlklingende Name bewirkt, dass ich sofort für ihn schwärme. Auf der Piste hängt er alle ab. Und er kommt aus Zürich, versprüht für mich den Duft der großen, weiten Welt. Ich versuche, beim Nachtessen einen Platz neben ihm zu ergattern.

Ich rufe ihn nach dem Skilager an und wir besuchen ein Fußballspiel der Grasshoppers. In der Pause erzählt er mir von einem Sommercamp in der Nähe von Ascona. „Direkt am Lago Maggiore, und es wird Mädchen geben!" Danach spazieren wir durch das Niederdorf, einen Stadtteil des Vergnügens und der Essenslokale, das ja auch eine Untere und eine Obere Straße hat. Henry besteht auf dem Besuch eines düsteren Lokals in einer Seitengasse, wo wir Bier trinken. Augenblicklich werden wir von fremdländischen Frauen umzingelt wie die Römer durch Hannibals Heere bei der Schlacht am Trasimenischen See. Eine der Damen, vermutlich eine Thailänderin, lässt sich nicht davon abhalten, an unserem Tisch Platz zu nehmen. Sie beginnt mit einer Art Feilschen, indem sie mir anbietet, zusammen in einem „Chambre Separee" zu verschwinden. Je nachdem, was ich zu zahlen gewillt sei, würde sie mir ihre nackte Brust zeigen, vielleicht auch beide. Wenn ich bereit sei, fünfzig Franken draufzulegen, dürfe ich die Brüste auch berühren. Weitere Angebote erstrecken sich auf ihre Beine und ihren ganzen Körper. Es zeigt sich, dass mein Geldvorrat ziemlich beschränkt ist, nachdem ich auf Wunsch von Henry beide Eintrittskarten bezahlt habe. Er will mich mit fünfzig Franken unterstützen, ohne sich aber anwerben zu lassen. Die Feilscherei um Fleischteile des weiblichen Körpers scheint ihm Spaß zu machen. Mich widert es an. Der unter dem BH hervorquellende Busen erregt mich nicht, sondern schüchtert mich eher ein. Das Drängen der Frau und der nach Mottenkugeln riechende Raum stoßen mich ab. Hinzu kommt, dass sie mir ihren Zigarettenrauch dauernd ins Gesicht bläst. So entschwinde ich ins Untergeschoss des Lokals, angeblich um die Toilette aufzusuchen und fühle mich glücklich, den Hinterausgang zu finden und das Haus durch ihn zu verlassen. Von dort nehme ich den direkten Weg zum Bahnhof unter die Füße. Henry nimmt mir das vorzeitige Verschwinden nicht übel. Ich bin begeistert von seinem Vorschlag, in den Sommerferien ein Sommercamp zu besuchen.

Endlich eine Gelegenheit, sich dem Zugriff der Eltern zu entziehen. Sie würden das Camp als Prägeanstalt einer gottgläubigen Erziehung betrachten und mich ziehen lassen. Doch ich muss mir die Freiheit durch harte Arbeit verdienen. In der ersten Woche schleife ich die alte Farbe vom schmiedeeisernen Balkonzaun des Elternschlafzimmers. Das Quieken des Metallhobels quält meine Ohren. Nach einer Woche bluten meine Fingerbeeren allabendlich von den Metallsplittern, die sich durch die Handschuhe hineingefressen haben, sodass das Gitarrenspiel nicht mehr in Frage kommt. In der zweiten Woche grundiere ich mit einem orangefarbenen Schutzlack. Dann endlich der Neuanstrich. Montags drauf hole ich den bibeldicken Fahrplan aus der Schreibtischschublade und plane die Fahrt mit der Eisenbahn. Das Camp „Flipper" des CVJM in der Nähe von Ascona, an dem auch Johnny teilnimmt, ist für den folgenden Tag ausgebucht. Trotzdem fahre ich los. Abends komme ich in Ascona an und übernachte unter dem Kastanienbaum im Garten einer Villa. Vom Balkon herkommend zerreißt nachts gelegentlich Hundegebell die Stille. Ich winde mich in meinem Schlafsack um den Baumstamm, jederzeit bereit, mich aufraffen zu können. Von Schlaf kann keine Rede sein.

Ich treffe nach dem Frühstück ein, während die Teilnehmer Gospelsongs singen. Dank Henrys Vermittlung findet sich sofort ein freies Bett. Das Camp besteht aus zwei Häusern, die in den Abhang oberhalb des Seeufers gebaut sind. Das weiträumige Areal wird durch die Autostraße, die südwärts nach Brissago führt, begrenzt. Es gibt einen schattigen Hain von Palmen und Feigenbäumen. Direkt an den See grenzt eine Wiese. Da liegt eine junge Frau auf einem Badetuch mit der Aufschrift „Grasshopper Club Zürich". Ich frage sie, warum sie bei 30 Grad Hitze einen dicken, grauen Wollpullover trage. Sie antwortet in Zürcher Dialekt: „Bahh, das ist ein luftiger Strick-Pullover, mein Lieblingsstück, den ich mir selbst gemacht habe. Wie heißt du?" Bea gefällt mir gut. Allerdings betont der dicke Wollpullover ihren Körper unvorteilhaft. Sie hat eine liebenswürdige Stimme, die eine ungewohnte Heiterkeit in mir weckt.

Die Nachmittagssonne brennt erbarmungslos auf die Dächer des Camps. Ich nähere mich Beas Badetuch: „Mein Zimmer ist um diese Zeit eine kühle Bleibe." Abends sitzen wir auf meiner Couch mit der quietschenden Drahtmatratze und wir können die anderen auf dem Turnplatz Volleyball spielen hören, wenn der Ball ab und zu an die Hausmauer knallt. Danach jeweils erregtes Geschrei. Bea hat ihr tragbares Kassettenspielgerät auf dem Schoss. „Schau, das ist mein Lieblingslied. Es heißt „Suzanne". Sie hat das Lied so oft gehört, dass das Rauschen der Tonbandkassette mit jedem Abspielen lauter wird. Der Song ist mir unbekannt, doch ich trällere mit, als sie ihn mir vorsingt, wobei sie jedes einzelne Wort betont.

Blass sitzt sie neben mir, wie zufällig berühren sich unsere Hände. Da singt einer über Schmerz und Untergang, während draußen die Fröhlichkeit überschwappt. Wir lachen über diesen Stimmungskontrast. Ihre Versuche, mich von der Gruppe zu isolieren, Zeit mit mir zu verbringen, geben mir das Gefühl, jemand besonderes zu sein. Ein kühler Wind weht, doch wir zwei möchten eine vereinbarte Wanderung angehen. Wir rudern über den Lago Maggiore und landen in Gambarogno. Wir steigen entlang eines Baches steil bergwärts. Auf einer Waldlichtung angekommen, lächelt Bea mich an und wirft gähnend ihre Arme in die Luft. Dabei zieht sich das T-Shirt weit über den Bauchnabel und über dem Jeansgurt wird ein Streifen der pinkfarbenen Unterwäsche sichtbar. Zugleich wölben sich ihre Brüste nach vorn. Ich betrachte sie. Eine Hitzewelle durchströmt meinen Körper. Etwas steif lege ich die Arme um ihre Schultern in Erwartung einer Gegenwehr. Beas Gesicht verzieht sich zu einem breiten Lächeln. Verlegen lässt sie beide Hände seitlich in die Jeanstaschen gleiten. Ich berühre ihre Hüften und drücke sie ins Gras. Während sie mir mit der Hand sanft über die Brust fährt, öffne ich den Gurt ihrer Jeans. *Kann es noch schöner sein*, denke ich, als ich in sie eindringe. Als wir später beieinander liegen, hören wir das Geräusch eines herangaloppierenden Pferdes. Wir drücken uns ins hohe Gras am Waldrand. Doch der Reiter hat uns gesehen. Er drosselt sein Pferd, salutiert mit seinem schwarzen Hut und gibt dann dem Rappen die Sporen.

Am letzten Tag der Ferien lassen wir uns für eine Ruderpartie mit einigen anderen zur Insel Brissago begeistern. Wir lutschen Eis auf der Terrasse des Restaurants. Erst als der Himmel voller düsterer Wolken ist, steigen wir ins Boot. Wir rudern wie die Verrückten, werden von der Heftigkeit des Gewitters überrascht und unser Boot kentert. Schwimmend erreichen wir völlig erschöpft das Ufer. Am Ende der Ferien nehme ich mit Bea den Zug nach Zürich. Im Gotthard Tunnel beschließen wir, in Göschenen auszusteigen und dort zu verweilen. Uns fällt der Abschied schwer. Wir wandern durch ein weites Tal. Als wir den Rückweg antreten, dunkelt es bereits. In Göschenen finden wir ein sanierungsreifes Hotel direkt an der Hauptstraße. Ein Zimmer ist noch frei. Nachts hören wir die Geräusche schnarchender Zimmernachbarn. Wir palavern die halbe Nacht durch. Doch ich zögere, ihr sogleich ein weiteres Treffen vorzuschlagen. Vielleicht bin ich so überwältigt von den Gefühlen für Bea, die aus dem Körper kommen, nicht aus den Gedanken. Diese verstehe ich derzeit gar nicht, kann sie nicht ordnen.

Klassenfoto

Wenn ich mich an dich erinnere, sehe ich dein schmales, bleiches Gesicht vor mir, ein Lächeln umspielt deine Lippen, dann verschwindet es langsam und schließlich bleibt nur noch eine weiße Fläche zurück. Wer warst du? Dem möchte ich mich annähern. Ich erinnere mich, wie du mich als Kind jeden Abend in den Schlaf gesungen hast. Ich schlief so zufrieden ein. Ein Foto aus diesen Tagen steht auf meinem Büchergestell. Als Jugendlicher entdeckte ich dein Interesse für romantische Literatur. Während sich Vater abends in Bücher über Heroen aus der Historie vertiefte, hast du mir ab und zu aus Effie Briest von Fontane vorgelesen. Erst fand ich den Roman langweilig. Dann empfand ich eine tiefe Sympathie für Effie und eine ebensolche Wut für den Adligen Gerd von Instetten, der nicht nur die Zuneigung seiner Frau geringschätzte. Ich hatte Verständnis für Effie, dass sie sich bei so viel Trostlosigkeit in ihrem Alltag dem Liebeswerben eines anderen Mannes nicht widersetzte. Instetten tötete darauf nicht nur seinen Widersacher, sondern schickte Effie weg. Damit zerstörte er ihr Leben und machte sich selbst für immer unglücklich. Ist unsere Zeit auch noch dermaßen von Männern bestimmt? Die Geschichte lief darauf hinaus, dass schließlich auch ihr Vater nicht das geringste Verständnis für Effies Leiden aufbrachte. Und dann deine Liebe für Mordgeschichten. Als ich Kind war, hast du mir Gespenstergeschichten, später aus Agathe Christies „Mord im Orientexpress" vorgelesen. Das passte nicht in mein Bild von dir. Damit hast du mich auf den Geschmack gebracht. Karl May war erledigt. Ich entdeckte Raymond Chandler, den Krimiautor im verdorbenen Los Angeles. Ich bewunderte seinen melancholischen Privatdetektiv Philipp Marlowe. Ich las alles von ihm, sogar den letzten, von einem Robert Parker vollendeten Roman „Poodle Springs". Marlowe gefiel mir, weil er sich nicht sklavisch ans Gesetz hielt, sondern seine eigenen Grundsätze hatte. Er rauchte Pfeife, trank gern Whisky, ließ gelegentlich einen Kriminellen laufen, wenn es ihm in den Kram passte.

Ich war traurig, wenn du traurig warst. War ich Gegenstand deiner Sorgen? Oder war die Sorge ein allgemeiner Begleiter deines Lebens? Die innerlich belastende Gewissheit, dass Künftiges nicht wunschgemäß ablaufen würde? Dass das Ausmaß der Praxistätigkeit dir über den Kopf wachsen würde? Dass die Metzgerei nicht über das nötige Rindfleisch verfügen würde, wenn du Samstag nachmittags einkaufen gingst? Dein Lieblingssatz war: „Es ist schwer." Doch was war „Es"? Das jahrzehntelange Bemühen meines Vaters, als Tier- und Nottierarzt zu jeder Tages- und Nachtzeit verfügbar zu sein, war *schwer*. *War es das?* Sein Kampf hatte ihn nach Jahrzehnten zermürbt, seine Kräfte aufgerieben, sodass er nach einem Herzinfarkt froh war, eine Beamtenstelle zu bekommen. Wir Kinder gewöhnten uns an das Wort „schwer", und es wog schwerer als das Verbot, der Gret nachzuschauen, wenn sie die Treppe hinaufstieg. Es machte sich als schwammiges Gewicht in der Brust bemerkbar oder als Unruhe, die mich am Einschlafen hinderte. Waren es die christlichen Kirchenlieder, die vermittelten, dass es hienieden auf Erden schwer war?

Mutter, konntest du das „Schwere in dir" überwinden, indem du uns oft ermahntest? Wenn das „Schwere" in meinem Gesicht sichtbar wurde, sagtest du: „Mach keine Grimassen!" Es kam vor, dass ich dich beim Einkaufen beobachtete, wie du schnell zwei Äpfel in die Tasche stecktest und ich mit einem fragenden Gesicht zu dir hochschaute. Dann sagtest du: „Kleber", was so viel hieß wie „Darüber sagst du niemandem ein Wort!" Der Kleber auf dem Mund ... Ich hätte dich auf den Mond schicken können! Ich habe die süßliche Milch mütterlicher Wärme nicht gekostet. Weiß ist die Rückseite der Farbe Schwarz; einen Blankoscheck für eine Startsumme zu haben, heißt eine Gutschrift zum Leben zu haben.

Ich betrachte dich, wie du den schlammgrünen Wäschekorb die Treppe hinaufträgst, Wäsche aufhängst, weiße Leintücher, die dann in der Frühlingsbrise flattern. Ich höre die Glocken der hinter der Buchenhecke weidenden Schafe. Bauer Hagios, der uns oft durch seine Wutausbrüche aus dem Schlaf gerissen hatte, ist vor einigen Jahren gestorben. Warum hast du immer so viel gearbeitet, statt einfach mal im Garten zu sitzen, beim Rosenbeet oder unter der Birke mit ihren glasigen Blättern? Ja klar, wer hätte dann die viele Hausarbeit gemacht. Renate hat sich auch mächtig ins Zeug gelegt. Damals, auf dem Mäderschen Hof, als mich der Hund gebissen hat. Ich habe dir das später im Brief aus Ascona mitgeteilt: „Ihr erinnert Euch? Allemal war es meine Schuld, dass der Köter zugepackt hat. Ich höre Euch noch heute sagen: „Du bleibst zuhause!" Machte ich immer etwas falsch? Ich fühlte mich wie meine erste Gitarre, die mit dem krummen Hals. Der Gitarrenhals innen grün und erst noch zu dünn gebaut. Ein krumm gewachsenes Männlein – und doch so eigenwillig.

Verzerrte Noten, verbogene Gitarrenhälse, zu kleine Finger, die die Saiten nicht rechtwinklig drücken können und ungewollt Nachbarsaiten berühren, was die Gitarre zum Schnarren bringt. „Ähm, ich wollte eigentlich ...", sagte ich dann jeweils zu Frau Lüthi. „Ich wollte eigentlich ...". Ich wollte heute früh zu Bett gehen. Doch dann hast du, Vater, mich mitgenommen. Vielleicht wolltest du die lange Fahrt zum Bauern nicht allein machen. Und du, Mutter, warst zwar dagegen. Doch du hast mir zugestimmt, indem du den Blick von mir abzogst. Hättest du dich doch mehr mitgeteilt. Ich mochte deine Stimme, sie war nie verärgert wie diejenige des Vaters. Stetes Ungenügen: ein quälendes Gefühl. Machten es doch meine Geschwister besser, sie lagen jeweils längst brav im Bett. Missratene Sprösslinge gehören ins Kinderheim – damit habt ihr mir damals gedroht.

Ich erinnere mich an einen Traum, der eine Zeitlang wiederkehrte. Wir saßen nebeneinander an einem sanften Abhang in einer Wiese und schauten auf ein großes Haus, das im Bau war. Ich fragte nach den Bauplänen, wie das Haus wohl aussehen werde. „Gut möglich, dass drei Wohnungen in dieses Haus passen", sagtest du. Ein Haus mit mehreren Wohnungen sei wie ein unsichtbares Band, das die Menschen verbinde. „Du darfst dir für uns eine Wohnung aussuchen." Danach sprangen wir wie zwei Kinder die Wiese hinunter und ich schlug übermütig ein Rad. Als ich erwachte, sah ich dich plötzlich mit anderen Augen. Du warst fröhlich, ja ausgelassen, auf jeden Fall anteilnehmend und ich freute mich wahnsinnig.

Ich erinnere mich an ein Klassenfoto aus deinem Familienalbum, siebzehn Buben und Mädchen auf einer Treppe aus Granitplatten. Du stehst am Rand des Klassenverbands. Dein Körper ist leicht zur Seite geneigt, so als ob du gern mehr in die Mitte rücken möchtest. Du gefielst mir mit deinem schlanken Körper und dem blonden Lockenkopf viel besser als andere Schülerinnen.

Du vertrautest einem Vater Gott, der im Himmel wohnt und alles lenkt. Dieser Gottvater richtete auch täglich über Gut und Böse. Wir zitterten und fürchteten uns vor ihm. Vor allem Böses blieb genug übrig, sodass ich jeden Abend für mich betete: „Unser Vater, der du bist in den Himmeln …" Je nach Größe der Schuld mehrere dutzende Male. Ich muss damals etwa fünfjährig gewesen sein. Ich stellte mir einen mächtigen alten Mann vor. Julius Schnorr von Carolsfeld hat ihn in seiner Bilderbibel, von der ich nie genug kriegen konnte, vorgestellt: am Sabbath ruhte der bärtige Mann in seinem Umhang mit den Füßen auf der von Engeln und Wolken umgebenen Weltkugel. Wenn er sprach, durchdrang er mit seiner Donnerstimme das Weltall, vorab wenn er wütend war. Das war er oft, wenn sich die Israeliten im Gelobten Land nicht gehorsam verhielten. Oder Moses ihm nicht gehorchte. Ein Gott, der zornig war, damit entsprach er deinem Vater, meinem Großvater. Aber er konnte auch sanft und gütig sein. Oder den Biblischen Samson, der sich ganz seiner Delila anvertraut hatte. Sie schnitt ihm die goldenen Haare ab, als er – aus Liebe rasend geworden – an ihrer Brust eingeschlafen war. Stierig, wie Vater immer sagte. Im Liebesrausch eben.

Was ich nie vergesse: Du hast dich auf meine Seite geschlagen, als ich den Wunsch nach einem Hund auf den Tisch brachte. Vater nahm mich beiseite und sagte:

- Das kommt nicht in Frage, dass ein Hund in dieses Haus kommt.
- Ja, ich will aber einen. Du sagst ja, ich solle mehr nach draußen gehen. Ich will aber nicht immer allein ...
- Ein Hund gibt sehr viel mehr zu tun als bloß mit ihm rauszugehen. Man muss ihn bürsten, füttern, ab und zu waschen. Und überhaupt: Du weißt, ich bin kein Freund von Kleintieren.
- Verdammt nochmal, Vater. Das weiß ich doch! Nun kannst du wenigstens einmal auf meinen Wunsch eingehen.

Schlussendlich willigte er ein. Wir – Vater widerstrebend – fuhren zu Bauer Rutishauser, den ich mehrmals mit ihm besucht hatte. Er hatte mir gesagt, dass demnächst ein Wurf Schottischer Schäferhunde zu erwarten sei. Ich durfte ein Tier auslesen, das einige Wochen alt war. Du weißt, ich streifte mit Silky, wie ich ihn nannte, gern durch die Wälder. Bäume haben mich schon als Bub angezogen. Ich umarmte sie und flüsterte ihnen zu, dass das Leben schwierig und die Messlatte, um meinen Eltern und damit auch mir zu genügen, hoch sei. Ich sagte dir, Mutter, die Eva hat den Adam zum Baum geführt und ihn animiert, in den Apfel zu beißen. Sie zeigte Adam, dass dieser ein Gesicht habe und mit einer Seele ausgestattet sei, die ihrer eigenen gleiche, wodurch eine enge Verbindung zwischen ihr und dem Baum entstanden sei. Damit du Mutter nun mir Evas Baumerfahrung glauben konntest, musste es eine Eigenschaft geben, die das überschritt, was du bisher bei Bäumen für angebracht hieltest. Ich berichtete dir daher, dass ich auf einem Spaziergang eine spirituelle Erfahrung gemacht habe, indem der Baum zu mir redete. Der Baum sprach mir Trost zu, wenn es hell war, mit einer männlich-unterstützenden Stimme, mit einer weiblichen, die mich besonnen machte und Schutz anbot, sobald es Nacht wurde. Du konntest auch spüren, dass ich zufriedener von den oft langen Spaziergängen zurückkam. So erschlich ich mir das Recht auf die sonntäglichen Gänge mit meinem Hund, anstatt die Gottesdienste besuchen zu müssen. Natürlich fehlten dann die Unterrichtseinheiten für einen konfessionellen Abschluss, da diese an die Teilnahme am Gottesdienst gebunden waren. Aufatmend stellte ich fest, dass es kein Gerede darüber gab, dass ich nie eine Konfirmation gemacht hatte. Andererseits fehlte mir das Singen von Kirchenliedern mit dir. Irgendwie hat das eine tiefe Sehnsucht nach Geborgenheit gestillt. Ich habe dich gern singen hören, Mutter.

Put Some Flowers in Your Hair!

Mutter erkundigt sich selten nach dem Fortschritt im Gymnasium. „Hast Du die letzte Mathematikprüfung bestanden?" „Ja, diesmal gings gut." „Ach, wirklich?" Das waren Vater-Nachfragen. Einmal spät nachts im Bett, hast du zum Vater gesagt: „Nein, er wird es auch diesmal nicht schaffen!" Ich hatte mein Ohr an der Wand und dachte: Sie will, dass der Sohn bei ihr bleibt, dass er nicht so stark wie der Vater wird. Denn Prüfungen erfolgreich schaffen, würde heißen, dass er es allein schaffen kann. Es würde ihm so viel Autonomie verleihen, dass die Trennung unvermeidlich wird.

Der Vater kommt immer als letzter zu Tisch. Spät kehrt er von den Behandlungen der Tiere auf den Bauernhöfen zurück. Er setzt sich mir gegenüber und eine tiefe Furche teilt seine Stirn, die linke Oberlippe ist leicht nach oben gezogen.

- Nun geh doch endlich zum Friseur, verdammt noch mal.
- Ja, du solltest mal den Johnny Messikomer aus Zürich sehen. Seine Haare reichen bis zu den Schultern.
- Es gehört sich nicht, lange und unordentliche Haare zu tragen.
- Heißt das, es ist unmoralisch?

Ich weiß bereits, wie es ausgehen würde: Von nun an würde er mich täglich, in zunehmend gereizterem Tonfall, zuletzt mürrisch-drohend, daran erinnern. Wiederum Wochen später würde er sich direkt vor mir aufstellen, die weißen Zähne entblößt, die Furche in der Stirn noch tiefer: „Entweder du gehst heute noch zu Coiffeur Meier, oder du fliegst raus!" Ich denke an den biblischen Samson, den Delila durch ihren Haarschnitt seiner Manneskraft beraubt hatte. Was er mit „rausfliegen" meinte – was sollte der Blödsinn? Nachts liege ich wach, die Stimmen der

Eltern im Schlafzimmer nebenan wollen nicht verebben. Es gibt da ein Jugendheim, irgendwo in den Appenzeller Hügeln. Die Mutter hatte mich einmal darauf hingewiesen, als wir im Herbst mit dem Auto zur Schwägalp fuhren, von dort mit der Seilbahn auf den Säntis, ein eiskalter Wind wehte uns entgegen, als wir vor die Bergstation traten. Ich bin mir sicher, *das* würden die Eltern niemals tun. Damit könnt ihr mich nicht einschüchtern. Diese Drohung verpufft wie viele andere. Der Prager Frühling und die Proteste gegen den Vietnamkrieg in den USA werden zum Vorbild unseres Trotzes. Im August 68 laufe ich im Demonstrationszug mit für den tschechischen Generalsekretär Alexander Dubček, als Prag von den Russen überrollt wird. Der Krieg in Vietnam geht seinem Ende entgegen. Als immer mehr Leichensäcke mit toten US-Soldaten im amerikanischen Fernsehen gezeigt werden, wird der Widerstand in den USA gegen den Krieg immer größer. Präsident Richard Nixon kündigt zwar einen Truppenabzug an, weitet aber gleichzeitig die Bombardements aus. Nach mehrfach unterbrochenen Verhandlungen vereinbaren der amerikanische Sicherheitsberater Henry Kissinger und der nordvietnamesische Verhandlungsführer Le Duc Tho einen Vertrag über die Beendigung des Krieges. Ich verfolge den Verlauf der Verhandlungen in der Lokalzeitung mit.

Sie waren Nachfahren der Weltkriegsgeneration – Eltern, die sich anstrengten, ein ordentliches Leben zu führen. Der Krieg in Deutschland, die Hegemonie des Nationalsozialismus, hatten eine Ordnung mit sich gebracht, der einige auch nach dem Zusammenbruch noch nachhingen. In Europa herrschte damals vielerorts Chaos, auch wenn der „Wiederaufbau" rasch vonstattenging. Nicht nur den Nazis, auch einigen Menschen der Fünfzigerjahre in der Schweiz galten die Einflüsse aus den USA, der Jazz, als moralisch verwerflich. Sauberkeit und Ordnung. Um jeden Preis. Unnötige Aufregung vermeiden. Es gab eine Ordnung, die von den Eltern vertreten wurde, daneben gab es Ordnungen, die von Lehrern, Pfarrern und Gemeinderäten verordnet waren. Diese Ordnungen konnten sich überlappen oder sich widersprechen. Als oberstes Prinzip unserer Eltern galt, dass die Ordnung einer denkbaren Unordnung vorzuziehen sei. So ernst die Probleme der Welt waren, vor der eigenen Zukunft hatten wir keine Angst. Einen Job zu finden und Karriere zu machen war weniger wichtig, als eine vom Üblichen abweichende Persönlichkeit herauszubilden. Jack Kerouac war ein brillanter Schriftsteller, der mit seiner Mutter in einem Dauerstreit lag, weil er keine akademische Karriere gewählt hatte. Er arbeitete mal als Matrose, mal als Fabrikarbeiter. Im Übrigen blieb er ein Herumtreiber, der dauernd ein Heft mit sich trug, in das er sich Notizen machte. Seither trage ich immer ein Notizbuch mit mir herum. Wir wollten uns durch Aktivitäten verwirklichen, welche die Welt verändern und verbessern helfen. Wir wollten unsere nicht entdeckten und ungeförderten Potenziale verwirklichen.

Die Maxime der Hippies lautet: „Verändere die Welt zum Besseren!" Wir sahen uns als Umgestalter unserer Lebenswirklichkeit. „Let's Go To San Francisco, put some flowers in your hair." Der Song nahm ich als ernstzunehmenden Aufruf, die Heimat zu verlassen. Die Schriftstellerin Lady Mary Wortley Montagu berichtete in ihren Briefen aus Istanbul von der heilenden Kommunikationskraft der Blumen. Sie behauptete, jeder Blüte wohne eine Kraft inne. Das nahmen die Hippies ernst. Ebenso wollten sie menschlichere Lebens- und Umgangsformen finden. Sie suchten eine antiautoritäre Welt- und Wertordnung ohne Klassenunterschiede und Leistungsnormen. Carlos Castaneda behauptete in seinen Lehren des Don Juan: „Die Dinge verändern sich nicht, das Einzige, was sich verändern kann, ist deine Sichtweise." Ich liege auf meinem Bett, das Kippfenster steht offen, die Sommerhitze flimmert über dem Hausdach, abgesehen vom Summen der Insekten ist es totenstill, nur hin und wieder einzelne Geräusche: Das dumpfe Brummen eines herannahenden und sich wieder entfernenden Flugzeugs. Vor einigen Jahren unternahm ich mit Vater einen Ausflug auf die Besucherterrasse des Flughafens, die großen Propellermaschinen mit den wohlklingenden Namen: „Pan Am", „Swissair" oder

„Olympic Airways". Die Hufe eines Pferdes unten auf der Straße, ein Klipp-Klapp-Klipp-Klapp, das sich irgendwo auf dem heißen Asphalt verliert. Der abendliche Ruf eines Spaziergängers nach seinem Hund, das Verklingen dröhnender Flugzeugmotoren am Nachthimmel. Auf den Treppenstufen die Tritte von Renate, die ihre Zimmerstunde bezieht und danach wieder zur Arbeit eilt. Die Zeit tröpfelt vorbei, Wochen und Monate, wie Wasser aus einem undichten Wasserhahn.

Ich denke an Castanedas Satz zurück, „Die Dinge verändern sich nicht, das Einzige, was sich verändern kann, ist deine Sichtweise." In mir verändert sich nichts. Ich lege die Arme hinter meinen Kopf. Ich höre das Zwitschern eines mir unbekannten Vogels, unten läuft eine Frau pfeifend vorbei. Bea! Habe ich nicht vor beinahe einem Jahr Songs mit ihr gesungen, die aus meiner Feder stammten. Ich denke daran, dass wir schon lange nicht mehr telefoniert haben. Wie gern würde ich sie noch heute sehen. Ich werde sie heute Abend anrufen.

Auf keinen Fall die Mutter spüren lassen, dass ich leide. Das würde ein großes Tamtam geben. Womöglich würde sie auf die Idee kommen, mich zu einem Psychotherapeuten zu schicken. Ich fühle mich so schon angeschlagen genug! Ich hülle mich in Schweigen, rede kaum noch mit den Eltern. Ich gehe mit meinem Hund spazieren, sitze allein über meinen Büchern, gehe auf Rockkonzerte. Nicht dass ich ein Einzelgänger bin – ich komme mit vielen Freunden gut aus. Ich weiß nicht, wie über meine Gefühle zu reden.

Was meine Eltern erschreckt und sie es daher ablehnen – sie entwickeln eine Art Totstellreflex, wenn Rockmusik am Radio ertönt – das bedeutet für mich der Aufbruch aus engen und muffigen Verhältnissen. Sie, die sonst immer so sicher auftreten, unter dem Deckmantel von „Ruhe und Ordnung", lassen mir meine Musik. Nachrichten über gewaltsame Unruhen in Paris, über Demonstrationen in Berkeley oder gar in

Zürich hört Vater mit sichtbarer Erregung. Ab und zu macht er eine Bemerkung, etwa dass die Behauptungen des Philosophen Marcuse Ausdruck des Wohlstands seien, den die Gesellschaft erreicht habe. Die Unterwerfung des Menschen unter die kapitalistische Ordnung könne nur von dem kritisiert werden, der am meisten davon profitiere. Er fügt dann den Satz hinzu: „Die Menschheit wird sich zu Tode essen!" Darauf verkneife ich mir das Begehren, beim Dessert eine zweite Merengue zu schöpfen. Vater sieht mich an, sagt aber nichts. Ich spüre die Erleichterung, dass Zürich weit weg ist, gerade so weit, dass es einer besonderen Erlaubnis der Eltern bedarf, um an einem freien Nachmittag dorthin zu fahren. Die muss er mir nicht zweimal geben. Ich möchte Studenten beobachten, spaziere den Limmatquai entlang. Hier sitzen junge Frauen und Männer, einige mit Gitarren auf dem Knie, auf denen sie Blues Licks üben. Ich gehe weiter und will auf ein Bier ins Niederdorf. Da ist ein Sog vieler junger Menschen in Richtung Bahnhof. Ich fühle mich sofort wohl, da die meisten lange Haare haben, enge Jeans, die unten weit auslaufen oder farbige Klamotten tragen. Eine gewisse Scheu packt mich, doch als ich auch Menschen auf den Tramdächern sehe, viele lässig Zigaretten zwischen den Lippen, lasse ich mich mittreiben. Vor dem provisorischen Kaufhaus Globus ballt sich die Menschenmasse zusammen und ich spüre, dass da vorn einiges läuft. Ein Polizist mit Krawatte fordert mich auf, zurückzugehen. Doch nun möchte ich erst recht mitbekommen, was da läuft. Er gibt mir einen Tritt in die Bauchgrube, der mir für einen Moment den Atem nimmt. „Sei nur froh, dass du eine Brille trägst", brüllt er mich an. Der Polizist wendet sich einer kleinen Gruppe zu, die er mit einem Schlagstock auseinanderzutreiben versucht. Ich erschrecke – das könnte gefährlich werden. Von der Quai-Brücke her kommen Wasserfontänen. Ich mache rechtsumkehrt, doch ich werde abgeduscht. Brrrh, eiskalt ist das Wasser. Meine Brille liegt auf dem Boden; dann schwimmt sie davon und ich renne ihr nach. Nun reicht es mir, ich schüttle mich wie ein nasser Hund und renne zum Bahnhof.

Die heute erlebte Aggression fasziniert mich. Doch wenn ich ehrlich zu mir bin, ängstigt sie mich auch, jede Art von Gewalt seit dem Kampf von Wurster und dem Pfau. Das ist jetzt sechs Jahre her, doch noch immer trage ich die Bilder mit mir herum. Der Kampf zwischen den beiden Männern hätte doch ein übles Ende nehmen können. Hätte es Tote geben können? Wurster hat dermaßen getobt. Ray hat doch heftig geblutet und erschien danach bis zu den Sommerferien nicht mehr in der Schule. Er nahm sich in den Ferien das Leben. Warum hat sich Ray wenig später das Leben genommen?

Abends frage ich Vater, ob er sich ängstigte, als Hitler an die Macht kam und die Gefahr eines Einmarsches in die Schweiz immer größer wurde. Er kratzt sich am Kopf, zieht die Mundwinkel nach unten. Zögert. Dann spricht er über die Aktivdienstzeit auf dem Schaffhauser Randen, einem langgezogenen Hügel an der Grenze zu Deutschland. Sie mussten die Grenze bewachen. Das war doch ein Himmelfahrtskommando! Wie wollen die wenig trainierten Männer gegen Hitlers große Armee bestehen, die schon einige Überfälle auf Staaten hinter sich hat? Da passte es zu meinem Eindruck der Behaglichkeit dieses Unternehmens, dass sie sich die Zeit mit dem Einfangen von Maikäfern vertrieben, von denen es in diesem Jahr zu viele hatte. Sie gaben die Kadaver dann an einer Sammelstelle ab und verdienten ein paar Franken dabei. Wahrscheinlich gaben sie es gleichentags wieder für Bier aus. Er ritt auf einem Schimmel über den Höhenzug und spähte ab und zu mit dem Feldstecher in die deutsche Rheinebene.

Die Abende genossen sie bei Gulasch und Bier, wobei ihnen die Maikäfer durch das Geäst der Buchen in den Teller fielen. Und das einen ganzen Sommer lang!

- Gab es Besuch von Frauen?
- Schluss jetzt mit diesem Thema!

Schon dem ranzigen Tonfall dieser Bemerkung entnahm ich, dass an meiner Vermutung einiges richtig gewesen war.

- La petite Guilberte de Courtenay, das haben wir gesungen. Komm, am kommenden Wochenende gehen wir hin und schauen uns die Gegend an!
- Muss ich da mitkommen? Lieber gehe ich nach Zürich zu einer Demo.

Ich schneide eine Grimasse. Dieses „Gilberte de Courgenay" hat doch schon dutzende Mal aus dem Grammophon gegluckst. Öfter als Beethovens fünftes Klavierkonzert, das die Eltern sonntags ab und zu nach dem Nachtessen anhören. Die Musik schallt mit wuchtigem Getöse aus dem Lautsprecher. Ich finde sie dann in einer andächtigen Stimmung vor, ähnlich wie im Gottesdienst. Längst habe ich die Nase gestrichen voll davon.

Wieso ist Vater so an der Vergangenheit interessiert? Die vielen Geschichtsbände auf dem Regal? Wenn ich in den Bildbänden zum 2. Weltkrieg blättere, denke ich, das waren ja Faulpelze auf dem Randen. Landesverteidigung! Wieso hatte mir Vater abends von Bismarck erzählt? Diese strammen Deutschen, die für „Zucht und Ordnung" stehen, das widert mich an. Programmgemäß gehen wir am kommenden Wochenende „en famille" auf den Randen.

Anfangs 1966 trage ich mich in den Filmclub für Gymnasiasten ein. Filme der italienischen Prominenten Fellini, Pasolini und Antonioni werden einmal pro Woche gezeigt. „Blow Up" sehe ich mir dreimal an. Thomas ist als Modefotograf zu Erfolg gekommen. Er begibt sich auf der Suche nach Sensationen auf einen Nachtspaziergang in einen verlassenen Park. Dort überrascht er ein Paar beim Flirten und macht ein paar Bilder. Zuhause kommt er durch Vergrößerungen der Aufnahmen einem Geheimnis auf die Spur („Die Dinge verändern sich nicht, das Einzige, was sich verändern kann, ist deine Sichtweise", „Blow

Up"). Eine Pistole wird durch die Vergrößerungen sichtbar. Als er an den Ort des Verbrechens zurückgeht, findet er eine Leiche vor. Am nächsten Tag ist sie weg. Hat er sich getäuscht? Die Tat, an jenem Abend im Park begangen, bleibt ungesühnt. Das hektische Streben des Fotografen, dessen Ziel nur der eigene Erfolg ist, steht im Gegensatz zur Verspieltheit der jungen Frauen, die ihn mit der Absicht umgarnen, ein Foto und damit eine zukünftige Karriere als Model zu erhaschen.

Mein Vater schiebt seine linke Hand in den rechten Ellbogen: „Ich habe mir den Film letzte Woche auch angesehen:

- Der Film ist für Volljährige ausgeschrieben.
- Bah, das wäre so verlogen, wie Thomas im Film mit der Realität umgeht. Es geht um unsere Zeit und ihre Probleme.
- Ja, er hätte die Sache der Polizei melden müssen.
- Du hast das Wesentliche des Films verpasst. Bertolucci wollte aufzeigen, dass das Leben ein Spiel ist – und es ist oft kaum zwischen Wirklichkeit und Illusion zu unterscheiden.

Mein Inneres gleicht den unentwickelten Bildern von Thomas in seiner Dunkelkammer im Film. Die Bilder der Models in Bertoluccis Film erregten meine Gefühle hinsichtlich Frauen noch stärker. In der Wirklichkeit nahm ich wahr, dass meine Blicke oft zu den Knien oder Schenkeln meiner Mitschülerinnen wankten. Oder ich rückte meine Position im Zug auf dem Heimweg unauffällig zurecht, damit ich die Perspektive ändern und eine Frau im Abteil gegenüber besser beobachten konnte.

Damals konnte ich nicht wissen, wie sehr die Frauen an den Veränderungen in den 68igern mitbeteiligt gewesen waren. Nicht nur waren Männer und Frauen auf Demonstrationen gegangen. Sie hatten auch die sexuelle Revolution mitgetragen. Vielleicht waren da die Männer zuerst die treibenden Kräfte, zumindest wenn man ihren Behauptungen Glauben schenken soll. „Wer nur einmal mit derselben pennt, gehört schon zum Establishment." Diese Maxime warf mir schon mal mein Vater an den Kopf. Er wollte mich und meine revolutionären Ideen ins lächerliche ziehen. Doch die Männer haben den Frauen, die sich auf die gesellschaftlichen Veränderungen einließen, die Rolle zugeschrieben, die ihnen von der Vergangenheit her weiter zugedacht war. Zur Zeit meiner Eltern war die Sexualität mit dem Kinderkriegen verknüpft, da es kein vernünftiges Verhütungsmittel gab. Die Frauen sind nicht einfach mitgegangen. Sie haben die „Verhütungsmittel", die Pille, wie wir sie ganz einfach nannten, benutzt. Sie bot ihnen die Möglichkeit, inskünftig zu wählen, mit wem sie eine sexuelle Beziehung eingehen und wie oft sie Sex haben wollten. Ich habe später auch eine Zeitlang in Wohngemeinschaften gewohnt. Da wurde manchmal auch nicht lang gefackelt, bevor man miteinander ins Bett ging. Doch viele Berichte über das freie Sexualleben in den studentischen Wohngemeinschaften sind maßlos übertrieben. Ich will mit Mutter darüber sprechen. Doch sie sagt, das Thema interessiere sie nicht.

Nun lasse ich sie zu Wort kommen.

Ich bin am Wäscheaufhängen. Von oben höre ich Bremsen quietschen. Ich eile hinauf und sehe Silky ausgestreckt auf der Straße liegen. Ein Rinnsal von Blut tropft aus seiner Schnauze. Vier parallel verlaufende Bremsspuren weisen auf einen Traktor hin, so viel ist mir sofort klar. *Doch warum ist der Fahrer einfach weggefahren?* Ich denke an Jonas. Dieser Schicksalsschlag wird ihn schwer treffen, denke ich. Rolf kommt wenig später heim und legt den Hund in die Waschküche.

Beim Mittagessen – alle sind anwesend – wende ich mich Jonas direkt zu:

- Jonas, ich habe eine unerfreuliche Nachricht für dich. Ojemine! Silky wurde überfahren. Ein Bauer hat ihn erwischt.
- Ein wer? Wie erwischt? Verdammt nochmal.

Jonas versucht, die Tränen zurückzuhalten, ich sehe ihm an, wie er um Selbstbeherrschung ringt.

- – Ja, der Bauer vom „Lerchhof".
- – Überfahren? Mein Silky! Das muss ein verfluchter Trottel gewesen sein, der meinen Hund getötet hat.
- – Vermutlich ist er zwischen die Vorderräder des Traktors gerannt. Ich war am Aufhängen der Wäsche und hörte Silky jaulen. Als ich auf die Straße kam, war er schon tot. Die Straße war leer.
- – Der Sauhund.

Alle haben mit Essen aufgehört, es ist mäuschenstill.

- – Es ist für uns alle eine schlimme Nachricht. Wir haben Silky gerngehabt. Du allein hast ihn täglich ausgeführt.

Nach dem Essen verschwindet er in seinem Zimmer. Ich bespreche mit Rolf, dass es wohl am besten ist, ihn dort in Ruhe zu lassen. Später klopfe ich an seine Tür. Von Hausaufgaben wird an diesem Nachmittag wohl keine Rede mehr sein. Ich erläutere ihm, was Rolf vermutet. Dass nämlich Bauer Brauchli mit Absicht den Fuß nicht vom Gaspedal genommen hat, ein Racheakt, weil ihm die Rechnung zu teuer war, der Geizhals. Vater sagt, Brauchli sei der Meinung, er solle umsonst für ihn arbeiten. Vergangenen Herbst hat er uns einen Sack Kartoffeln vor die Haustür gestellt. Dachte wohl, damit sei es erledigt.

- – Morgen habe ich Zeit, um in die Kadaversammelstelle zu fahren. Willst du mitkommen, frage ich ihn.
- – Ich möchte meinen toten Freund nicht mehr ansehen.

Jonas flucht, brummt etwas über einen Berg von Hausaufgaben. Ich setze mich zu ihm an den Gartentisch und versuche, ihn zu einer Zeichnung zum Tod von Silky zu animieren. Zwei Bleistifte sind alles, was wir brauchen. Etwas widerstrebend macht er mit. Es gelingt uns, eine Figur, die einem Border Collie ähnelt, zu zeichnen. Nachdem wir fertig sind, kann ich ihn gerade noch davon abhalten, das Blatt zu zerknüllen.

- Komm, wir gehen zusammen in den Wald.
- Ohne den Hund kann ich nicht mitkommen.
- Bestimmt. Wir sprechen über die kommenden Sommerferien, du freust dich doch sicher auf die Berge und Wälder?
- Okay, aber wir nehmen einen anderen Weg als üblich.

Ich gehe nicht mit zur Tierentsorgung. Ich habe es Nüssli erzählt, doch er interessiert sich nicht für Hunde und Gänge durch den Wald. Ich bleibe auf dem Bett liegen und starre an die Decke. Tränenlos. In der folgenden Nacht finde ich keinen Schlaf, fühle mich wie ein einsamer Stern am Himmel. Ich döse mit den Bildern meines wilden Hundes vor dem inneren Auge. Mein Begleiter durch feuchte Wälder, auf regennassen Straßen, in mondhellen Nächten! Sogar die Lust an Rockmusik ist mir vergangen; ich höre, selten genug, melancholische Lieder. War ich schuld am Tod des Tieres? Hatte ich Silky falsch erzogen? Was hatte ich nun wieder verbockt? Es wird mir klar, dass ich seinen kecken Charakter mochte. Wie aus meinem Holz geschnitzt! Mir ganz auf den Leib geschnitten. Obschon ich innerlich weich, wie Zuckerwatte war. Wenn ich durch den Wald schlenderte, meist spätnachmittags, sträubte er sich, wenn ich ihn an die Leine nehmen wollte. Er zog und zerrte, bis ich nachgab und ihn freimachte. Ich liebte diese dunklen Wälder, Tannen aller Größen, das knorrige Unterholz, die moosbewachsenen Baumstümpfe. Nun ist damit Schluss!

Zudem, auf meinen täglichen Wanderungen vertraute ich meinen Ärger über unsere Lehrerschaft Silky an. Die Schulherren fordern von uns mehr Selbstständigkeit. „An der Universität könnt ihr auch nicht dauernd fragen."

Sie fühlen sich dauernd von Feinden umzingelt, den Kommunisten und Faschisten. Geistige Landesverteidigung nennen sie ihre Lebenshaltung. Rektor Althaus, Oberst im Generalstab, ist jährlich diensthalber fünf Monate abwesend. Der Physiklehrer, gelegentlich in Uniform über den Pausenplatz stolzierend, berichtet mit Vorliebe über die Drohungen des Kalten Krieges und die Manöver während seiner militärischen Wiederholungskurse. Unsere Offiziersidioten haben eine Hackordnung der menschlichen Gesellschaft in ihren Köpfen. Diese Ordnung übertragen sie auf unsere Klasse, sagte ich zu Silky. Und meine Mitschüler aus der Hauptstadt. Gregor, der Sohn des stadtbekannten Komponisten und Dirigenten, der durch seine John-Lennon-Sonnenbrille auffällt, die er aufsetzt, wenn er durch den Torbogen des Schulhauses tritt, ein überlegenes Lächeln auf dem Gesicht; Charlotte, die Tochter eines Literaturprofessors vom Bodensee; Nüssli, der Sohn eines Textilfabrikanten aus unserem Provinznest, er, der immer alles besser weiß. Er kann den Erlkönig, die Fischerin und was sonst noch an Balladen von Goethe herumgeboten wird, auswendig aufsagen. Ich bin zwar ein Grünschnabel. Doch ich hasse diese sozialen Gruppierungen nach Beruf und Bildung, Klasse und Stand. Die Intelligenten in der Oberschicht, die weniger Intelligenten gehören zu den Verachteten. Selbstverständlich bin ich Teil davon, soviel ist mir klar.

Es erleichterte mich, mit Silky in wilden Sprüngen durch den Wald zu rennen und so meinen Ärger loszuwerden. Nun habe ich niemanden mehr, dem ich meine Bedrängnisse klagen kann. Frühmorgens im Zug jammern sowieso alle. Wir stehen um sieben am Bahnsteig. Ich gehöre zu den wenigen Mitschülern, hinter denen der Schaffner, hopp, rein, als letzter die Türen des Bahnwagens zuklappt. Die schlechte Note von gestern, die Matheprüfung von heute. Da mag ich nicht mitweinen. Nüssli jammert über die vielen Hausaufgaben. Zwanzig Minuten später gingen wir am Exerzierplatz der Kaserne vorbei, eine Kompanie machte sich zum Appell bereit, Kommandos wurden gebellt.

Nüsslis Vater fragte mich einmal, was ich studieren möchte. Ich wendete mich verlegen ab. Ich wusste schon lange, dass Nüssli

Medizin studieren will. In unserer Dorfbuchhandlung, wo ich mir oft die Auslagen ansehe, wird eine Lehrstelle frei. Vater hat mich neulich beim Abendessen gefragt, ob mich die Stelle interessiere. Ich zuckte die Schultern. Ich verbringe Stunden in dieser Buchhandlung, bevor ich mich entscheide, einen Roman auszuwählen. Herman Hesses „Der Steppenwolf" wähle ich als Prüfungslektüre fürs zweite Jahr am Gymnasium. Die Geschichte von Harry, der sich als Durchschnittsmensch sieht, aber Mittelmaß hasst. Wie ich sucht er seine Sehnsüchte zu verwirklichen. Wie ich pflegt er unterschwellig eine rebellische Natur. Es gelingt ihm, abwechselnd die kultivierte Menschenhälfte und die triebhafte Wolfshälfte auszuleben. Er besaß einen zweiten Charakter, der von animalischen Wünschen gesteuert war. Harry Haller hat eine schwierige Vergangenheit, in der ihn unter anderem seine Frau verlassen hatte und er war bekannt für seine Antikriegshaltung, für seine Gesellschaftskritik.

Harry hat etwas Geld auf der Bank, führt ein Leben voller Kompromisse. Er verfasst Tagebücher und verbringt viel Zeit mit dem Lesen von Klassikern und dem Hören von Klassischer Musik. Als Steppenwolf besitzt er einen zweiten Charakter, der die Vereinsamung wählt, um absolute Unabhängigkeit zu erlangen. Der Steppenwolf hört Beethoven. Ich höre Beethoven. Nüssli übt täglich Klaviersonaten von Beethoven. Meine Eltern sitzen jeweils am Sonntagnachmittag auf dem Sofa und hören sich im vierzehntäglichen Turnus Beethovens 1. und 5. Klavierkonzert an. Steppenwolf in der Stube. Ich höre während der Hausaufgaben mit einem Ohr zu und plötzlich reißt mich Beethovens heldendramatisch aufgedonnerte Fulminanz mit. Das Adagio un poco mosso im 2.Teil kommt mir wie eine Seelenwanderung vor.

Nüsslis Vater hat es ihm ausgeredet, den Steppenwolf oder Siddhartha von Hesse zu lesen, die ich beide verschlungen habe. Seine Eltern lesen keine Bücher, der Vater arbeitet für eine Textilfirma und ist unter der Woche als Handlungsreisender mit Tuchmustern im ganzen Land unterwegs. Sonntags geht er in die Kirche. Hesses Werke tolerieren andere Lebensauffassungen als die Christliche. Er ist ein Vorzeigeschüler, dem die Regeln von Eltern und Kirche heilig sind. Er stottert, wenn er angespannt ist, und das ist in Sprachfächern der Fall. Ich erinnere mich, dass er in mir einen Gehilfen hatte, der jede Gelegenheit wahrnahm, um ihm einen Gefallen zu erweisen.

Ich liege abends auf dem Bett, betrachte eine Tabakpfeife, die mir Großvater geschenkt hat, indem ich sie in der Hand drehe. Die kleine Nachttischlampe mit dem rosa bastbezogenen Schirm leuchtet. Ich starre an die weiße Wand schräg gegenüber vom Bett. Weiß sei die Farbe der Sterilität, hat Herr Müller einmal gesagt. Steril mussten die Handschuhe sein, welche der Vater überzog, bevor er zum Skalpell griff. Damit nahm er den langen Schnitt seitlich unter den Querfortsätzen der Lendenwirbel der Kuh vor, durchtrennte die Bauchmuskelschichten, das Bauchfell und die Gebärmutter und tastete schließlich nach den Kalbsbeinen, an denen er das Kalb aus dem Mutterleib zog. Ein Schwall von Flüssigkeiten folgte. Das beeindruckte mich. Ich sinne über Flüssigkeiten nach. Sperma sei steril, hatte Pöhl – der massige Mittelschullehrer für Biologie – gesagt, zumindest, solange es nicht an die frische Luft komme. Ich denke an meine klebrigen Hände, nachdem ich ein BRAVO-Heftchen durchgeblättert habe. Stelle mir den krummen Hals meiner Gitarre vor und wie dieser entstehen konnte. Etwas stimmte zweifellos nicht mit mir, weshalb warnte mich die Mutter manchmal, ich werde auf die schiefe Bahn kommen? Sitze ich doch täglich stundenlang am Schreibtisch, lerne Physikformeln auswendig. *Verdammt, so lebensfern, diese mathematischen Konstruktionen.* Es stellen sich keine inneren Bilder zu diesen theoretischen Gebilden ein, wie das bei den Sprachfächern, den einzelnen Wörtern und Sätzen, der Fall ist.

Die Entstehung der Sinus- und Kosinusfunktion aus der Drehbewegung eines Winkelschenkels bleibt für mich eine sinnfreie Spielerei, ganz im Abstrakten. Es ist niemand da, der den

Formeln und Konstruktionen Leben einhaucht. Vater erklärt, zuckt dann hilflos mit den Schultern: „Mathe und Physik waren auch nicht meine Lieblingsfächer!" Ich denke an den Fetten Armin, meine Augäpfel werden feucht. Wie bitter, dass er nicht mehr lebt! Was hatte Armin über eine Gitarre mit schrägem Hals gesagt, was die Biegung herbeiführt? Frau Lüthis Gitarre mit dem krummen Hals, seine erste Gitarre – inzwischen längst Kleinholz. Sie hatte zu mir gesagt, ich müsse mehr üben, damit die Fingerkuppen hart werden. Übung, das war es. Es dämmert mir, dass der Fette Armin mein bester Freund war. im Grunde genommen war er es und nicht seine Mutter, der mir die Freude am Gitarrenspiel beigebracht hatte. Schließlich hat er mir erklärt, dass drei Griffe genügten, um einen guten Song zu spielen.

Heute steht „Grundwissen Biologie" auf dem Stundenplan. Paul Hansen oder wie wir ihn nennen, Päuli, pflanzt sich vorne neben der efeugrünen Wandtafel auf. Er ist ein Hüne mit klauenartigen Händen, die ständig nach einer Sache zu greifen scheinen. Er trägt einen weißen Kittel. Er hat eine hohe, fisteldünne Stimme, mit der er uns beibringt, dass Bakterien einen anderen Aufbau hätten als menschliche Zellen. Er hat uns die Aufgabe gegeben, eine Abhandlung über Zahnbakterien zu lesen. Er eröffnet die Lektion mit der Mitteilung, dass er während der letzten drei Tage aufs Zähnereinigen verzichtet habe (für Päuli war es selbstverständlich, dass wir unsere Zähne zu wenig pflegten. Nun droht er uns mit einem baldigen zerstörerischen Befall unserer Zahnwurzeln, was unser Gebiss zu einer Dauerbaustelle machen werde). Er entnimmt mit einer dünnen Pinzette Speisereste aus den Zahntaschen, um sie auf einer Glasscheibe auszubreiten. Wir dürfen uns in einer Reihe vor dem Pult aufstellen. Unter dem Mikroskop sehen wir tausende grünlich gelber Punkte, die sich zu klumpenartigen Inseln zusammenballen, welche in einer bläulichen Flüssigkeit schwimmen. Beeindruckt putzen wir unsere Zähne danach während einiger Tage gründlich.

Ich bin bei Nüsslis, die ein Haus an der Weinbergstraße bewohnen, zum Nachtessen eingeladen. Vorher lernen wir zusammen Sinus- und Kosinus Funktionen. Beim Nachtessen spricht sein Vater nur über Zahlen, Jahresumsätze und Erfolgsbilanzen. Ich denke an die Zahlenreihen, die uns Päuli, der auch unser Mathematiklehrer ist, sofort nach Schulbeginn vorgetragen hat. Wir müssen nach einer langen Folge von Divisionen, Subtraktionen und Additionen die Summe notieren, wobei seine Reihe immer schneller wird. Das gibt eine Prüfungsnote ab. Mir geht das viel zu schnell. Die Zahlen flimmern vor meinen Augen. Mir ist übel und ich muss mich auf meinen Magen konzentrieren, um nicht zu erbrechen. Nüssli ist in den Zahlenreihen Meister. Er ist Päulis Lieblingsschüler. Doch dieser lässt auch ihn nicht ungeschoren. Kaum steht Nüssli an der Wandtafel, macht sich der Lehrer über ihn lustig, nennt ihn einen „Schmierfink". Ray und ich schlingen das Mittagessen in der Kantine hinunter. Ray erzählt mir, dass er in einer Rockband spielt, die aus ehemaligen Primarschülern bestehe. Er spiele die Hammondorgel und sie übten eine rockige Version der Bourrée von Bach. Er träumt davon, Rockstar zu werden. Er hat eine Freundin, Susi, mit der er immer eng umschlungen durch die Bahnhofstraße geht. Die beiden lieben Bubble Gum Music. Wenig später erfahre ich durch Nüssli, dass sich Ray umgebracht habe. Seine Freundin habe ihn zuvor verlassen.

Alle, die in der Kantonshauptstadt leben, kehren in die Häuser ihrer Eltern zurück und essen dort. Die Auswärtigen stieben auseinander und verpflegen sich aus den umliegenden Lebensmittelläden. Um Rockplatten anzuschaffen, lege ich einen Teil des Betrags, den mir die Eltern fürs Mittagessen gegeben haben, beiseite, begnüge mich mit einer Packung Kekse oder einem Schokodrink. Während die Einheimischen am Familientisch sitzen, gehe ich durch baumbestandene Alleen der Kleinstadt, überquere Parkplätze, blicke ins Schaufenster des Grammophonladens „Hanimann AG". Ich schätze die Stille, die sich während der Mittagsstunde über die Stadt legt. Ich nehme die

Gelegenheit wahr, jeden Songtext auf einer LP-Hülle, den zu sehen ich Gelegenheit habe, zu lesen. Ich überlege, ob ich mit Rudi über die neue von den Hollies oder den Kinks sprechen soll. Nachdem die Schulglocke den Schultag ausgeläutet hat, warten Gregor und ein paar andere auf ihre Freundinnen. Gregor setzt sich mit Rosy auf die Steinmauer seitlich des Pausenplatzes. Er streicht ihr übers dunkelblonde Haar und spielt mit ihren Fingern. Hand in Hand schlendern sie die Schultreppe hinunter zum Café Schuhmann. Ich glühe vor Neid. Wie wäre es schön, hier eine Freundin zu haben. Bea ist so weit weg. Und überhaupt: Meine Eltern verbieten es mir, oft nach Zürich zu reisen. Ich habe nur die Prüfungen von morgen vor Augen. Bedrückt schlendere ich an der grauen Kaserne vorbei, wo der Kommandant Rekruten herumkommandiert, zum Bahnhof hinunter. Mutter wird mich mit ihrem Migränelächeln empfangen. Danach sind vierzig Gleichungen zu lösen.

Mir fehlen Gleichgesinnte. Nach dem Gymnasium fahre ich mit dem Zug heim. Unter der Woche sind die Abende mit Hausaufgaben ausgefüllt. Im Dorf gibt es keine Gleichaltrigen, die mein Interesse an der Rockmusik teilen. Also schließe ich mich der Jugendbibelgruppe Nüsslis an. Ich mache an einem Wochenende mit, an einem Zeltlager mitten im Wald. Freitagnachmittag, eiliges Rucksackpacken zu Hause, wir steigen an einem Provinzbahnhof aus. Nüssli, der Bibelfeste, Erwin, den ich heute kennenlerne (schmaler Körper, leichenblasses Gesicht, ein halber Bub), Sabrina, Isabelle und noch ein paar andere. Isabelle spricht davon, Psychologie studieren zu wollen, wofür ich sie bewundere. Von Robert, meinem Paten, habe ich ein paar Bände von C. G. Jung bekommen. Ich versuche, Isabelle in ein Gespräch über Jungsche Psychologie zu verwickeln. Der Gehsteig ist übersät mit Zigarettenkippen, ein einsamer Hund schnüffelt am rostigen Fahrradständer. Es dämmert schon, dennoch ist es schwül und wir schleppen uns mitsamt unseren Rucksäcken, vollbepackt mit Spaghetti, Tomatensauce und Zündhölzern auf einen bewaldeten Hügel zu. Isabelle versucht, mit mir

Schritt zu halten. Kaum hat sie eine Zigarette ausgemacht, zündet sie sich die nächste an. Sie hält nicht viel von Jung, findet ihn zu mystisch, hat sich der Freud'schen Literatur zugewendet. Als ich von ihr über Freuds Libido hören will – der Begriff kommt auch in Jungs Werken vor – lenkt sie vom Thema ab. Ich erzähle ihr von der illustrierten Bibel von Schnorr von Carolsfeld. Dass er ein Künstler der Romantik war, geboren 1794 in Leipzig. In der 2. Hälfte des 18. Jahrhunderts schuf er eine Reihe von 240 Holzstichen. So entstand eine umfassende Bibelillustration. Seine dramatischen Bilder zeigen eine Reihe von biblischen Heldengestalten: Schnorr von Carolsfeld.

- Ich zeige dir das Buch gern einmal.
- Das interessiert mich nicht. Das ist doch eine schwülstige Malerei. Ich vermute, deine Helden bei diesem Schnorr sind nur die Männer und die Frauen die Unterlegenen, die höchstens verführen können – wie Eva im Paradies.
- Verdammt, du hast ja das Buch noch nicht gesehen und erlaubst dir schon das Urteil.

Adam wäre ohne die Verführung durch Eva ein Affe geblieben. Wer nur eins ist mit Gott, hat keine individuelle Bedeutung – bleibt ein braves Herdentier – und bringt nichts zustande. Furchtbar.

Wir erreichen den Waldrand auf der Anhöhe. Als wir zur Waldlichtung gelangen, fällt Nieselregen. Wir errichten unser Camp: drei Zelte, eine Latrine, eine Feuerstelle. Sabrina hält nach Kräutern für die Spaghetti Sauce Ausschau. Wir erhitzen zwei große Büchsen Tomatensauce im schwarzen Wasserkessel. Sabrina bittet Erwin, die Büchsen zu öffnen. Er zögert, schaut an Sabrina herunter, klaubt dann sein Taschenmesser hervor. Sabrina nimmt ihm das Ding aus der Hand und klaubt – nun ungeduldig – den Büchsenöffner hervor. Erwin atmet heftig, dann sticht er wütend auf den Rand der Blechbüchse ein, der plötzlich birst. Heiße Tomatensauce spritzt ihm ins Gesicht, über die nackten Unterarme und Unterschenkel. Er schreit auf, flucht.

Nüssli rührt sich als erster, kühlt die Wunden mit Wasser, das wir vom Bach herschleppen. Es bilden sich rosa Blasen auf Erwins Armen. Er, der stets großmäulig verkündet, dass er Medizin studieren will, ruft: „Wir müssen dich zum Arzt bringen!" Eine erregte Diskussion folgt. Sabrina und die anderen schließen sich Nüssli an. Der tropenfeuchte Wald, die nächtlichen Geräusche rufen ein sinnliches Gefühl hervor. Davon berauscht, möchte ich nicht mit ihnen aufbrechen, auf keinen Fall die Nacht einsam in meinem Bett verbringen. Es gefällt mir hier, wie eintönig ist es bei uns zu Hause. Isabelle ist schweigsam, versichert dann, dass sie bereit sei, mit mir am nächsten Morgen die Zelte abzubrechen. Seit unserem Gespräch über Freud und Jung fühle ich mich zu ihr hingezogen. Auch die Kontroverse über Schnorrs Bibelzeichnungen haben bei mir keine Abneigung hervorgerufen, im Gegenteil. *Auch sie* denke nicht daran, am Sonntagmorgen den Gottesdienst mit der Gruppe zu besuchen.

Auf dem Zeltboden liegen unsere Schlafsäcke. Es riecht nach feuchtem Waldboden und Baumharz. Nachdem wir unsere Taschenlampen ausgeknipst haben, breitet sich Stille aus. Der Wind raschelt in den Blättern, sonst hören wir nur unseren Atem. Wir beide liegen nebeneinander in den Schlafsäcken. Ich höre die Tropfen auf dem Zeltdach und schlummere weg. Der Kälte wegen habe ich meinen gesteppten Schlafsack eng um mich geschlungen. Nach geraumer Zeit nestelt es neben mir und Isabelles Hand findet sich in meinem Schlafsack. Sie betastet zuerst meine Schulter, dann fährt sie über meine Brust und pausiert am Bauch. Dort bleibt sie lange. Ich bekomme Gänsehaut, sträube mich erst gegen das Unbekannte. Ich liege reglos da, beinahe erstarrt. Trotz der Enge bewegen sich die Finger munter, die Hand schiebt sich vorwärts, scheint etwas zu suchen. Wieder vergehen Minuten. Ein starker Windstoß erschüttert unser Zelt. Ich komme zu mir und stelle fest, dass sich nun meine Hand in Isabelles Schlafsack befindet. Zwischen ihren Beinen in einer weichen Furche, die feucht ist. Ich genieße die Erregung, fürchte zugleich die Berührung. Was sagt Mutter? Keine unehelichen

Kinder, niemals. Sonst geben wir dich in ein Erziehungsheim! Wie entstehen Kinder? Ich denke daran, dass Bauer Michael Seniors jüngste Tochter Emilie bereits als Kind schwanger geworden war. Sie lebte danach nicht mehr in seinem Bauerndorf. „Siehst du, so kommt es heraus", hat Mutter damals zu mir gesagt. Trotzdem lasse ich meine Hand in Isabelles Schlafsack. Ich bin überglücklich, dass ich mit Isabelle zurückgeblieben bin.

Isabelle schlägt am anderen Tag vor, ein Jugendzentrum mit regelmäßigen Tanzveranstaltungen zu gründen. Samstags auf dem Dorfplatz sprechen wir ein paar Gleichaltrige an. Wir haben inzwischen ein Konzept ausgearbeitet und klare Vorstellungen, wie die Tanzveranstaltungen ablaufen sollen. Mitglieder des Betriebskomitees hatten sich in Rockmusik auszukennen, damit sie als Diskjockeys eine abwechslungsreiche Tanzmusik abspielen konnten. Die manuelle Technik erfordert einiges Geschick, da es darum geht, die zu spielenden Singles auszuwählen, um nach Ende des vorangehenden Lieds möglichst rasch zu wechseln. Für die Mitarbeit in der Organisation der Anlässe waren oft langwierige Verhandlungen mit Behörden um Bewilligungen gefragt. Wir organisieren während mehrerer Jahre unregelmäßig Tanzabende, die beliebt sind und auch von auswärtigen Jugendlichen besucht werden. Versammlungen und vor allem Tanzanlässe finden im Volkshaus, einem klotzigen Bau mitten im Dorf statt. Die Eltern lassen mich gewähren.

Hot Pants

Nebst der Mitarbeit in der Praxistätigkeit amtet meine Mutter als Hauswirtschaftslehrerin. Renate macht eine Haushaltslehre. Artikel in der Landzeitung April 1964: „Der Kantonale Landwirtschaftsverband hält seit vielen Jahren den schönen Brauch der Ehrung treuer Haushaltlehrtöchter aufrecht. Die Zahl der Lehrlinge geht Jahr für Jahr zurück und geeignete Dienstboten sind nur schwer zu finden, vor allem deshalb, weil nur wenige junge Menschen bei den gleichen Meistersleuten ausharren und dem Ruf ins Welschland folgen, um Französisch zu lernen. Das ist bedenklich, da insbesondere der Bauernstand zu wenig Unterstützung in Haus und Hof bekommt. In den Jahren vor 1950 kamen jeweils 180 Dienstboten zur Ehrung, heuer dürften es nur noch deren 80 sein." Die Eltern reden nie von „*Dienstboten*". Mutter ist Hauswirtschaftslehrerin und Ausbildnerin von Esther und Renate und den nachfolgenden Auszubildenden. Wie ehrgeizige Zauberlehrlinge werden ihre Lehrfrauen ins umfassende Kochbuch nach Elisabeth Fülscher eingearbeitet. Mutter ist stolz darauf, dass sie Frau Fülscher als Hauswirtschaftslehrerin in Zürich erlebt hat. Die Lehrtöchter bekommen ein Zimmer, gleich neben meiner Dachkammer. Meistens bleiben sie ein Jahr, um danach im Welschland Französisch zu lernen und damit die Lehre abzuschließen.

Mutter droht mir: „Lass die Finger von Renate." Ein Jahr später: „Janine, du darfst nur noch lange Hosen tragen!" Wenige Monate vor meiner Abschlussprüfung arbeitet Silvia bei uns. Mutter: „Du brauchst deine Hot Pants nicht hierher mitbringen, die kannst du zu Hause lassen!" Silvia trug bei ihrer Ankunft eine Hot Pants und ihre Pobacken zierte in großen Lettern der Schriftzug „Love". Silvia wirft ihre blonden Haare, die ihr bis zur Taille reichen, immer stolz nach hinten, wenn sie mir im Garten begegnet. Nach den Sommerferien Anfang August bringt Silvia eine

Kamera, eine schwarz glänzende Kodak mit und zugleich eine Überraschung für mich: „Damit darfst du mich fotografieren!" An ihrem freien Nachmittag treffen wir uns in der Flussaue. Die Sonne strahlt mit aller Kraft. Pferde grasen auf der Weide, die an den Fluss grenzt. Die Weidenbüsche geben den Blick zum Fluss frei und schließen sich wieder hinter uns, nachdem wir sie zur Seite gebogen haben. Der Fluss führt zu dieser Jahreszeit kaum Wasser. Wie Buckel von Nilpferden ragen die Felsbrocken einladend aus dem trägen Rinnsal. Wir sind vor den Blicken anderer durch Weidenbüsche geschützt. Silvia beginnt die Oberkleider auszuziehen und nickt mir in ihrem hellblauen Bikini zu. Ich denke daran, dass wir beide keinen Sonnenschutz mitgebracht haben. Silvia beugt sich vornüber und schüttelt ihre langen Haare, was mich in noch größere Erregung versetzt. Silvia würde sich nun ganz ausziehen. Was ich bisher nur aus dem BRAVO und ähnlichen Zeitschriften für Jugendliche kannte, würde sich nun vor mir entfalten. Wie nun weiter? In den „Aktfotos" hatten Frauen sich nackt zu präsentieren, wenn sie auch bestimmte Körperstellen durch schlangenartige Beugungen ihres Körpers abdecken. Silvia winkt mich mit dem Kopf zu den Steinen. Der Schweiß läuft mir aus den Achselhöhlen und sammelt sich im Bauchnabel. Dann watet sie durchs träge dahinfließende Wasser und springt von einem Stein zum anderen. Dabei öffnet sich das Bikinioberteil; ich sehe eine ihrer herausfordernd nackten Brüste. Doch schon zu spät! Ich hantiere mit meiner Kamera, es gelingt mir, gerade ein Foto zu schießen. Aber da hat sie ihr Bikinioberteil schon wieder geschlossen. Im Geheimen habe ich mehr Wollust erwartet – nun, so würde Silvia wenigstens kein Kind von mir kriegen. Später schenkt sie mir das Bild. Ich lege es als Buchzeichen ins Mathebuch, das ich im folgenden Jahr einem jüngeren Schüler weiterverkaufe.

Silvia nimmt freitags nach der Arbeit regelmäßig ein heißes Bad. Ausschließlich freitags, denn Samstag ist Vaters Badetag. An den Wochentagen wird das heiße Wasser in erster Linie für die Arbeiten in der Tierarztpraxis gebraucht. Wenn ich Sonntagabend duschen darf, klopft die Mutter nach fünf Minuten an die Türe, um mich zum Aufhören zu bewegen.

Der Vater sitzt am Schreibtisch und zählt mittels seiner Hermes Abrechnungen zusammen. Tina zieht sich nach dem Nachtessen in ihr Schlafzimmer im Keller zurück, um griechische Vokabeln zu lernen. Ich tänzle zwischen der Türe zum Elternschlafzimmer und derjenigen zu Tinas Zimmer hin und her, immer an der Badezimmertüre vorbei, hin und zurück. Ich will sichergehen, dass Silvia das Badezimmer nicht etwa verlässt, um etwa ihren Bademantel aus dem Zimmer zu holen. Das Schlüsselloch! Silvia hat den Hahn aufgedreht, ich höre das Badewasser einlaufen, das Rauschen steigert die Erregung. Ich male mir aus, wie sie sich auszieht, ins Bad steigt. Ist da jemand im Flur? Ist die Mutter draußen beschäftigt mit dem Abhängen von Wäsche? Ich kneife die Augen zusammen, der Schlüssel ist zur Seite gedreht, verdeckt also die Sicht nicht. Es dauert unendlich lange, bis die Haushaltlehrtochter sich auszieht. Nachdem sie sich ihrer Kleider entledigt und diese sorgsam auf einen Stuhl gelegt hat, steigt sie in die Wanne. Das rosafarbene Fleisch, ihre Konturen, kann ich erspähen, rötliches Schamhaar zwischen den Oberschenkeln, die schweren Brüste treffen auf den emaillierten Rand der Wanne, als sie sich niedersetzt. Sie dreht den Hahn weiter auf, das Rauschen nimmt zu und heißer Dampf vernebelt die Sicht.

Ich höre die Schritte auf der Treppe nicht.

- Habe ich doch immer gewusst, dass du hinter den Mädchen her bist!

Die Mutter steht hinter mir und packt mich bei den Schultern:

- Damit ist jetzt definitiv Schluss! Du wirst dein Zimmer mit demjenigen von Tina tauschen!
- Mein Kopf brennt:

- Nein, kommt nicht in Frage!
- Du wirst deinen Plunder noch heute in den Kellerraum tragen. Silvia wird dir dabei behilflich sein.

Ich behalte mein Zimmer unter dem Dach. In den folgenden Wochen vermeide ich den Kontakt mit Silvia. Doch wenn ich sie beim Jäten im Garten beobachte, die Rundungen ihres Hinterteils, ihren nach vorne gebeugten Körper und mir ihren Busen unter dem knappen Mieder vorstelle, sehe ich sie noch immer in der Badewanne nackt vor mir, diesmal ganz nackt.

Da ich seit den Krawallen auf dem Globusareal vorderhand nicht mehr nach Zürich fahren darf, besucht mich Bea in Weinrankendorf. An einem Sonntagmorgen, während die Eltern in der Kirche sind, sitzen wir im Sonnenschein auf der Steinbank im Garten. Als das Glockengeläut das Ende des Gottesdienstes bekanntgibt, machen wir uns auf den Weg, der zum Schloss führt. Hand in Hand schlendern wir durch den Wald. Ich begleite Bea zum Bahnhof. Sie teilt mir mit, dass sie in einem Monat mit dem Studium in Lausanne beginne.

- Schreibst du mir deine Adresse auf?
- Ich schreibe dir, wenn ich dort bin.
- Darauf freue ich mich ... Bea? Ich werde dich vermissen. Nachdem ich Silky verloren habe, bist du nun auch weg. Nein, ich vermisse dich jetzt schon.

Wir umarmen uns, und fort ist sie.

Abiturfeier

Ein düsterer, feuchter Novemberabend. Eine vom Flughafen Zürich-Kloten startende Maschine, die Kurs auf Moskau nimmt, dröhnt über das Stadthaus, einen wuchtigen Barockbau, hinweg. Dunkelheit legt sich wie eine feuchte Decke über unsere Kleinstadt. Es ist ein wichtiger Abend, auf den die Schüler und ihre Eltern sieben Jahre hingearbeitet haben. Durch die geöffnete Balkontür im 3. Stockwerk lässt sich das Stimmen der Instrumente vernehmen, das Gezirpe der Geigen, das Gebläse der Trompeten. Im Entrée das Klirren von Sektgläsern, unterdrücktes Gemurmel. Festliche Kleidung, in schwarzer Kleidung die Damen, in Anzügen die Herren, blankgeputzte Brillengläser. Die Mütter, sie nehmen als Erste Platz im Blauen Saal des Stadthauses. Die Galerie ist bereits mit den Schülern bis zum Bersten voll. Im überheizten Raum schwitzen auch meine Eltern. Als die Uhr der nahen Stadtkirche schlägt, beginnen Nüssli und einige Mitschüler ihr Kammerkonzert. Nun lobt Rektor Althaus Eltern und Schüler in einer kurzen Ansprache. Auf seiner Stirne perlt der Schweiß, sein Hemdenkragen verfärbt sich dunkel. Dann ist es an den Abiturienten und Abiturientinnen, einzeln auf die Bühne zu gehen, sich vor dem Rektor aufzupflanzen, dessen rechte Hand zu schütteln und aus der linken das Zeugnis entgegenzunehmen. Dezenter Applaus, es folgen noch einige Takte Musik. Dann öffnen sich die schweren Seitenflügel des Saals, heraus strömen Eltern und jungen Menschen, eben noch Grünschnäbel, nun mit dem Reifezeugnis ausgestattet. Wann zuvor haben sich diese Jugendlichen mit ihren Eltern in der Öffentlichkeit gezeigt, Kinder, die ihnen nun beinahe entwachsen sind? Einige Schülerinnen machen sich auf, um ihre Freunde aus der sich gratulierenden Menschenschar herauszupicken.

Wenige Stunden zuvor betrete ich das Schulzimmer, einige Mathematikformeln stehen noch an der Schiefertafel. Mit einem siegessicheren Lächeln hat Nüssli die Tür hinter sich geschlossen. Am Pult sitzt Rektor Althaus. Die dicke Hornbrille untermalt sein aufgedunsenes Gesicht. Die matten Deckenlampen beleuchten einen kahlen Schädel. Das Schmunzeln des Rektors gefriert, nachdem Nüssli den Raum verlassen hat. Er räuspert sich: „Ihnen hat es nicht ganz gereicht." Er nimmt ein weißes Blatt und einen grünen Pergamentumschlag zur Hand, rückt die Brille auf die Nasenspitze und blickt nun auf mich, doch mit wenigen Schritten bin ich bei der Tür, an der Reihe meiner Mitschüler vorbei, die gespannt auf ihre Zeugnisse warten, stürze die von unzähligen Schritten abgescheuerten Steintreppen hinunter, durch die schmiedeeisernen Tore ins Freie. Nur weg von hier. Wohin? Das Café, in dem die Eltern warten, ist nur wenige hundert Meter entfernt. Habe ich die wahnwitzige Vorstellung, es gebe vielleicht noch eine rasche Lösung, irgendetwas, das die Eltern tun könnten, um diesen unerträglichen Zustand aufzulösen oder wenigstens zu erleichtern? Doch ich muss einem dreibeinigen Hund ausweichen, der von seiner Besitzerin an langer Leine geführt wird, weiche auf die Straße aus.

Ein entgegenkommendes Auto muss abrupt bremsen, um eine Kollision zu vermeiden. Das Hupen verstärkt noch meinen Wunsch, etwas müsse passieren, um den inneren Druck wegzunehmen. Der Hund hinterlässt einen dampfenden Haufen an der Straßenecke, während ein Mann, eine schwarze Ledermappe tragend, brüllt: „Was fällt dir ein!" Dieser Fahrer müsste sich ein Gewissen machen, wenn der dich totfährt. Auf meinen Kopf deutend, der heute seine langen Haare in einen Zopf gebunden trägt, verschwindet er im Dunkeln. Ich wende mich dem gegenüberliegenden Kaffeehaus Schuhmann neben dem Stadtpark zu. Vielleicht würde mich der Vater verstehen, fände ein tröstendes Wort. Andererseits, die Enttäuschung. Sein Herz könnte versagen! Daran wäre ich schuld. Nein, nicht jetzt. Ich renne weiter, die Stadtstraße hinaus, an der Buchhandlung vorbei, daneben das Musikhaus Hanimann, wo ich im Lauf der Jahre einige Scheiben gekauft habe. Drei Gitarren, ich erkenne eine

Gibson Les Paul, eine Strat und eine billige Klampfe in der weiten Auslage der Schaufenster. Ich bleibe stehen, nehme die mittlere in den Blick, eine Fender Stratocaster, der Gitarrenhals, war er nicht krumm? Ich sehe Alvin Lee vor mir, das Album Cover mit dem Titel „Ssssh"; dessen sanftes Gesicht, die rechte Hand am Griffbrett. Ich vernehme Alvins sehnsuchtsvolle Stimme, höre Lees Gitarre, das Schlagzeug im Hintergrund, den dröhnenden Bass. Doch der innere Tumult lässt sich nicht besänftigen. Die sieben Jahre an der Mittelschule ziehen wie ein Film an mir vorüber, Schweiß rinnt mir die Stirnseiten herab. Der Lärm der herannahenden Straßenbahn, deren Gleise direkt neben der Straße, die unerträglich vielen Menschen auf dem Gehsteig, zudem setzt ein kalter Nieselregen ein. Mir ist schwindlig. Zudem fühle ich mich schuldig, da ich am Abschlusskonzert die klassische Gitarre hätte übernehmen sollen. Ich erbreche an einen Baum der Parkanlage. Um acht beginnt die Schlussfeier, was um Himmels Willen habe ich dort zu suchen? Dann sitze ich im Fond des Autos, wortlos fahren wir heim. Es ist spät geworden. Mutter verschwindet im Schlafzimmer. Ich sitze mit Vater am Stubentisch. Schweigen. Vater hält den Kopf in beiden Händen und beginnt zu schluchzen. Es ist mir peinlich. Silvia reicht eine Schüssel mit Brot und Bündnerfleisch herum. Wir schenken uns Malanser Rotwein ein. Unnötig, dass Vater mich darauf hinweist, man werde morgen über das Ganze sprechen. Niemand hatte bisher auch nur ein Wort über die Zukunft verlauten lassen und es war besser so. Ich eile nach oben in mein Zimmer, mein Kopf ist heiß. Die Dachluke steht weit offen.

Ich zweifle nicht daran, dass es sich für den Sohn aus einer bürgerlichen Familie einfach nicht gehört, im Abitur zu versagen. Es fühlt sich an wie ein tiefer Fall, etwas, das nicht hätte geschehen sollen. Ich denke an den Fetten Armin, der Einzige, der mich in dieser verzweifelten Lage vielleicht verstanden hätte, werfe mich auf mein Bett und drücke mein Gesicht ins Kissen. Ich werde dieses Zimmer nie mehr verlassen, schwöre ich mir. Wenigstens der allmächtige Vater hätte mich retten können! Gottvater, der hatte auch versagt. Der Mann mit dem langen Bart aus Schnorr von Rosenroths Bilderbuch. Sieben magere Jahre, die Story von Josef aus demselben Buch. Ich sehe das Bild des gebeugten Josefs vor meinen Augen, als er von seinen Brüdern weggeht und nach Ägypten verkauft wird. Fort mit dem christlichen Krempel! Ich beiße die Zähne zusammen, reiße mir die Häutchen des Mittelfingers ab, sodass dieser heftig zu bluten beginnt. Ein Peitschenhieb, ein Striemen über den Rücken, der auf meinen Rücken niederprasselt wie damals auf diejenigen der Pferde von Nachbar Hagios. Die alten Griechen nannten ein Wundmal ein Stigma. Laut Schmid, unserem Lehrer für Geschichte, wurden Stiche im Körper angebracht als Zeichen, dass der Träger ein Verlierer war, ein schlechter Mensch!

Vor drei Tagen, bei einem Spaziergang, hat Vater mir ermutigend zugesprochen. Bei einem Bier in der Kneipe „Klosterhof" sagte er zu mir: „Gestern Abend bin ich mit Hans Würth zusammengesessen. Würth ist ein paar Jahre jünger, Farbenbruder aus der gleichen Studentenverbindung „Phönizia", vulgo „Silentium". „Es wird gut gehen. Würth hat mir anvertraut, dass du die lateinischen Texte bisher immer gut interpretieren konntest. Es fehlte etwas an der Präzision, sicher. Aber die Grundaussagen hast du verstanden. Warum sollte das bei den schriftlichen und mündlichen Prüfungen anders sein?" Würth, ein Lehrer mit dunkler Stimme. Der Lateinisch-Texte langsam deklamierte, hatte mein Vertrauen gewonnen. Er hatte zwei Söhne, die ebenfalls im Gymnasium und in der Mittelschulverbindung waren. Meine Noten in Latein waren nie brillant, aber weit über Genügend gewesen. War da ein heller Ton in Vaters Stimme? War er sich der Sache nicht so sicher; versuchte er sogar, sich selbst aufzumuntern? Die Söhne und Töchter von Fabrikanten und Pfarrherren (damals gab es keine Theologinnen), für sie alle war es ein leichtes Spiel gewesen. Diese Klugscheißer mit ihren verfluchten Prahlereien nach den Prüfungen auf dem Pausenhof! Nüsslis überlegenes Lächeln, wenn er seinen Notenschnitt bekanntgab. Gregor verzichtete gar auf Worte, er warf seinen Pferdeschwanz besonders übermütig aus dem Gesicht. Charlotte saß nach der Prüfung rittlings auf der Löwenstatue am Hauptportal und warf allen Ankommenden funkelnde Blicke zu!

Dieses verdammte lateinische Gedicht von Ovid aus Ars amandi – es will mir nicht mehr aus dem Kopf. Warum hatte ich Dummkopf nicht gemerkt, dass es sich um ein Liebesgedicht handelte? Doch warum bringt mir Würth ein Gedicht aus Ars amandi? Ich habe versagt, ich bin glatt durchgesegelt. Ich dachte an die schwarzen Locken Simones, die im Sonnenlicht der Provence so geglänzt hatten. Auf der Maturareise in Arles hatte sie uns mitgeteilt, dass sie sich in einen Medizinstudenten im ersten Semester verliebt hatte. Von wegen Verliebtheit! Das mit Priska damals war nur ein Strohfeuer gewesen. Wie schnell folgte doch damals die Ernüchterung!

Meine Gedanken kehren zum Abitur zurück. Die ersten Jahre in Latein drückten wir unsere Hintern bei einem Mann platt, der seinen Glatzkopf jeden Morgen mit einer Politur einbalsamierte. Er schielte den Schülerinnen in den vordersten Bankreihen gern unter die Miniröcke und nutzte jede Gelegenheit, ihre braunen Beine in Augenschein zu nehmen. Der Ruf eilte ihm voraus, Schülerinnen, die ihn besonders anzogen, zu bevorzugen. Er rundete ihnen gern eine Note auf, wenn sie ihn anlächelten. Simone trug daher immer den Minijupe mit dem schottischen Muster in seinen Lektionen, der ihm besonders gefiel.

In der fünften Abiturklasse sagt er uns mit schelmischem Lächeln, wir würden das Werk „Ars Amandi" von Ovid nie vorgesetzt bekommen. „Euch Grünschnäbel geht das nichts an! Ars Amandi! Das Kamasutra der Römer", murmelte er, als er uns die Prüfungsblätter zu einigen Hexametern der „Metamorphosen" desselben Autors austeilte. Er wurde aufgrund von elterlichen Reklamationen fristlos entlassen. Danach kam Würth. Nun bin ich ihm auf den Leim gegangen. Der Scheißer hatte mir das Abitur vermasselt. Hat er mir doch ein Gedicht ausgewählt, dass ich niemals erwartet hätte. Ein sinnliches Gedicht über zwei Liebende, die sich an einem Gastmahl treffen.

Ja, genau so war es gewesen. Als ob wir uns nicht durch unzählige Werke lateinischer Autoren durchgebissen hätten: Seneca, Horaz, Vergil. Hatten wir nicht über die rechte Lebensführung römischer Adliger bei Horaz, über die Hirtengedichte Vergils lustig gemacht? In der zweiten Klasse bereits die blutigen Kriege Caesars „De bello Gallico" gelesen? Ich war davon ausgegangen, dass Würth mir eine kriegerische Begebenheit oder ein bäurisches Gedicht vorlegen würde. Um Himmels Willen! Wer hatte denn schon daran gedacht, dass ausgerechnet in einer Abiturprüfung ein erotisches Gedicht vorkommen würde? Ein Bereich, der mich zwar in Atem hielt wie kein anderer. Träumte ich nachts nicht von jungen Frauen und wachte in feuchten Pyjamahosen auf? Zogen nicht junge Frauen auf der Straße meinen Blick auf sich? Doch nicht bei Würth. Doch nicht Erotik. Würth hatte nie ein Wort über Ovids „Ars Amandi" verloren.

Zum selben Gastmahl wie wir will dein Mann gehen – ich wünschte sehnlichst,
Für deinen Mann wäre es das letzte Bankett.
Nur als einer der Gäste werd' also mein Mädchen ich sehen?
Wird es der andere sein, der Lust spürt, wenn du ihn berührst?
Wärmen des anderen Brust wirst du, dich eng an ihn schmiegend?
Jener legt, wenn er will, dir um den Hals seinen Arm, küsst Dich gar?
Wundre dich nicht, dass beim Wein die Tochter des Atrax die Männer
Mit der Zwittergestalt in einen Waffenkampf trieb!
Wer in unserem Volk die Kunst zu lieben nicht lernet,
Lies und liebe, belehrt durch den schönen Gesang,
Schnelle Schiffe bewegt die Kunst durch Segel und Ruder,
Wagen kann man durch Geschick lenken, die Liebe durch Kunst.

Über diese Verse war ich wie ein Stümper gestolpert. Nun gingen sie nicht mehr aus dem Kopf. Wann hatte ich letztmals einen Arm um den Hals einer Frau gelegt, zum Beispiel Beas? *Fuck it, fuck the World*. Jetzt brachte ich das verdammte Gedicht nicht mehr aus dem Kopf.

Apropos Erotik. Wie geht es wohl Bea? Na klar, sie lebt in Lausanne, aber das war ja nicht am Ende der Welt. Warum nur hatte ich ihr nicht mehr geschrieben? Sicher hatte sie mich längst durch einen anderen Mann ersetzt. Natürlich war ich neugierig, doch ich spürte, dass ich kein Recht darauf hatte. Sie war eine Frau, die ungern länger allein war. Sie war anziehend und sie konnte das Zusammensein mit einem Mann jederzeit interessant gestalten. Ich musste mir eingestehen, dass ich den Faden zu ihr aus der Hand gegeben hatte.

Meine Gedanken kehren zu meiner Misere zurück. Mit einer halben Note mehr hätte ich es geschafft. Verdammt, da stimmte doch etwas nicht. Wie kann ein so kleiner Unterschied so bestimmend sein? Wurden doch, seit ich diese korrupte Schule besuche, dauernd Noten aus Gefälligkeit gerundet. Diese verfluchten Mathematiker, hier nahmen sie ihre Kunst nicht so genau. „Leider werden die Noten nicht nach den Regeln der Mathematik ermittelt, sondern liegen im Ermessen des Lehrers." Wer hatte mir das zugeflüstert? Ich weiß es nicht mehr. Wie konnte diese Lehrerschaft, allesamt Dreckskerle, so niederträchtig sein? Ging es am Ende gar nicht um Noten, sondern um etwas ganz anderes? Wollten die Deppen Vater eins auswischen? War die Schulleitung der stolzen, katholischen Hauptstadt der Auffassung, dass einem Mittelschüler aus dem provinziellen Weinrankendorf, zumal er einen evangelischen Vater in der Kirchenpflege hatte, eins auszuwischen sei? Die unvernünftigen Sauhunde, jeder von denen hätte die Note etwas aufrunden können.

Wie oft habe ich mich als Bub aus der Dachluke und danach auf eine Birke geschwungen und bin an ihren Ästen in den Garten hinuntergeklettert? Auch jetzt hangle ich mich aus dem Fenster. Die Mondsichel erscheint am Himmel. Ich klammere mich mit den Händen zwischen den Ziegeln fest und drücke die Knie in die Dachrinne. So robbe ich höher. Diesmal nehme ich die direkte Route zum Dachfirst. Als der Mond durch die Birke bricht, sitze ich rittlings neben dem Kamin. Der Wind weht mir durch die Locken ins Gesicht. Unterhalb der einige Meter entfernten Dachkante breitet sich Dunkelheit aus. Ein guter Moment fürs Abtreten, den Sturz ins Dunkel vor mir. Komm in meinen Bauch, hier riecht es nach Holz. Es ist warm. Da fühlst du dich geborgen. Riecht nicht dieses vor mir liegende Leben nach Aussichtslosigkeit? Was sollte jetzt werden? Ich weiß es nicht. Wer würde mir einen Ausweg aus dieser Lage, die mir die Kehle zuschnürte, verschaffen? Keine Ahnung. Die anderen waren doch alle mit sich selbst beschäftigt. Ich fühlte mich von Würth belogen, hatte er mir doch immer wieder versichert, dass es in seinem Fach gutgehen werde. Doch dass ich ihm glaubte, ich Arschloch – bin ich denn so naiv? Ich sitze hier mit meiner Pein allein. Rittlings auf dem Dachfirst beginnen mich die Hoden zwischen den Beinen zu schmerzen. Ich werde mich nun gleich in das steile Dach stürzen, einige Meter tief hinunterfallen auf die Granitplatten, ein paar Sekunden, dann ist es vorbei: „It's All Over Now, Baby Blue". Nun, nun musste es sein. Das Geräusch eines vorbeifahrenden Autos erschreckt mich. Ein Hund in der Nachbarschaft bellt. Entmutigt durch die Störung, lasse ich mich durch die Dachluke auf den Bürotisch, dann aufs Bett fallen. Das Einzige, was mir helfen könnte, mit der Bedrängung umzugehen, ist ein Waldlauf. Schnell, schnell.

Um fünf in der Früh schleiche ich mich aus dem Haus, nehme eine Büchse irgendwas und Studentenfutter mit und mache mich davon. Den Hügel hinauf, ohne Ziel, das Schloss beachte ich diesmal nicht. Ich scheuche eine Rehmutter und ihr Kitz auf, höre das Dröhnen der Propeller eines herannahenden Flugzeugs und das Klopfen eines Buntspechts an einem Stamm. Ist hier nicht die Lichtung, wo man Ray gefunden hat, nachdem er sich an einem Ast erhängt hatte? Vom Waldrand her sehe ich die Sonne über den Hügeln der anderen Talseite auftauchen, ein goldener Ball. Auf der Bergkuppe halte ich nicht inne, hetze weiter zum Weiler Germelshausen. Ein Bauer fährt die Milch in die Käserei. „Was macht der junge Mann hier um diese Zeit", sagt sein erstaunter Blick. Ich trage einen eiskalten Stein in mir, der durch diesen Blick noch kälter wird. Auf der Nordseite des Berges bei einer Rodung stehen die niederen Ställe der Schweinemästerei, die sich in den Schatten der Tannen drücken. Ich besuchte Bauer Krüger eines Nachts mit meinem Vater. Es war ein Notfall, eine Muttersau war an der hoch ansteckenden Schweinelähmung erkrankt. Nach der Behandlung habe Krüger dem Vater mitgeteilt, er sei vor einigen Jahren aus der Schlacht um Stalingrad zurückgekehrt. Er sei bei Gumrak stationiert gewesen. Vater zeigte Interesse. Später holte Vater sein Fotobuch über den 2. Weltkrieg und zeigte mir die Bilder, die Hölle von Stalingrad, die entstellten Leichen im Schnee. Bei weiteren Besuchen habe Krüger nur noch das Allernötigste mit ihm gesprochen.

Krüger wäscht seine Futtertröge. Als er mich erkennt, wendet er sich mit mürrischem Blick ab. Weiter spurte ich, den Wegen durch die Felder der Bauern folgend. Die spätsommerliche Wärme nimmt zu. Ich frage eine Bäuerin nach dem Weg zum Morchel-Weiher. Sie runzelt die Stirn: „Ja, da haben sie sich übernommen, junger Mann. Das sind noch ungefähr drei Stunden." Fragte ich nach *der Dauer*, denke ich. Ich wollte eine Wegbeschreibung. Um die Mittagszeit lege ich mich an den Waldrand beim See. Ich ziehe eine Büchse mit Corned Beef aus dem Rucksack, doch ich stecke sie zurück. Mir fehlt der Appetit. Im See entkleide ich mich und springe ins Wasser. Als ich bei Dunkelheit heimkomme, sitzt der Vater lesend in der Stube. Er schaut kurz auf: „Morgen mal drüber sprechen, wie es weitergeht?" „Gute Nacht, Vater."

Während der kühlen Herbsttage nach den Schrecken des verpatzten Abiturs liege ich stundenlang grübelnd auf dem Bett.

Wie sollte mein Leben weitergehen? Es gibt keine durchführbaren Möglichkeiten, so scheint es mir. Ich strecke mich nach dem Nachtessen aus und starre durch die Dachluke in den Sternenhimmel. Die Eltern bestanden früher auf unseren Besuch der „Sonntagsschule", des Sonntagsunterrichts im Pfarrhaus. Ich vertrieb mir jeweils die Langeweile, indem ich durch meine Fingernägel bis auf die Fingerkuppen abbiss. Meine Nagelbetten waren oft blutig und entzündet. Ich schaue meine Fingernägel an, richtig, ich habe wieder mit dem Knabbern begonnen.

Der Unterricht bestand aus einer gründlichen Einführung in den Bibeltext. Aus diesen Geschichten ging hervor, was alles stets verboten war: man durfte nicht lügen und stehlen, man musste die Gesetze Gottes stets befolgen (woher diese kamen, wusste ich nicht), man musste den Namen des Allmächtigen ehren (was das bedeutete, wusste ich nicht). Wir starrten auf den Spruch an der Wand: „Wo Glaube, da Liebe, wo Liebe, da Friede; wo Friede, da Segen; wo Segen, da Gott, wo Gott, keine Not." Das Bild daneben, eine Birkenallee, im Hintergrund blasses Blau, in der Mitte der Schriftzug „Gottesdienst". Die Lehrerin, eine weißhaarige Frau, trug immer dasselbe schwarze Kleid mit den grauen Flecken. Sie stand neben der Tafel und wanderte durch die Bankreihen. Es war verboten, herumzuschauen und so stand sie plötzlich hinter mir. Sie tadelte mich, weil ich ein Mädchen vor mir an einem Haarbüschel gezogen hatte: „Wenn das wieder vorkommt, gibt es eine Mitteilung nach Hause!" Sie schaute mir nicht in die Augen, sondern wandte den Blick demütig nach oben in eine ungewisse Ferne. Sie machte uns die Hölle mit dem Teufel heiß. Darf denn Gott Menschen in die Hölle schicken? Die Behauptung der Bibel lautet: Gott wäre gerecht, wenn er uns alle bestrafen würde. Nicht wir sind gute Menschen (und Gott auf der Anklagebank), sondern allein Gott ist gut. Hatte ich bereits die gerechte Strafe bekommen für meinen Übermut? Das hat er doch schon bei Adam und Eva gezeigt. Erwartete ich nicht bis zu dieser Prüfung insgeheim, dass die Eltern und Gott, beide zusammen, es richten würden? Redete ich mir nicht bis zum Abitur immer ein, wenn man das Beste gäbe, käme es gut heraus? Und wo Gott ist, keine Not? Haha; zum Lachen. Ich muss mir nicht die täglichen Radionachrichten anhören. Mich selbst hat die Not erfasst. Ein stürmischer Wind erfasst diese bisher für wahr gehaltenen Säulen meiner Ideologie und stürzt sie in Trümmer. Ab sofort war ich definitiv aus dem Paradies verstoßen. Einmal mehr dachte ich an Wurster und Pfau. War es nicht zehn Jahre her; damals als ich bei der Prügelei schockiert war? Mein harmonisches Weltbild hatte damals den ersten Riss bekommen. Diesmal war es nicht rohe Körperkraft gewesen, die mein Gleichgewicht ausgehobelt hatte, sondern, ja, die Liebeskunst der Römer. Dazu kam der innere Konflikt. Wenn ich ehrlich zu mir war, konnte ich keinesfalls wie Nüssli an diesen Gott glauben.

Ihr Kinder müsst möglichst rasch eigenständig werden, hatten die Eltern uns eingeprägt. Die Hauptsache, Frau und Mann waren und blieben eins. Was danach geschehen sollte, waren die Kinder. Für uns als Nachwuchs galt einerseits die Methode einer Erziehung zur raschen Selbständigkeit, anderseits aber im besten Fall für immer an sie gebunden zu bleiben (durch Schutz, Ordnung, Sauberkeit): „Wäre doch schön, wenn du auch während des Studiums jedes Wochenende heimkommst, hinterlass bitte dein Zimmer immer sauber!"

Die Eltern schlagen vor, dass ich die Klasse wiederhole. Damit habe ich nach den Sommerferien begonnen. Und das Abitur nach einem Jahr nachgeholt. Aber die Lust, mir von Dozenten Stoff vorkauen zu lassen, ist mir gründlich vergangen. Davon habe ich die Nase gestrichen voll.

Meine ältere Schwester Tina besucht das theologische Seminar in Zürich. Sie will Seelsorgerin werden. In den Monaten nach der Schule treibe ich mich häufig in Zürich herum, sitze am Limmatquai, rauche und trinke Bier. Die Gitarre habe ich immer dabei. Ich lerne in verschiedenen Tonarten Blues zu spielen. Tina nimmt an meinem düsteren Seelenzustand teil. Sie lädt mich gelegentlich zu Nachtessen mit ihren Mitstudenten ein. John und Gretchen sind ein amerikanisches Paar, das kurz vor den Abschlussprüfungen steht. Sie sind in einer amerikanischen Freikirche aufgewachsen, sehr gläubig und wollen mich zum Theologiestudium bewegen. Schon wieder, wie Tina ehemals. Sie hat die Hoffnung längst aufgegeben. Während des Studiums habe ich Gottes Fingerzeige ausgeschlagen. Für mich ist er immer noch der „Liebe Gott" mit seinem zornig-strengen Naturell, wie ich ihn aus den Bildern von Schnorr von Carolsfeld in Erinnerung habe. Oder eben nichts. Ich sage, ich werde es mir überlegen. Amen.

Durch Tina lerne ich auch Stefan kennen, einen großgewachsenen Mann mit schlaksigem Körper. Wöchentlich besuchen wir zusammen eine Sauna. Bei einem Teller Spaghetti im Restaurant „Zum Sänger" berichtet er mir über seine Arbeit. Er ist verantwortlich für die Seelsorge am städtischen Spital. Dort herrscht ein Mangel an Hilfspflege-Personal. Schon eine Woche später trage ich die weiße Berufskleidung. Ich beginne morgens um sieben. Oft gibt es abends Überstunden, bis alle Patientinnen versorgt sind. Es ist ein Handwerk, bei dem ich kräftig anpacken muss. Ich versorge viele Krebskranke, einige im letzten Stadium ihres Lebens. Ich bin entsetzt über die nackte Hilflosigkeit vieler Menschen. Wenige kriegen Besuch. Einige freuen sich, wenn ich an ihrem Bett sitzenbleibe und mit ihnen rede. Während eines Nachtdienstes stirbt ein Mann, als ich ihm Tee ans Bett bringen will. Auf seinem Nachttisch liegt ein Stetson-Hut, an den Füßen trägt er Cowboystiefel. Hat er vom nahen Ende gewusst und sich seine wichtigsten Kleidungsstücke übergezogen? Tage zuvor hat er mir erzählt, dass er – aufgewachsen im Emmental – sein Erwachsenenleben in San Francisco zugebracht hat. Nachdem seine Angehörigen und Familie, alle im Süden Kaliforniens wohnhaft, gestorben sind, ist er in die Schweiz zurückgekehrt. Seine braunen Zähne zeugen davon, dass er stets schwerer Raucher war. Nach der Kaffeepause am folgenden Morgen flüstert mir die Krankenschwester zu: „Ich gebe dir einen Auftrag, für den du eigentlich zu jung bist." Ich soll den Verstorbenen in die Aufbahrungshalle des Spitals überführen. Kein Problem, das mache ich gern für ihn. Ich nehme den Warenlift in das Untergeschoss. Dann stoße ich die Pritsche mit dem Leichnam durch einen langen Tunnel, an dessen Ende sich die Aufbahrungsräume befinden. Raum fünf wurde mir zugewiesen. Es ist kalt wie in einem Kühlschrank. Der Raum erinnert mich an den Behandlungsraum in Vaters Tierarztpraxis – nur dass er viel größer ist. Auf der einen Seite befinden sich Vitrinen. Hier sind menschliche Organe unterschiedlicher Größe eingelagert. Es können Herzen oder Lungen, Embryos oder Nieren sein. So genau kann ich das nicht sagen. Auf der anderen Seite sind Schubladen, durch deren Glasfront die Füße von Leichen zu erkennen sind. Die Fußgelenke sind durch Etiketten gekennzeichnet. An den Zehen sind ebenfalls Etiketten mit den Namen der Verstorbenen angebracht. Auf einem fahrbaren Gestell liegen unter Plastikfolie verschiedene Instrumente. Ich habe nun meinen entschlafenen Patienten in eine Schublade zu schieben, deren Ziffer mir bekannt ist. Die Beleuchtung ist spärlich. Ich habe schon viele tote Tiere gesehen. Aber Menschen, zerlegt in ihre Organe! An diesem Abend koche ich mir im Spitalzimmer ein einfaches Nachtessen und sinke erschöpft ins Bett. Ich schrecke auf, hellwach: Ich bin in einer Bar im Oberdorf in Zürich. Eine Dame, in glänzendes Schwarz gekleidet, lächelt mir zu. Ich lächle zurück. Plötzlich kommen einige Männer, alle in grauem Anzug gekleidet, durch den Raum auf mich zu. Ich sehe, dass sie keine Köpfe haben. Mein Blick sucht die Dame in Schwarz, doch sie ist verschwunden. Die Anzüge der Männer verfärben sich hellrot, dunkler, dann läuft eine dunkelrote Flüssigkeit an ihnen herunter. Ich will den Raum verlassen, doch ich finde keine Türe mehr. Der Alptraum lässt mich nicht mehr einschlafen.

Ich gehe mit Stefan wieder in die Sauna. Ich erzähle ihm von dem Mann mit dem Stetson-Hut. Stefan hat einen Onkel, der bei einer Autofirma in Kalifornien arbeitet. Hat er ihn besucht? Ja, es war interessant gewesen. Als wir in der Saunakammer Platz nehmen, macht ein kahlköpfiger Typ mit rundlichem Bauch, dem das umgebundene Badetuch nur eine Handbreit bis unterhalb des Bauchnabels reicht, Anstalten für einen Wasseraufguss. Es riecht streng nach Eukalyptusöl. Die Menschen sitzen dichtgedrängt auf drei Etagen. Der Typ schüttet mehrere Kellen Wasser auf den Ofen. Es wird so heiss, dass ich nach Luft schnappe und den Raum bald verlasse.

Stefan lädt mich in seine Wohnung am Zürichberg ein. Ich sitze auf dem Balkon, der den Blick auf den See freigibt, auf dem sich viele Segler tummeln. Stefan entkorkt eine Flasche Weißwein und wirft ein Steak auf den Grill. Bis vor kurzem habe seine Freundin Dorothee hier gelebt. Er gehe dreimal pro Woche in Selbsterfahrungsgruppen, um sich in der Umgebung von anderen besser kennenzulernen. Er redet von Gestalttherapie, einer Gruppentherapie, die von Fritz Perls, einem deutschen Psychiater, entwickelt wurde. Der Therapeut, Saul Carter, leite im Esalen Institute Gruppen in dieser Methode. Gruppenmitglieder können sich mit einem „Problem" melden, worauf der Gestalttherapeut einige Fragen stelle. Entweder löse sich das Problem durch die Fragen des Therapeuten und die Rückmeldungen der Gruppe – oder es komme zu einer „Hot Seat-Arbeit". Dabei bearbeite ein Gruppenmitglied auf dem „Heißen Stuhl" sein Problem und überprüfe über Rückmeldungen durch die anderen Gruppenmitglieder eine neue Sicht- oder Verhaltensweise. Thema sei immer wieder das Verhältnis zu den Eltern, die Ablösung von ihnen. Gestern Abend habe er den Gruppenleiter gefragt, was der Unterschied zwischen einer Gestalttherapie- und einer Körpertherapiegruppe sei. Saul habe ihm darauf gesagt, er habe ihn durchschaut:

Du willst durch gewinnende Fragen im Mittelpunkt stehen, getraust dich im Grunde genommen nicht.

– Gewiss nicht!

- Ok, nun nimmst du für zwanzig Minuten meinen Stuhl, du wirst die Gruppe an meiner Stelle leiten!

Er habe in die Runde geblickt, Totenstille. Dann habe er sich einen Ruck gegeben. Die Idee kam ihm auf dem endlos lang scheinenden Weg zum Platz des Therapeuten, der sich seinerseits auf Stefans Stuhl setzte. Er habe die Rolle eines Dirigenten eingenommen, die Gruppe nach Tenor, Sopran, Bass und Alt aufgeteilt, die ganze Szene in eine Kirche verlegt und nach einem kurzen „Chorauftritt" den Applaus der Gruppe eingeheimst.

Stefan holt einen Katalog über das Programm des Esalen Institute in Kalifornien aus einer Schublade. Die Überschrift lautet: „Mindfulness: Regenerating Ourselves and the World". Ich bin begeistert. Bilder von lachenden Menschen, die in Gruppen in einem hellen Raum auf einem Holzboden sitzen. Eine Küste, von Büschen durchsetzt, die steil ins offene Meer abfällt. Nackte Menschen, die in einem saunaartigen Felsgewölbe sitzen. Das muss wohl eine paradiesische Ecke der Erde sein.

Es ist November geworden. Ich freue mich auf unseren wöchentlichen Sauna Tag. Im Restaurant Bierquelle redet er sich in Begeisterung über die Gestalttherapiegruppen hinein. Jovial fügt er hinzu, dass er da auch mit sympathischen Frauen ins Gespräch kommen könne. Über diese Gestalttherapie habe ich noch nichts gehört. Ich lese gern Sigmund Freud und C. G. Jung. Vor allem die Bücher zur Traumdeutung verschlinge ich. Von Nüssli habe ich schon seit langem nichts mehr gehört. Vermutlich wendet der streng gläubige Nüssli sich strebsam dem Medizinstudium zu und bleibt seiner Kirche treu. Ich denke daran zurück, dass wir einmal, vor ein paar Jahren, noch nebeneinander auf der Kanzel gestanden hatten, als der Pfarrer uns zur Mitarbeit am Weihnachtsgottesdienst aufgerufen hatte. Nüssli sollte die Weihnachtsgeschichte vorlesen, während ich drei Weihnachtslieder auf der akustischen Gitarre begleiten sollte. Ich war so nervös, dass ich, nachdem ich mich von der Bank erhoben hatte, mit zitternden Knien zum Altar ging. Aber es verlief alles gut.

Stefan sagt zu mir:

- Du rennst vor dem Ernst des Lebens davon. Statt dass du eine Bindung zu einer Frau suchst, rennst du dem Hippie-Ideal einer von bürgerlichen Zwängen und Tabus befreiten Lebensweise nach.

Ich zucke mit den Schultern.

- In der Gestalttherapie üben wir die Ablösung von unseren Eltern. Du hast dich noch nicht von deiner Mutter gelöst. Du bist nicht abgenabelt. Lieber jagst du deinen Idealvorstellungen nach.
- Wie kommst du darauf? Und wieso ist das so wichtig?
- Du hast keine Freundin. Es scheint mir, dass du keiner Frau vertrauen kannst. Mit Sicherheit existiert sie nur in deinen Fantasien: deine perfekte Frau.
- Ja, das ist nicht so einfach mit den Frauen. Ich hätte schon gerne eine.
- Lerne doch einen vernünftigen Beruf, zum Beispiel Sozialarbeiter. Dann ist Schluss mit plattdrücken deines Arschs auf der Studienbank. Dann stehst du auf eigenen Beinen. Dir liegt es, mit Menschen zu arbeiten.

Stefan verlässt die Bar. Er will schlafen gehen, um frühmorgens pünktlich an seinem Arbeitsplatz sein zu können.

Abschied

Heute ist morgen schon gestern. Eine Zeitspanne von vier Jahren zieht schnell vorbei. Vom Waldrand her nähert sich ein Auto und stoppt beim „Sonnenberg". Es ist nicht ein Ford Granada, wie ihn die Eltern kutschieren, es ist ein Triumph TR6, Hubraum: 2.467 ccm, 4-Gang-Schaltung mit Overdrive, von 0 auf 100 in 10.7 Sekunden, dunkelgrüner Lack. Mit den Eltern zu wandern, kam mir vor, wie ein Gang durch eine öde Wüste. Ich hätte es bevorzugt, an diesem sonnigen Nachmittag an einem Waldrand zu sitzen und Gitarre zu üben. Vermutlich musste die Mutter, wie früher, als ich ein Kind war, sich die Lockenwickler aus den Haaren nehmen. Sie trägt frische Dauerwellen. In Papas Augen sieht sie bezaubernd aus. Ich finde diese aufgemotzte Frisur zusammen mit den Augenfältchen, den spiegelnden Brillengläsern und der dick aufgetragenen Schminke furchtbar. Indessen ziehe ich frühmorgens auch an meinen zu kurzen Backenkoteletten herum, um wie Elvis auszusehen.

Mutters Falten werden um Mund und Augen noch tiefer:

- Dass du nun den ganzen Tag mit deinem Cabriolet durch die Gegend herumfurzest, bereitet uns Angst und Schrecken. Du hättest mit uns fahren können, aber nein, du wolltest partout dein Cabriolet, das die Nase beinahe auf der Straße hat, ausfahren. Und du hast schon Bier getrunken.

Ich spüre die Röte aufsteigen.

- Lass mich in Ruhe! Ich bin doch nicht mehr sechzehn!
- Du benimmst dich schrecklich unreif.

Papa bisher wortkarg, mischt sich ein:

– Keine Widerrede, recht hat sie. Zu meiner Zeit war ich mit einem Rennvelo unterwegs, die geschwungenen Lenkräder kamen damals auf. Freute mich immer, samstagnachmittags mit meinen Freunden zum Fluss runterzufahren, danach auf ein Bier in die Altstadt. Mutter wollte, dass wir zum Nachtessen wieder zu Hause sind.
– Du warst immer ein Arschkriecher.

Wir gehen eine halbe Stunde. Schweigen. Dann bleiben wir stehen, starren uns an wie kämpfende Hähne. Der Fußweg verblasst vor uns in hellgrüner Ewigkeit. Der Wald steht eng um uns, Birken, Buchen, Tannen. Ich kann nur ein kleineres Stück Himmel sehen, die Brust wird eng und ich kann kaum noch atmen. Schweiß steht mir auf der Stirn. Zunehmend in die Enge getrieben, wie ein Panter im Zoo, der von einem Käfigende zum anderen wechselt, ahne ich meinen lodernden Blick, ich ahne, wie ich ihnen erscheinen muss, wie sie über mich urteilen. Ich denke an den TR6, den mir Stefan per Annonce in einer Sportwagengarage vermittelt hatte, gleichentags fuhr ich mit dem Zug nach Bern. Dann die Rückfahrt im Auto – stolz auf Nebenstraßen, nicht über die Autobahn, sondern über Konolfingen, Lenzburg und Baden nach Zürich. Ich fühle Tränen in mir hochsteigen, die ich nicht herauslassen will, nur diese eine rinnt über die Wange, meine Eltern sehen es nicht. Mein Blick wandert in die Bäume. Dunkelgrün. Der TR6 hat dieselbe Chlorophyllfarbe.

Die Sonnenstrahlen dringen nun beinahe waagrecht durch das Geäst. Plötzlich fühle ich Zorn in mir aufsteigen. Ich brülle:

– Ihr könnt mich mal!
– Wir wollten dir nicht wehtun.

Das war Vater.

– Ich habe die Nase voll davon, an Wochenenden immer mit euch spazieren zu gehen.

– Komm, später nehmen wir einen Drink zusammen im „Sonnenberg".

Vater hat es gesagt, er kann keinen Streit ohne sofortige Aussöhnung ertragen.

Ich denke an Monika Fischer zurück. Letztmals hatte ich sie vor dem Haus ihrer Eltern angetroffen, als ich von einer Wanderung mit Silky zurückkam. Das war wohl acht Jahre her. „Ich gehe bald weg und komme niemals wieder", sagte Monika und blickte ruhig in meine Augen. „Du weißt, meine Eltern …" Ich erwiderte ihren Blick, darauf war ich nicht vorbereitet. Doch ihr Blick sagte mir, dass ich keine Zweifel an ihren Worten hegen sollte.

– Warum gehst du fort? Und wohin?
– Meine Eltern haben mich bis vor kurzem mit Schlägen dazu gezwungen, mich für Arbeit in Haus und Garten und anderen Kram gefügig zu machen. Reto geht bei uns ein und aus, wie er will. Er setzt sich damit durch, auf seinem Schlagzeug zu spielen, sooft er will. Schließlich will er Profi werden. Reto, ein Profimusiker: dass ich nicht lache! Er ist zu wenig zielstrebig dafür.
– Nie hast du früher ein Wort darüber zu mir gesagt. Warum nur? Doch wohin gehst du?
– Das kann ich dir jetzt nicht sagen.

Sie schlug das Gartentor hinter sich zu. Fort war sie. Ich habe Monika nie mehr gesehen.

Ich erinnere mich daran, wie Reto mir die Nase eingeschlagen hatte. Nie hatte er sich dafür bei mir entschuldigt. Einen Augenblick bin ich noch unschlüssig. Mutter sagt, Jugendliche müssten sich den Erwachsenen unterordnen. Doch den Rest ihrer Äußerungen höre ich bereits nicht mehr. Ich stolpere durchs Unterholz davon, entschlossen, meine Eltern nie mehr wiederzusehen. Ein Busch mit Blättern, rote Beeren, die mich an

Preiselbeeren erinnern. Ich werfe mir einige in den Mund, sie schmecken süß. Es sind keine Preiselbeeren, soviel ist sicher. Ich spucke aus, zu spät. Mein Magen zieht sich zusammen und ich werfe mich ins Moos. Mein Mund ist völlig ausgetrocknet; der Rücken krümmt sich. Ich halte meinen schmerzenden Bauch. Dann kotze ich, was noch im Magen ist. Ich gehe zurück zu meinem Auto – irgendwann würde ich den Eltern den Rücken kehren, genau wie Monika es getan hatte. Am liebsten ginge ich weit weg, nach Kalifornien, wo heute Greatful Dead und Creedence Clearwater Revival live auftreten, wie ich in einer Musikzeitschrift gelesen habe.

Im Sommer des Jahres 1974 tritt Richard Nixon von seinem Amt als Präsident zurück. Ich bin nicht ins Ausland verreist, aber ich habe die Verbindung zu meinen Eltern durchgeschnitten. Lange! Dieser Spaziergang damals im Wald schien mir ein endgültiger Bruch mit ihnen. Ich habe Stefans Vorschlag ernst genommen und den Beruf des Sozialarbeiters erlernt. Seit dem Frühjahr bin ich in diesem Beruf tätig. Montag, Mittwoch und Freitag um fünfzehn Uhr klopft es an der Türe. Max, mein Vorgesetzter, schwarze Koteletten, Oberlippen- und Kinnbart, weichherziger Blick aus blauen Augen, fragt mich in seinem Weinländer Dialekt: „Hast du das Gutachten „Fenner" abgeschlossen? Ende der Woche muss ich es dem Bachmann im Zentralsekretariat in Wadenlangen vorlegen." Er zieht an seiner Zigarette. „Don't Think Twice It's All Right", sage ich zu Max. Natürlich interessiert sich Max nicht für Bob Dylan. Doch er grinst. Er, dessen Frau in einem lokalen Kammerorchester spielt, verfügt über ein Konzert-Abo in der Tonhalle Zürich. Ich spüre aus den Gesprächen mit Max, die von schwierigen beruflichen Aufgabenstellungen handeln, dass er meine Fähigkeiten im schriftlichen Ausdruck schätzt. Also kein Problem. „Du kannst es mir morgen vorlegen, falls du willst, ich werde es unterschreiben." Das bedeutet heute Mehrarbeit, was mir kaum etwas ausmacht, da ich heute Abend sowieso nichts vorhabe. Ich gestehe mir selbst nicht ein, dass ich diese Gutachten gern schreibe.

„Du bist unser Schreiber." Mit diesen Worten komplimentiert mich Max hinaus.

Während der Arbeit im Jugendsozialdienst Düblingen ist das Rauchen eine Selbstverständlichkeit. Norbert zieht bereits um neun seine Tabakpfeife aus der Jackentasche und Rolf genehmigt sich in der Einbauküche, wo wir uns um zehn Uhr zum Pausenkaffee versammeln, eine Havanna. Max und Annedore (68igerin) bevorzugen Zigaretten. Dazu trinken wir zweimal morgendlich starken Kaffee. Max sagt mir anlässlich einer Einladung zu sich nach Hause, dass Rauchen die Arbeitsleistung steigere. Das glaube ich ihm nicht. Während ich Berichte für das Sozialamt schreibe, rauche ich kräftigen englischen Tabak, der mir zunächst auf der Zunge brennt. Der Pfarrerssohn und Psychiater C. G. Jung, den ich früher bewundert habe, hat sein Buch „Typologie" in den Rauch seiner Pfeife eingehüllt geschrieben.

Im September 1976 endet die langjährige Diktatur Mao Zedongs mit seinem Tod. Jedes Jahr vor Weihnachten gehen wir zusammen essen. Wir trinken Wein und erinnern uns bei ausgelassener Stimmung an die Geschehnisse des vergangenen Jahres. Anfangs Januar 1977 sitze ich am Schreibtisch im Jugendamt, nippe am Kaffee und rufe mir ins Gedächtnis, dass mir die Sozialarbeit zunehmend widerstrebt. Meine Stirn brennt. Es fällt mir immer schwerer, die Bankkonten von Waisenkindern zu verwalten, Halbwüchsige in Heime zu stecken, Gutachten über kriminelle Jugendliche zu schreiben, obschon ich gerne schreibe, seit der Kindheit Notizbuch um Notizbuch fülle. Während der Ausbildung musste ich einige Kinder- und Jugendheime besuchen. Diese Heime dienen der Erziehung Halbwüchsiger; doch was ich sah, hat mich nicht vom Sinn dieser pädagogischen Maßnahme überzeugt. Die Inneneinrichtung erschien mir so steril wie diejenige in einem Gefängnis. Die Erziehungspersonen gingen zwar mit den Jugendlichen freundlich um. Sie verbrachten endlose Zeit in fachlichen Sitzungen und sogenannten Fallbesprechungen, an denen ich oft etwas gelangweilt teilnahm.

Viele der jungen Insassen zeigten sich dankbar für jede Form von Zuwendung. Ich nahm mir während meiner Besuche etwas Zeit und habe durch sie gelernt, Ping Pong oder Tischfußball zu spielen. Tina und Stefan haben jedenfalls im Ping Pong gegen mich keine Chance. Welcher Teufel hat mir diesen Job eingebrockt, in welchem man dauernd andere verwalten muss und wir selbst von oben unter Druck stehen? Mein letzter Auftrag bestand darin, die fünfzehnjährigen Zwillinge Elsa und Hanna in einem Jugendheim unterzubringen, „fremdzuplatzieren", wie Max sagt. Ich habe mit den beiden nur einmal in meinem Büro gesprochen, zwei eingeschüchterte und wortkarge Mädchen. „Die Mutter hat mir den Ledergurt über den Rücken gezogen, weil ich ‚Dumme Sau' zu Hanna gesagt hätte", klagt Elsa. „Darauf bin ich wütend geworden, ich habe widersprochen und geschrien, dann hat mich der Papa eingesperrt, auf den Po gehauen und am Ohr gezogen." Papa war schon in der Oberstufe groß und stark. Er glaubte, er sei der Mächtigste, und alle müssten nach seiner Pfeife tanzen. Bewaffnet ist er auch. Mit Ketten, Stellmesser und Schlagring. In den Achtzigerjahren Kultgegenstände. Schlägereien in der Vorgeschichte. Er war ein einsiedlerischer Trinker. Erinnert mich an einen Song, den ich mal auf ein Blatt Papier gekritzelt habe:

Good Man Blues
I feel lonesome and hurt
As the darkening sky above
Got no woman in this whole wide world
Who cares for me with love.
Don't you know I'm lonely
Lonely as a man can be
Got no woman in this whole wide world
Who cares for me.
I got a sister who run off with a rich man
I got a brother, captain of an army band.
I got a trumpet from a dirty garbage can
I serve in the army as a damned infantry man.

I feel lonesome and hurt
As the darkening sky above
Got no woman in this whole wide world
Who cares for me with love.

„Seit etwa zehn Jahren habe ich aber in der Schweiz keine Anzeigen wegen Gewalt mehr und mit Haschisch habe ich schon lange nichts mehr am Hut." Herr Fenners Blick ist die reine Demut. Gleich würde er auf die Knie sinken und uns die Füße waschen. Beiläufig dachte ich an das Bild in Julius Schnorr von Carolsfelds Bibel: „Die Fußwaschung durch Jesu."

Meine Begleitung der Kinder ins Jugendheim „Bellevue" hat mit Polizeibegleitung zu erfolgen. Meine Vorgängerin hat mich darauf aufmerksam gemacht, dass der Vater möglicherweise eine Pistole im Kleiderschrank versteckt hatte. Sowas stand nicht in den Berichten, die nur darauf hinwiesen, dass eine Heimeinweisung ohne Einverständnis der Eltern erfolge. Diese Aktion ist eine Feuerprobe, will ich es doch allen recht machen: Max, der Behörde und vor allem der Familie. Ich schlafe in der Nacht vor der Anhörung kaum. Gern hätte ich mich mit der Familie und Max an einen Tisch gesetzt und veranlasst, dass Elsa und Hanna zu Hause bleiben können. Die beiden taten mir trotz der schwierigen Verhältnisse zu Hause leid.

Um acht fahre ich in meinem Auto vor, der Polizeibeamte sitzt vorn, die beiden Mädchen hinten. Wir stehen vor einem baufälligen Haus, in das eine dunkle Treppe führt. Das Haus hat eine gedeckte Veranda mit Wänden aus schwarz gebräuntem Holz. Wir gehen einige morsche Stufen hinauf. In der Eingangstür ist ein herzförmiges Guckloch eingelassen. Die Tür wird aufgerissen und die beiden Mädchen stürzen hinunter. Frau Fenner fasst mich misstrauisch ins Auge: „Ich will meine Töchter begleiten." Der Polizist brüllt: „Kommt nicht in Frage. Sie dürfen ihre Töchter morgen nachmittags besuchen, nachdem sie in den Heimalltag eingeführt sind." Ich bestehe darauf, dass die Mutter

mitfahren darf. Sie sagt während der ganzen Fahrt kein Wort.
Später, beim Abschied, nimmt sie meine Hand nicht.

Frank ist ein breitschultriger Junge, der trotz seines jugendhaf-
ten Alters breite Falten um die Nase hat, eine gefurchte Stirn,
schlaffe Wangen. Sein Kinn ziert ein ungepflegter Flaum und
er hat stets ein Appenzeller Sennetüechli umgebunden. Seine
dünnen Beine stecken in viel zu breiten Jeans, was ihm ein clow-
neskes Aussehen verleiht. Er lebt in einer geschlossenen Wohngruppe eines Jugendheims. Zuvor versuchte er, auf der Straße
den gleichaltrigen Kuno mit einem Stellmesser zu erstechen.
Er verlebte die Kindheit in einem entlegenen Südbündner Tal.
Er arbeitete bei Bauer Meier als Hilfsknecht. Weshalb er später
nach Düblingen zog, ist aus den Akten nicht zu ersehen. Bei meinem Besuch in der Wohngruppe ist er wortkarg. Seine Brauen
ziehen sich zusammen:

– Ich kenne meinen Vater nicht. Er hat meine Mutter nur
   einmal bei einem Waldfest getroffen. Daraus bin ich entstanden.
– Wo lebt er denn?
– Ist mir scheißegal, wo er steckt.

In den Akten steht, dass Mutter und Großmutter im gleichen
Haus wohnten. Frank lebte bei der Mutter, die ihn weckte, dann
aber die Wohnung verließ und erst spät abends nach Hause kam.
Frank musste mit den Mahlzeiten selbst zurechtkommen und
hatte nie Unterstützung bei den Schulaufgaben. Die Mutter sagte ihm nie, weshalb sie so spät noch unterwegs war.

Nachmittags suchte er die Großmutter im oberen Stock auf. Er
war gern bei der Großmutter. Sie offerierte ihm Schokolade-
kuchen, ständig lief der Fernseher. Einmal, als die Mutter spät
nachts nach Hause kam und Frank bei der Großmutter war,
klopfte die Mutter mit einem Stock gegen die Decke. Gleichzeitig rief sie, Frank solle auf der Stelle runterkommen. Als Frank

herunterkam, band sie seine beiden Hände an die Pfosten des Holzgeländers und verprügelte ihn mit der Hundeleine. Laut Akten gab es darauf einen Streit zwischen seiner Mutter und Franks Großmutter, welche Franks Schreie hörte. Die Großmutter schrie die Mutter an: „Du kannst doch deinen Sohn nicht zu Brei schlagen!" Sein Onkel, der Bruder der Mutter, kam gelegentlich an Wochenenden zu Besuch. Er herrschte ihn oft an und machte ihn für die Unordnung in der Wohnung verantwortlich. Einmal musste er sich niederknien und der Onkel habe sich über ihm entleert. Am Abend nach dem Streit mit der Mutter warf die Großmutter im Zorn ihren Fernseher aus dem Fenster. Nachbarn alarmierten die Polizei.

Okay, ich schreibe gern Berichte, ich werde zum Geschichtenschreiber. Für mich sind es keine Geschichten über „Klienten", sondern über individuelle Menschen. Sie interessieren mich brennend, ihre Anliegen, ihre Affären und ihr Leiden. Sicher muss ich über alle Klienten formale Berichte diktieren, welche unsere Sekretärin abtippt und an Bachmann weitersendet. Die Geschichten meiner Klienten sind wie ein Teig, den ich in eine Form lege, um daraus Brötchen zu backen, Brötchen, die für Behördenmitglieder ein Fressen zu sein haben. Das zuweilen desaströse Erleben meiner Klienten behalte ich für mich.

Also wirklich, I cannot stand it anymore, diese Gewissheit, dass in meiner nächsten Umgebung Kinder mit den Beinen von Melkschemeln (wie damals bei Bauer Meier, nachdem sich Frank geweigert hatte, schlafen zu gehen) oder mit Hosengurten geschlagen werden. Ich bin nicht im Geringsten darauf vorbereitet. Ich weiß, dass in kommunistischen Ländern schlimme Dinge passieren und der Einmarsch der sandinistischen Truppen im fernen Managua nach 35 Jahren die Diktatur des Somoza Clans über Nicaragua beendet. Im Übrigen weiß ich, dass die Erde rund ist und um die Sonne kreist. Meine Herkunft hingegen war Garant für eine abgesicherte Genügsamkeit, eine Welt, der himmelblaugepfefferten, verdammten Ordnungen und Orientierungen. Das

Ersticken in Wohlanständigkeit. Ich lese „Mars" von Fritz Zorn, die Geschichte eines Jugendlichen, der in der besten aller Welten aufgewachsen ist. Fritz schildert sein behütetes Leben als Glück, ein Glück, das er in einer erregten Sprache schildert. Der Preis dafür ist eine existentielle Einsamkeit, ohne Kontakte zur Außenwelt. Fritz erlebt alle anderen, die wirklich leben, als komische Schauspieler des Lebens. Der Preis für sein eingeengtes Aufwachsen und den Mangel an Kontakten ist die tiefe Depression in Form einer lebenszerstörenden Krankheit.

Ich bin Vormund von Martin, einem Jugendlichen, Waise, der bei seiner Großmutter lebt. Sein bleiches Gesicht, weiche Züge werden von schwarzen Haaren und einem Dreitagebart umrahmt. Er kommt einmal pro Monat zum Gespräch. Er vergisst nie, anzuklopfen, bevor er mein rauchgeschwängertes Büro betritt. Ich besuchte ihn mehrmals in der Halle E der Iron Engineering GmbH, dunkle Staubwolken und dröhnender Lärm. Martin wurde vom Lehrmeister, Metallbauschlosser Häberli, sehr gelobt, da er auch dann noch seine Arbeit zu Ende brachte, wenn andere längst Feierabend gemacht hatten. Seine Eltern hatten ihn zur Adoption freigegeben, bevor sie sich auf eine Weltreise begaben. Martin hat ein Zimmer in einer schäbigen Vorstadtwohnung in Schmalbach bei einer Tante, die er „Mumie" ruft. Ein in sich verschlossener junger Mann. Lehrabschluss 30. Juni 1976: Martin erhält sein Diplomzeugnis. In der Aula der Berufsschule verteilt der Schulleiter die Zeugnisse. Am anschließenden Apero nimmt Martin nicht teil, er fährt heim und bedankt sich bei Tante Mumie für alles, was sie für ihn geleistet hat. Um fünf Uhr nachmittags sitzt er mit seiner Lehrgruppe und einigen Lehrern im Schatten der großen Linde des Hotels „Hirschen". Die Lehrer sind gegangen, als sich Martin mit Toni in den roten Mini Cooper setzt, Toni öffnet das Schiebedach, startet den Motor. Nach Schmalbach hinunter sind es mehrere enge Kurven, die der betrunkene Toni gut meistert. Danach windet sich die Straße über eine leicht hügelige Ebene, Apfelbäume, eine weite Rechtskurve. Toni schaltet einen Gang höher, der Motor röhrt

in die Kurve hinein, das Fahrzeug schleudert, Reifen quiet-
schen, das Auto überschlägt sich. Ein Apfelbaum zerreißt es in
zwei Hälften. Ein Röcheln, dann Stille, keine Überlebenden. Ich
schreibe am folgenden Tag den Abschlussbericht zuhanden der
Behörde, kurz und in floskelhaften Sätzen. Es ist ein sonniger
Nachmittag, die Apfelbäume in voller Blüte. Ich fahre mit dem
Fahrrad zur Unfallstelle, sehe von weitem die schwarzen Brems-
spuren, stelle mein Fahrrad in respektvollem Abstand an einen
Straßenpfahl. Am Stamm des Apfelbaums breite Schrammen.
Sonst nichts. Die Trauer überwältigt mich. Am folgenden Tag
ist die Erdbestattung. Ich stehe in der Aufbahrungshalle, die
Lippen des Verstorbenen sehen so schrumpelig aus wie meine
Hände nach einem heißen Bad. Abends setze ich mich an mei-
ne Hermes 3000 und schreibe die Kündigung.

Bea hat zwei Semester in Lausanne beendet und setzt nun ihr
Studium in Zürich fort. Seit einigen Monaten teile ich eine kleine Wohnung mit ihr in einem Dorf nahe der Stadt. Sie besitzt
zwei Webstühle, einen kleinen und einen raumfüllenden, auf denen sie kunstvolle Stoffe herstellt. Einen Teil der farbigen Stoffe, Teppiche und gewobenen Mäntel kann sie verkaufen. Stefan
hat mir bei einem Bier erneut von Esalen vorgeschwärmt. Für
mich der Inbegriff einer zauberhaften Welt, an die ich nicht
mehr gedacht habe. Er zeigt mir das aktuelle Jahresprogramm.
Mehrere Wochen vergehen, dann steckt ein breiter Umschlag
mit amerikanischen Briefmarken frankiert im Briefkasten. Ich
erzähle ihr von Stefan und seinen Plänen, irgendwann dorthin
zu reisen. Ich male ihr gegenüber meine Vorstellungen in den
buntesten Farben aus. Sie kommt aus dem Staunen nicht heraus. Der Katalog zeigt farbige Bilder: dampfende Bäder, darin Menschen, tief unter den Felsriffs die schneeweiße Bran-
dung an schwarze Riffe schlagend; ein Kurszentrum, das von
zwei Männern, Michael Murphy und Richard Price, zu Beginn
der Sechzigerjahre gegründet wurde. Ein Gelände, einen Stein-
wurf vom Highway One an der Ostküste Kaliforniens entfernt,
auf einem Felsplateau gelegen, das über Jahrtausende von den

Esalen Indoamerikanern bewohnt und bebaut wurde. Die Sulfat-haltigen Quellen werden von den Besuchern als heiße Bäder geschätzt. Price und Murphy interessierten sich für Psychoanalyse und Mystik. Die Gestalttherapie nach Perls schien ihnen eine vorzügliche Methode, um die beiden Linien zu verbinden. Sie versprachen sich durch ihre Kurse eine Erhöhung des menschlichen Bewusstseins und der Kreativität. Waren das nicht die Gestalttherapiegruppen, von denen Stefan geschwärmt hatte?

Abends nehme ich meine Notenblätter zur Hand; Bea singt, ich spiele dazu auf der Gitarre:

I was trying to find a melody
It was just the other night
You walked up right behind me
your silhouette in the dim moonlight.
I was looking into a mirror
Counting the lines in my face
You did not speak a word
No sign, no kiss and no embrace.
I woke at dawn sweat on my very face
Something reached my ear it was the Eagles scream
I longed for your breath in my back your kiss and embrace
Then I realized it was just a dream.
I was trying to find a melody
It was just the other night you walked up right behind me
All that is left, your silhouette in the dim moonlight.

Bea entscheidet sich schnell, ihr Studium zu unterbrechen. Sie will an einem Arbeitsprogramm in Esalen teilnehmen, das sie verpflichtet, täglich einige Stunden im Garten und den Gewächsanlagen zu arbeiten. Im Gegenzug wird sie an den Gestalttherapiegruppen teilnehmen können. Sollen wir zusammen gehen? Schließlich habe ich nebst Gelegenheitsjobs keine feste Arbeit. Sie möchte allein gehen, findet eine Trennung – kein definitiver Abschied, wie sie mir versichert – gut für unsere Beziehung. Ich bin da nicht gleicher Ansicht. Eben erst haben wir begonnen, uns auf diesem engen Raum aneinander zu gewöhnen. Aber ich will ihr keine Szene machen. Vielleicht werde ich sie besuchen oder wir machen gar gemeinsame Pläne drüben? Trotzdem schlafe ich bis zu ihrem Abflug kaum mehr. Ich bringe sie an den Flughafen. Als die Pan-Am-Maschine startet, gehe ich den Zaun entlang der Piste über verschneite Grasbündel. Meine Augen sind feucht. Es wird mir bewusst, dass ich sie vermissen werde. Zurück in der Wohnung fehlt mir Bea. Ohne sie erscheint mir die Wohnung riesig und unbelebt.

Anfänglich kommen wöchentliche Luftpostbriefe, doch sie werden immer seltener. Regelmäßig schreibe ich zurück, nach ein paar Monaten bekomme ich keine Antwort mehr.

Beinahe hätte ich eine weitere Stelle als Sozialarbeiter in einer Rehabilitationsklinik angenommen, auf die Stefan mich hingewiesen hatte. Der Direktor reichte mir, nachdem er mich durch die Abteilungen geführt hat, mit einem gewinnenden Lächeln die Hand zum Abschied. So viel Willkommenswärme. Monatlich einige Tausender auf dem Konto zu haben, lockte.

Die Rezeption der Klinik – in einer Ecke entdeckte ich einen Stapel mit Noten und Texten von Weihnachtsliedern, in jedem Zimmer ein sommerlicher Blumenstrauß, Tische voller Postkarten, auf denen „Gute Besserung!" stand, daneben Schokoladepackungen, der benebelnde Geruch von Reinigungs- und Desinfektionsmitteln im Flur und dem Esszimmer. Ich sprach mit einigen Patienten. Eine Frau sagte, ihr dreimonatiger Aufenthalt in der Klinik habe sie zunehmend bedrückter werden lassen. Sie bekomme kaum Besuch. Ein älterer Mann sagte, er habe Angst vor dem Sterben. Sein Arzt gebe ihm nur noch wenige Wochen. „Ja, warum dann bin ich noch hier?", fragte mich der Mann verärgert. „Ich würde gern zu Hause sterben." Ich wusste keine Antwort. Ein Paar: Beide klagten über schmerzende Stellen am Rücken, am Gesäß und sogar am Hinterkopf.

Eine Ärztin klärte mich auf, dies sei der „Dekubitus", Resultat der langen Bettlägerigkeit.

Ich erschrak. Ich fühlte mich nicht bereit, diesen Menschen mit ihren langjährigen Leiden gerecht zu werden, da passte ich als Langhaariger mit meinen blumigen Hemden nicht hinein. Dieser noble Ort mit seinen Bemühungen, den erkrankten Personen durch die Gestaltung des Alltags gerecht zu werden. Ich war im Jugendamt bereit gewesen, Verantwortung zu tragen. Hier würde meine Tätigkeit darin bestehen, für die Seelen dieser zu versorgenden Menschen eine Art Beruhigungsbalsam zu sein. Meine Brust wird schwer, wenn ich an die folgenden Jahre denke, die ich in der bedrückenden Atmosphäre dieser Klinik würde zubringen müssen. Ich habe die Nase voll von der Stellensuche, von der Sozialarbeit. Ich will nach Kalifornien reisen, eine Zeitlang in Esalen leben. Ist Bea noch in Esalen? Ich bewundere ihren Mut, alles stehen zu lassen und dorthin zu gehen. Ich plane einen Conga-Workshop zu machen und einen Kurs in Esalen – Massage. Stefan habe ich zu einer anschließenden Rundfahrt mit dem Auto durch Nordkalifornien überzeugen können. Das Rückreisedatum möchte ich nicht festlegen. Während der Sommermonate arbeite ich bei einer Baufirma. Um fünf Uhr früh aufstehen. Den ganzen Tag schaufeln, pickeln, Holzpflöcke einschlagen. Abschließend aufräumen, wischen, angrenzende Straßen mit dem Schlauch abspritzen. Abends schmerzt der Rücken. Meine Hände schwellen an. Das Gitarrenspielern wird zur Qual. Aber am Ende reicht das Geld für die Reise.

California Dreaming

Ich fliege mit Pan Am über Chicago nach San Francisco. Ein Sitz für eine Busfahrt mit dem „Greyhound" ist reserviert. Um acht stehe ich am unterirdischen Busbahnhof, zu dem man über einen Lift gelangt. Auf der Wand die gesprayte Botschaft: „Breathe in and Breathe Out, It's your deepest Healing!". Auf dem Boden in großen Lettern „STOP". Gähnende Gesichter, auf liegenden Koffern schlafende Kinder. Affichen an schmutzigen Plakatsäulen. Den Menschen sieht man an, dass sie seit vielen Stunden warten.

Die blau-weißen Busreisen schießen aus Tunnels, laden die an den mit STOP bezeichneten Stellen Wartenden ein und fahren rasch weiter. Meine Nummer 54 „Monterey" wäre längst fällig. Ob ein Defekt vorliegt? Endlich kommt der vollbesetzte Bus. Ich erkämpfe mir einen Platz in der hintersten Ecke, in der es nach Öl, Urin und Essensabfällen riecht, neben zwei Tramps mit Rucksäcken. Die Klimaanlage bläst kühle Luft aus den Düsen über mir. Ein Gespräch mit den beiden kommt nicht zustande. In Monterey steige ich aus. Ein kleines Busterminal diesmal, dafür mit einem Automaten, an dem ich mir einen halben Liter Cola in einem Plastikbecher gönne. Es riecht nach Maschinenöl. Wieder warten. Ein kleiner Bus lädt mich am Highway 1 bei einem Parkplatz aus. Ich steige aus, der Hals schmerzt und ich bin hundemüde. Ich gehe einen staubigen Pfad entlang, der in Richtung des Ozeans führt. Nach einigen Schritten empfängt mich ein Schild: „Esalen – By Reservation Only". Auf der linken Seite sehe ich eine Holztür mit der Aufschrift „Reception". Man weist mir einen kleinen hölzernen Bungalow zur Übernachtung zu.

Am nächsten Morgen wecken mich der Geruch nach Ahornholz und das Sonnenlicht, das sich durch die Ritzen der „Log Cabin" drängt, die man mir am Vorabend zugewiesen hat. Vom blauen

Himmel hebt sich ein einsamer Albatros ab, der immer wieder über meiner Unterkunft kreist. Trotz der Hitze friere ich, der Hals fühlt sich rau an wie Schmirgelpapier. Mein Versuch, einen Laut von mir zu geben, endet in einem Krächzen und mit trockenem Husten. Ich öffne die Holztür, trete auf die Veranda und schaue auf ein tiefblaues Meer, am Horizont ein Öltanker. Schräg oberhalb der Blockhütte breitet sich ein Eukalyptuswäldchen aus. Durch die Bäume kann ich mehrere Gebäude erkennen, darunter eines, das sie gestern Nacht bei der Ankunft „Big House" genannt haben. Weiter entfernt ein blau schimmernder Pool, Rasen, auf dem einige Badende auf farbigen Stoffen liegen. Stimmengewirr steigt zu mir hoch, untermalt von rhythmischen Klängen afrikanischer Trommeln. Sie erinnern mich daran, dass ich die Teilnahme am Workshop verschlafen habe: „Afrikanische Trommeln mit Alan Babatunji". Ich greife mir an die heiße Stirn. Mir wird schwindlig. Dann stampfe ich wütend auf, wobei es mir aus Mund und Nase tröpfelt: Verdammt, dass mir das gerade heute passieren muss! Die Klimaanlage im Greyhound und mein verschwitzter Rücken. Ich lasse die Türe offen und lege mich auf das Bett, das wie die Hütte auch aus rohem Holz gezimmert ist.

Drei Tage später geht der Workshop ohne meine Teilnahme zu Ende. Ich bin darüber maßlos enttäuscht. Doch meine Enttäuschung hat noch einen anderen Grund: Bea ist nicht mehr in Esalen. Niemand weiss, wo sie steckt. Am folgenden Abend mache ich mich auf zu den Bädern. Ich fühle mich schwach, das Stimmengewirr rundum schüchtert mich ein. Trotz zunehmender Dunkelheit kann ich den ausgetretenen Pfad entlang der Felsklippen erkennen. Ich trete ein in ein feuchtes Felsengewölbe. Im Vergleich zu den erregten Stimmen, die mich soeben auf dem weitläufigen Gelände von Esalen begleitet haben, ist es hier ruhig – abgesehen vom Flüstern der Badenden und dem Plätschern des Wassers, das von einer Wanne zur anderen läuft. Ich gehe einige Schritte tiefer in die Felshöhle und gelange zu mehreren mit Kerzenlicht beleuchteten Kavernen, in denen

Paare eng umschlungen baden. Meine Kehle fühlt sich staub-trocken an und ich weiß nicht, ob das von meiner Erkältung oder Gehemmtheit stammt. Ich fühle mich wie ein Eindring-ling, der ohne Erlaubnis an einem intimen Anlass teilnimmt. Sollte ich zurückgehen?

„Welcome Again!" Sie hat ein schmales Gesicht, kastanienfar-bene Augen und Haare, die ihre Brüste bedecken und einen dunklen Teint. In der gleichen Wanne sitzt ein Paar, das sich bisher mit ihr unterhalten hat. Ihr Lächeln ist einladend, ohne aufdringlich zu wirken. Ich atme tief den Sulfatdampf ein und spüre den Schweiß über meinen Rücken rinnen. „Where are you from?" Die oft gehörte Frage ruft nach einem Gähnen und ich habe Lust, der Frage auszuweichen: „Well, I am going to live in Berkeley for two years." Das ist eine Lüge, soviel ist mir klar. „You're European, from Switzerland?" Wieso erkennt sie meinen Dialekt sofort? Auf mein Nachfragen, ob sie je in der Schweiz gewesen sei, antwortet sie lachend: „No, but I would like to go there." „What's your name?"Sie antwortet: „You probably never heard it, Gail. Am I right? Anyway, you seem cold, come in!" Sie rutscht ein wenig zur Seite. Beschämt bemerke ich, dass ich immer noch die Badehose trage und entledige mich ihrer. Eine halbe Stunde später habe ich ihre Einladung angenommen, sie nach meinen Ferien mit Stefan in Esalen in Santa Cruz zu be-suchen. Und dann?

Stefan trifft am folgenden Tag in Esalen ein. Wir brechen zu unserer Reise auf. Mit Gail habe ich kaum ein Wort mehr ge-sprochen. Wird es gelingen mit dem Besuch in Santa Cruz? Ich kenne sie ja gar nicht wirklich, trotzdem bewahre ich ihre Visi-tenkarte mit Adresse sorgsam auf. Wir fahren nach Sacramento, von dort zum Lake Tahoe, und kehren über den Yosemite Natio-nal Park zurück. An einem Samstag im August verabschiede ich mich am Flughafen von San Francisco von meinem Freund. In einem gemieteten Chevy Cavalier 1986 segle ich wie in einem Dreimaster auf hoher See vom Flughafen nach Santa Cruz, wo

mich Gail in ihrem Haus erwartet. Ich habe sie am Morgen angerufen. Der schlichte Bungalow, eingehüllt von Rhododendron-
büschen, nur wenige Straßenzüge von der Felsküste zum Ozean
entfernt, gleicht einem Schiff auf sandigem Untergrund. Durch
die schmale Türe trete ich in den Bug, links ein Versammlungsraum, rechts der Eingang zur Garage, in der Mitte Küchen- und
Wohnbereich, am Heck zwei Schlafzimmer. Gail lädt mich zum
Nachtessen in ein Lokal in der Nähe des Pleasure Point ein, mit
Blick aufs Meer und die Dünen. Sie trägt zwei weiße Lilien im
Haar. In der Dunkelheit ist der Hafen in bronzenes Funkeln ge-
taucht, das aus den zahlreichen Restaurants und Bars kommt.
Später lieben wir uns, während durch das offenstehende Fenster das Rauschen des Meeres an meine Ohren dringt. Am nächsten Morgen flutet Sonnenlicht durch die Fensterläden. Gail erscheint in einem hellblauen Kimono, bringt Kaffee ans Bett, der
nach Vanille riecht. Nackt dösen wir im Paddio[2] im Halbschat-
ten. Gail liest mir aus Marylin Fergusons „New Age – Die sanfte Verschwörung" vor. Sie berichtet von ihrem achtundzwan-
zigjährigen Sohn Alison, der in Aptos Immobiliengeschäften
nachgeht – und dass sie sich vor zwei Jahren von ihrem Mann
Albert getrennt habe. Beiläufig weist sie auf eine Hautverände-
rung hin, zwei helle Flecken, die sich von der dunklen Haut ihrer Oberschenkel abheben. Ein Onkologe habe sie beruhigt, es
handle sich um ein hartnäckiges Ekzem. Wir wussten damals
nicht, dass diese dunkle Veränderung sie Jahre später wieder
einholen und nichts mehr sein würde wie zuvor. Nachmittags
gehen wir den Strand entlang. Ich werfe mich vor ihr in den Sand
und ziehe sie zu mir herunter und wir balgen uns wie zwei junge
Hunde, bis die Haut vom Sand rot ist. Abends zeigt sie mir einige Yoga-Übungen. Ich fühle mich wie ein Halbwüchsiger, der
die Stunden, die Tage vergisst. Tag und Nacht und wieder Nacht
und Tag gehen ineinander über. Die sonnigen Nachmittage mit
Gail, die wir mit Spaziergängen entlang der Küste zubringen,

---

2 Veranda

machen uns hungrig nach der Liebe. Wir lassen nicht voneinander. Alles scheint von jeder Tageszeit losgelöst.

Die Zeit fliegt. Gail erinnert mich eines Abends daran, dass mein Flugticket nach Zürich auf den folgenden Tag datiert ist. Nachdem wir uns geliebt haben, legt Gail ihren Kopf auf meine Brust und sagt, dass einige der glücklichsten Tage ihres Lebens bald vorüber seien. „Ich habe im Holiday Express Inn ein Zimmer gebucht und werde dich hinfahren", sagt Gail. Der Abschied von Gail geschieht rasch, da ich die Trauer für mich allein haben will. Ich schlafe in dieser Nacht nicht. Die zwei Wochen mit Gail waren ein kalifornisches Elysium gewesen, ein unerwartetes Paradies. Kaum zurück, sende ich meine Bewerbungsunterlagen für ein Studium in Psychologie nach Palo Alto.

Neuanfang

Die Pan-Am-Maschine landet an einem warmen Herbstabend in San Francisco. Da stehe ich mit meinen zwei auf die nötigsten Habseligkeiten vollgepackten Koffern, einige ausgewählte Bücher, darunter Fontanes „Effie Briest", ein Englischlexikon und Fachbücher über Psychologische Statistik und Persönlichkeitspsychologie. Fontanes Bücher, auch „Der Stechlin", haben mir immer gefallen, weil Fontane seine Figuren voller Sorgfalt und Einfühlung schildert. Ich denke daran, dass Mutter mich mit Effie vertraut gemacht hat. Zwischen der Unterwäsche einige Tonbandkassetten mit Rocksongs. Erschöpft quäle ich mich durch die Menschen Richtung Hauptausgang.

John Kelly und seine Frau Gretchen hatte ich bei den Einladungen Tinas in Zürich kennengelernt. Die beiden leben in Belmont in einem Haus auf einem bewaldeten Hügel. Ich habe sie angeschrieben und sie offerierten mir, mich vorläufig bei sich aufzunehmen. Abreisende zwischen Haufen von Gepäck vor dem Eingang zur Flughafenhalle; Ankommende, von Familienangehörigen mit kleinen Kindern sehnlichst erwartet, Freunde vor dem Airport Customs. Da ich nicht mehr sicher bin, John erkennen zu können, haben wir als Zeichen eine gelbe Ranunkel in Johns Knopfloch vereinbart. Ich fröstle, ein Kälteschauer zieht trotz der Herbstwärme durch meinen ganzen Körper. Ich fühle mich verloren. Plötzlich erkenne ich John, er hat sich verspätet. Er steht vor dem „Coffee-To-Go" mit einem Becher in der Hand, „We are happy to serve you!", steht auf dem Pappbecher. Der inzwischen grauhaarige Mann, einen geflochtenen Schlapphut tragend, begrüßt mich: „We are happy to have you with us!"

Wir schaukeln in Johns altem Ford über den Highway 101. Die Autobahnstraße ist hier nicht flach wie ein Pfannenboden, sondern voller Bodenwellen und Schlaglöcher, sodass das Auto wie ein Schiff auf hoher See schaukelt. Rechts erblicke ich eine niedrige Hügelkette, links sieht man gelegentlich das offene Wasser der Bay. Wir fahren entlang der Bay durch einen dichtbesiedelten Landstrich. Immer wieder zweigen Straßen nach rechts und links ab; rätselhafte Namen auf den Schildern bezeichnen deren Ziele: „Daly City", „Millbrae", „Foster City". Wir verlassen den Highway 101 und folgen dem Wegweiser „Belmont". Über die gewundene Ralston Avenue geht es in die Höhe. Hinter hohen Baumbeständen sehe ich einzelne Häuser. John dreht am Autoradioknopf herum, berichtet, dass sich am Vortag im russischen Tschernobyl eine Katastrophe, ein Supergau, ereignet habe, ein Kernkraftreaktor sei explodiert. Schließlich parkt er in einer Einfahrt. Das Haus urbaner Landhausstil – oder ähnlich. Behaglich denke ich. Ein mächtiger Redwood-Tree spendet dem Gebäude Schatten. John informiert mich beim Aussteigen über einige Fußwege, über die der Waters Dog Lake zu erreichen wäre, ein kleiner Stausee, dessen Besuch sich lohne und wohin man, fügt er mit einem Augenzwinkern hinzu, auch Stoff zum Lernen mitnehmen könne. John geht mit meinen Koffern, dem roten und dem pechschwarzen in der Hand, eine gewundene Treppe hinunter. Ich bin froh, dass er beide trägt; seit zwanzig Stunden bin ich unterwegs. Von Schlafen im Flugzeug keine Spur. Das Zimmer ist eng und die Wände sind feucht. Durch ein vergittertes Fenster auf Bodenhöhe dringt wenig Tageslicht. Eine Stehlampe in der Brücke, ein Pult, ein schmales Bett, zwei Stühle. Sonst nichts. John stellt den Koffer ab, sagt etwas von Nachtessen um sieben. Er bringt mir eine Kanne mit Tee; ich bedanke mich. Da im Raum nur eine vergitterte Luke in die Decke eingelassen ist, wirkt er düster. Doch ich möchte mich diesem aufkommenden Eindruck der Melancholie jetzt nicht hingeben. Noch liegt ein Wochenende vor mir, bevor ich am kommenden Dienstag zu einem Einführungstag im Psychologischen Institut in Palo Alto zu erscheinen habe.

Wir treffen uns zum Nachtessen in der aus Redwood-Holz getäfelten Stube. Beim Essen erfahre ich mehr über die Gastgeber.

John ist Vorsteher der Evangelikalen Gemeinde Belmont. Gretchen arbeitet als Dozentin bei einer High School in Menlo Park
und als Schriftstellerin. Zweimal wöchentlich besucht sie die gemeinsame Tochter in Santa Barbara, die an einem Forschungs-
projekt zur „Herstellung von Trink- aus Meerwasser unter fi-
nanziell tragbaren Voraussetzungen" arbeitet. In dem Gespräch
geben die beiden mir behutsam zu verstehen, dass ich meinen
Weg hier selbst finden müsse. „If you have questions, please do
not hesitate to contact us."Die Aufgabe würde nicht einfach sein,
als einziger Schweizer, der ein Mittelschulenglisch spricht, unter Menschen aus der San Francisco Bay zurechtzukommen. Ich
habe einige Mühe, Gretchen und John zu verstehen, sie sprechen einen kalifornischen Dialekt, der sich vom klassischen bri-
tischen Englisch, das ich gelernt hatte, unterscheidet. Nach dem
Nachtessen spaziere ich auf dem Berry Way. Ob hier alle Wege
so wohltönende Namen haben? Squirrels huschen von Baum zu
Baum, sonst begegnet mir kein Lebewesen.

Der Sonntagsausflug führt mich nach San Francisco. Ich sitze
auf einer Bank im Presidio Park, Stadtbuße rauschen vorbei. In
der Wiese sitzen Gruppen von Jugendlichen, deren einer Gitarre spielt und die anderen in die Hände klatschen. Also doch ein
Erbe der Hippie-Zeit, das freut mich. In der Sonne glitzert das
Meer, umschlingt die Stadt. Möwen kreischen, Kinder naschen
Popcorn. Die Golden Gate Bridge über die Meeresenge nach Ma-
rin County. Direkt unter mir schwingt sich der rostrote Bogen
über die Bay, ständiges Rauschen des Verkehrs. Die Stadt wächst
über die Hügel hinauf, erobert den nächsten, kratzt mit seinen
Pyramiden und Hochhäusern am Himmel, drängt das Meer in
die Bay zurück. Viele Transportschiffe, Fähren, Segler und Boo-
te, die dahin und dorthin fahren, zur touristischen Abwechslung
nach Alcatraz oder Sausalito und ein Tanker, Richtung Hafen
von Oakland einbiegend, rostrot und groß. Sehenswürdigkei-
ten in greifbarer Nähe, Fisherman's Wharf, Straßenschluchten,
von viktorianischen Reihenhäusern gesäumt, die hügelan führen und dann am Horizont enden, nein sie enden dort nicht,

sondern führen in eine Senke, um von neuem anzusteigen und entlang des Golden Gate Parks zum Pazifik endgültig abzufallen. Ich habe die Stadtkarte zuvor studiert. Abends besteige ich den Bus zum Italian Quarter, die Restaurants in North Beach. Jazz, Männer in Turnschuhen aller Farben. Meine schwarz glänzenden Lederschuhe sind mir etwas peinlich. Frauen in Miniröcken, verschleierte Frauen, Verliebte, zwitschernd wie fröhliche Vögel, glücklich mit dem Leben, das sie führen oder zumindest scheint das so. Sie zücken ihre Kameras, fragen, ob ich ein Foto von ihnen mache. Was für ein Leben kommt auf mich zu? Später nehme ich das Touristenboot nach Sausalito, das Meer schlägt gegen die Schiffswand und der Wind bläst und vermischt sich mit meinen Tränen, die mich überwältigen, weil es so viele Eindrücke gleichzeitig sind und ich nicht weiß, wie ich mit ihnen fertigwerden soll. Crazy, so was.

Werde ich das aushalten, einige Jahre in Kalifornien? Ich komme aus einem Land, in dem man beinahe überall Berge sieht, sogar in Zürich. Die Größe dieser Gegend, die vielen Highways erschlagen mich. Als ich John fragte, ob diese Wassermasse, sichtbar von seiner Terrasse aus, ein See oder das Meer sei, lachte er mich aus: „This is not the Zurich Lake. This here is a different world. It's the Bay Area."

San Francisco hat kein Zwingli-Denkmal, dafür den Coit Tower, der wie ein riesiger Penis über dem Telegraph Hill zum Himmel weist. Als ich mich auf den kurzen Anstieg zum Coit Tower mache, denke ich an ein anderes Denkmal. Die Ferien, die ich mit Bea im Engadin verbracht habe. Wie sie damals ihre Haare über meinem Gesicht verstrubbelte, als wir im Sand der kleinen Chastè-Bucht am Silsersee lagen. Ich vermied es, sie auf das Nietzsche-Denkmal aufmerksam zu machen. Ich hasste diesen würdevollen Stein mit dem Spruch des Philosophen: „Mensch! Gib acht! Was spricht die tiefe Mitternacht? Ich schlief, ich schlief. Aus tiefem Traum bin ich erwacht … doch alle Lust will Ewigkeit – will tiefe, tiefe Ewigkeit." Ich erinnere mich: das Hochtal mit seinen malerischen Gebirgsketten, das glühende Rot der Lärchen, dann der erste Frost, schneeige Luft. Die Nächte im Zimmer mit Blick auf den nahen See. Die Spaziergänge; wir spürten die kalte Luft auf unserer Haut. Wir hatten keine Kamera. Ich besitze also nur die inneren Bilder. Dann die Heimfahrt über einen schneebedeckten Pass, windzerzauste Bäume, zurück ins Unterland mit seinen grünen Hügeln. Die Hügel hier sind ockergelb, silbergelbe Bäume mit weit ausladenden Kronen, abends werfen sie lange Schatten.

In den ersten Wochen schlafe ich in dieser Zelle im Keller des Pfarrhauses mit dem vergitterten Oberlicht, das den Blick auf die Äste der Sequoia freigibt. Auf meine Bitte stellen mir John und Gretchen zusätzlich ein Zimmer unter dem Dach zur Verfügung, wo ich lernen kann. Es ist größer und fühlt sich nicht an wie in einer Gefängniszelle. Allerdings ist es tagsüber sengend heiß. Auf den Gestellen hortet John eine Menge theologischer Schriften. Seine Frau verwaltet eine Sammlung von Büchern über Heilkräuter und Schriften spiritueller Experten sowie Bücher über schamanische Naturrituale. Die Regale sind mit einer dicken Staubschicht bedeckt. Es gibt Sammelbände über Pflanzenheilkunde, Ornithologie und Kraftorte in Kalifornien.

Bei meinen Spaziergängen realisiere ich, dass es viele Wohnhäuser gibt, die sich wie Zwerge zwischen den Riesenkiefern verstecken. Ab und zu sehe ich Waschbären, die an Abfallcontainern schnuppern. Wie kann ich nach Palo Alto zum Campus der Stanford University kommen? Es gibt hier keine Buße, keinen Zug, nichts. Obschon er beim ersten Nachtessen sagte, ich müsse mich allein durchschlagen, hilft John mir. In seiner sonntäglichen Predigt erwähnt er die Not seines Untermieters. Ein Gemeindemitglied stellt einen altes Fahrzeug mit wenig PS zur Verfügung. Ich steige ein, fahre zum Waters Dog Lake und zurück. Super, damit wird mein Beginn am Montag glücken.

Jeden Mittag packt mich die Stimmung der Verlorenheit. Ich lehne an den Sequoia-Baum, der durch einen Blitzschlag eine

Öffnung bekam. Genau hierher hat mich mein Leben geführt und von hier weiß ich nicht mehr weiter. Ich bin in Untermiete bei einem Ehepaar, die meine Großeltern hätten sein können. Die so „busy" sind, dass sie keine Sekunde Zeit aufwenden können, um ein paar Worte zu wechseln. Zumindest so erscheint es mir im Moment. Ich denke an Gail. Es ist eine Ewigkeit, seit wir uns gesehen haben. Im Moment hält mich das bevorstehende Studium ab, sie anzurufen. Too many things on my mind.

Gail

Ich war lange mit einem Immobilienmakler verheiratet. Albert verschwand morgens ohne Frühstück, zog abends sein verschwitztes Hemd aus, warf die Krawatte in die Ecke, wartete auf den grillierten Fisch. Er hielt sich die meiste Zeit in den Santa Cruz Mountains auf, wo er sich um den Verkauf von Leichtbau-Holzhäusern kümmerte – ein damals rasch wachsender Zweig. Abends, wenn wir mit einem Glas Wein auf unserer Veranda saßen, sagte er: „Ich habe in einer völlig einsamen Ecke an der Aptos Hills Lane einen Bungalow verkauft. Ich verdiene gut; in den Hills gibt es noch viel Bauland. Eines Tages werden wir es gut zusammen haben, dann werde ich mit dir segeln gehen und ich werde nur noch Zeit für dich haben." Wenn ich nachts in unser Zimmer kam und er nicht bereits eingeschlafen war, lag er mit offenen Augen auf dem Bett, den Blick auf die Decke gerichtet. Er wandte sich mir zu, wir lagen uns Gesicht zu Gesicht gegenüber. Er fuhr mit seinen Fingern meinen Rücken hinunter und küsste mich. Dann drehte er sich auf die Seite und schlief ein. Wir haben kaum je gestritten. Aber seine Versprechen, dass wir mehr zusammen unternehmen würden, lösten sich nicht ein. Dazu seine heftige Eifersucht, zu der ich ihm nie einen Grund gegeben hatte. Ich verrichtete von zu Hause aus meine Wohltätigkeitsarbeit in der Gemeinde. Wir sehen uns nicht mehr. Meine Liebesgefühle für ihn waren plötzlich weg. Ich denke noch ab und zu an ihn, wir sehen uns gelegentlich. Die Abende verbrachte ich nun vorwiegend allein. Unser Haus in Seabright, auf einem kleinen Hügel in der Nähe des Strandes gebaut, war eine Perle.

Nach der Trennung kaufte ich mir ein kleines Flachdachhaus in Santa Cruz. Wichtig waren mir der Garten voller Orchideen und Oleander, das Gewächshaus, der Swimmingpool. Durch die offenen Fenster meines Schlafzimmers strömte salziger Duft vom

Meer. Klar, ich hatte Freundinnen. Unser Sohn Alison, der in Capitola sein Glück mit einem Start-Up für Software versuchte und die Begeisterung seines Vaters für Luxuswagen teilte, kam zweimal die Woche zum Abendessen. Auch Samanta, unsere Perserkatze, ging ihre eigenen Wege. Okay, ich hatte meine „freiwillige Tätigkeit", „Meals On Wheels". Ich war immer sofort bereit, anderen zu helfen. Der Strickgruppe. Oder ich organisierte Biking-Touren entlang der Küste. Ich coachte Manager, die ich als Faulpelze aus der Bay Area entlarvte und mir während der Sitzungen ihre Sorgen vorjammerten. Oh, welchen Respekt ich vor dieser Gruppe von Männern gehabt hatte; damit war es jetzt vorbei. Ich begann mich zunehmend für New Age, die neue globale Lebensweise, zu interessieren. *Wir sind alle miteinander verbunden*, versuchte ich allen unterzujubeln. Wir glaubten an eine positive spirituelle Energie, die jede von uns ausstrahle, ja an den Anbruch eines neuen Zeitalters, das des Aquarius. Dabei waren wir von Gewalt umgeben. In Los Angeles prügelten fünf Polizisten bei einer Verkehrskontrolle einen Schwarzen, nachdem er angetrunken über den Highway gerast war, beinahe zu Tode. Gleichzeitig gingen im Zentrum von San Francisco Schwarze auf die Straße, weil sie ungerecht behandelt wurden, fackelten Autos ab und bewarfen Polizisten mit Steinen. Jonas hatte es auf dem Arbeitsweg auch mitbekommen; er arbeitete damals im Psychiatriezentrum „Northeast Lodge" in South San Francisco, einer verarmten Gegend. Einmal rief er mich an, berichtete von den Unruhen. Doch davon spürte ich in Santa Cruz nichts.

Es war eine aufregende Zeit. Doch auch wenn jeden Abend diese ewig lächelnden New-Age-Leute bei mir zu Hause herumhingen, fühlte ich mich manchmal einsam. Oft saßen wir nach einem Meeting unter den Sternen in meinem Jacuzzi, wobei uns der Gesprächsstoff nie ausging. Eines Tages flatterte der Prospekt eines Kurszentrums namens Esalen herein. Ausgerechnet an einem Tag, als ich mich besonders einsam fühlte. Da ich wusste, dass Albert während der kommenden Woche an einer Weiterbildung in San Francisco teilnehmen würde, er also nicht unangemeldet an meiner Tür erscheinen würde, wie er das zuweilen für eine Plauderei machte, buchte ich sofort im „Guest House" in Esalen. Es war ein heißer Juliabend, als ich mein Auto auf einem Parkplatz abstellte, an dessen Holzzaun ein Schild „Esalen Institute" hing. Ich hatte nur schnell ein paar Dinge in eine Tasche geworfen und ging einige Schritte auf einem staubigen Weg zum Eingang, von wo aus ich den Pool und eine Wiese, auf der nackte Gäste lagen, überblickte. Ich stellte mich vor dem Anmeldebüro in eine Warteschlange, als dieser junge Mann in roten Jeans und mit einer Silberkette um den Hals seinen Rucksack auf der anderen Seite der Einfahrt deponierte. Er ließ seine Schultern abgekämpft hängen und schaute dem Gedränge interessiert zu. Ich zündete mir eine Zigarette an. Er starrte mich mit halb geöffneten Lidern an. Einige Tage später sprach ich ihn an, als er sich mit einem verlegenen Lächeln im Gesicht in den Bädern umschaute. Ich nannte ihm meinen Namen; er stellte sich als „Jonas" vor. Als er mich – ja, wann war das – Ende der Achtzigerjahre, zum letzten Mal besuchte, war New Age Vergangenheit. New Age hatte sich als Luftballon entpuppt, als idealistisches Zerrbild. Dieses Geschwafel über das Wassermannzeitalter, das uns elektrisieren sollte, war bla bla. Die Phantasmagorie, dass wir Menschen uns alle unter einem weltanschaulichen Dach treffen und liebhaben könnten. Wir waren überzeugt, in eine neue Bewusstseinsebene einzutauchen. Obwohl wir einen Gott ablehnten, fühlten wir uns götterhaft. Dieser überschäumende Optimismus, diese Überheblichkeit! Ich denke an das Volk in der Bibel, das einen Turm mit einer Spitze bis zum Himmel bauen wollte. Schwitzend trugen die Menschen Stein um Stein zusammen, hustend türmten sie Blöcke aufeinander, bis sie unter der Schmutzschicht kaum mehr als solche zu erkennen waren. Sie arbeiteten sich verbissen und verdreckt immer höher, bauten Treppen, Zinnen. Sie wollten bis zum Himmel hinauf. Damit forderten sie den Zorn Gottes heraus, der sie für diesen Übermut bestrafte. Auf seine Veranlassung redeten sie fortan in verschiedenen Sprachen, eine heillose Sprachverwirrung. Genauso verwirrt waren wir damals.

Und jetzt – ich habe noch Hoffnung auf ein oder zwei weitere Lebensjahre. Gestern sagte Dr. Walker zu mir, der Tumor trachte nach meinem Leben. Das Melanom reiche tief und unter der Haut habe sich eine Geschwulst gebildet. Nachts schrecke ich auf, mein eigenes Skelett steht an der Decke; mein Schädel mit schwarzen Augenhöhlen. Ich schwitze und renne auf die Veranda hinaus, das Rauschen des Meeres beruhigt mich etwas.

Nachdem Jonas sich von mir zurückgezogen hatte, suchten mich Wellen der Trauer heim, die allmählich verebbten. Ich hatte den Abschied erwartet, aber nicht auf diese abrupte Weise. Es wurde mir bewusst, dass es seit der Trennung von meinem Mann keine solch intensive Verbundenheit mit einem Mann gegeben hatte. Wie ist danach weiterging? Ich war damals waghalsig gewesen, diesen scheuen Europäer, der sich offensichtlich erstmals in die Bäder traute, anzusprechen. Es war mir damals nicht bewusst, dass ich mich nach einer Liebesbeziehung sehnte. Seine introvertierte Verklemmtheit hatte mich angesprochen. Ich ahnte, dass es nicht dabeibleiben würde. War er nicht bei seinen Besuchen in Santa Cruz und – ja bei unserer Reise durch die Schweiz ein halbes Jahr später – noch ein junger Spund gewesen? Hatten nicht seine Verspieltheit, sein Leichtsinn mich aus meiner täglichen Routine gerissen? Warum ist er nicht mit mir zusammengeblieben? Na klar, er war zehn Jahre jünger. Was hätte er mit mir gewollt? Ich betrachtete mich im Spiegel und stellte jeden Morgen eine Falte mehr fest. Er hatte ein kantiges, glattes Gesicht, beinahe noch jugendlich. Mit zunehmendem Abstand wird mir bewusst, wie verkorkst der junge Mann aus der Schweiz gewesen war. Um Himmels Willen, wie blühte er auf beim Besuch bei mir, wie ein junger Hund. Es war, als seien all die altmodischen Kleider von ihm abgefallen, die er bei seinem Besuch in Esalen trug. Die Lackschuhe, die sauberen Jeans, das weiße T-Shirt mit dem Aufdruck „Zurich Lake". Als ob er zu einer Fachkonferenz unterwegs wäre. Wie unbeholfen er sich in den Bädern benahm, auf dem Sprung zum Rückzug. Und sein Lächeln, als ich ihn ansprach.

Damals in Fliessen, als ich nach dem Frühstück vorschlug, einen Berg zu besteigen, den wir vom Schlafzimmerfenster ausmachten? Lachend hatte er mir den Weg dort hinauf auf der Wanderkarte gezeigt und ich hatte ausgerufen: „Niemals." Und doch waren wir Stunden später auf dem Gipfel angekommen, ich außer Atem, er mit dem breiten Grinsen auf dem Gesicht, das ich an ihm so mochte. Kurz vor meiner Rückreise aus der Schweiz hatte er eine Party mit einer afrikanischen Band organisiert. Die spielten bis in die frühen Morgenstunden und brachten damit alle Mitbewohner im Haus in Rage.

Ein Jahr später kam ein Mann zurück nach Kalifornien, der nur noch das Ziel seines Studienabschlusses vor Augen hatte. Meine Gefühle waren zwiespältig: einerseits konnte ich es kaum erwarten, ihn wieder in die Arme zu schließen. Andererseits: würde unsere mehr als einjährige Liebesbeziehung weitergehen? Ein Bruch war zu erwarten. Ich holte ihn nicht vom Flughafen ab. Ich erwartete, dass er sich selbst ein Auto mietete. Tatsächlich erschien er am vereinbarten Sommerabend und ich hatte in Tortillas eingewickelten Reis, dazu Fleisch, Bohnen und Käse vorbereitet und eine Flasche Zinfandel im Kühlschrank. Seine Stimme war tiefer. Vor einem Jahr waren seine Bemerkungen voller Witz gewesen, ein fröhlicher und planloser Mensch, wie mir schien. Nun schien seine Gesichtsmuskulatur, insbesondere um den Kiefer, angespannt. Er sprach über seine Ziele, die bevorstehende Aufnahmeprüfung und darüber, Unterschlupf in der Bay Area zu finden. Er kannte schon einen Professor aus einer Begegnung in der Schweiz. Ich bot ihm an, bei mir zu wohnen. Das hätte ich wohl nicht tun sollen, ahnte ich doch den nicht geringen Schmerz bereits voraus, den ich nach seinem Weggang empfinden würde. In den folgenden Wochen war er immer unterwegs, fuhr er „God Only Knows" wohin, irgendwo zwischen San Francisco und Silicon Valley, kehrte oft spät abends zurück und verschwand dann in seinem Zimmer. Ich bat ihn, inskünftig in seinem Zimmer zu schlafen, was er wortlos akzeptierte. Meine Reaktion auf sein Verhalten kam mir selbst trotzig vor, aber ich konnte nicht anders. Ich hatte zunehmend den Eindruck, einen Kuckuck in meinem Nest zu haben.

Dann sagte mir Jonas, dass er im kommenden Herbst mit dem Studium in Kalifornien beginnen werde. Er habe dann eine feste Bleibe. Er habe sich bei einigen Professorinnen und Dozenten vorgestellt. Die würden sich auf einen Nordeuropäer freuen. Am letzten Abend lud er mich in Jack O'Neills Fischrestaurant oberhalb der Küste ein. Wir feierten wie früher und gönnten uns nach dem Essen in der Lounge ein paar Drinks. Wir liebten uns auf der Couch auf der Veranda, das Meeresrauschen im Hintergrund. Bevor er am nächsten Morgen ging, stellte er mir einen Blumenstrauß auf die Veranda, dorthin, wo wir früher oft miteinander geschlafen hatten. Jonas versprach, mich anzurufen, sobald er wieder in Kalifornien sei.

Drei oder vier Jahre habe ich nichts von ihm gehört. Der Bluffer, er hat mich in die Ecke gestellt, vergessen. Abgesehen von meinem Haus und der Telefonnummer habe ich seither in meinem Leben alles verändert. Doch irgendwann an einem heißen Augustmorgen rief Jonas mich an, ob ich Zeit für seinen Besuch hätte. Ich erkannte seine Stimme sofort, der melancholische Unterton darin. Die Erinnerungen waren wieder da. Ich konnte ihm nicht böse sein. Am folgenden Tag trafen wir uns am Eingang des Santa Cruz Forest, ein Regionalpark, bestehend aus hochstämmigen Küsten-Sequoias. Ich war oft in diesem Park gewandert, der von kleinen Canyons durchzogen war. Ich nahm seine leuchtenden Augen wahr und dass er die Shorts sofort erkannte, die ich trug – es waren dieselben wie bei unserer ersten Begegnung in Esalen. Wir gingen einige Zeit schweigend durch den Wald, es wurde zunehmend düster. Beide zögerten, das Gespräch zu beginnen. Jonas lächelte gequält, als er mir erklärte, er habe im Lauf des Studiums, das sich nun dem Ende nähere, oft an mich gedacht.

– Ja warum hast du mich nie besucht?

– Ich war durch das Studium in Berkeley in Anspruch genommen. An den Wochenenden arbeitete ich oft noch in der Universitätsbibliothek, um etwas Geld zu verdienen. Ich war so vertieft ins Lernen und hatte so viele Sorgen mit ständigen Wohnsitzwechseln, dass ich wahrscheinlich vergaß, an dich zu denken. Ich frage mich selbst, warum, war ich zu gehemmt oder was war es?
– Trotzdem, ein Anruf …
– Hmm, vielleicht dachte ich, dass du längst einen anderen hast.
– Das nehme ich dir nicht ab, dass du das gedacht hast.
– Um ehrlich zu sein, ich war oft bedrückt. Du warst damals stets so gut drauf, ich hätte mich nicht getraut, dir in dieser Stimmung unter die Augen zu treten.
– Es geht mir auch nicht immer gut …
– Da musst du mir noch mehr dazu sagen.
– Diese Lässigkeit des kalifornischen Life Style, der mich in den ersten Monaten so faszinierte – ich empfand zuweilen einen großen Kontrast zu meiner Ernsthaftigkeit. Ein Kontrast, der mich fast zerrissen hat.
– Okay, du bist geblieben. Was hat geholfen?

Stefan aus Zürich hat mich jeden Sommer besucht. Er hat mir die Gegend am Klamath River, die großen Wälder im Norden und den Mount Shasta gezeigt. Einen Sommer hätten sie in Oregon gecampt. „Diese Trips", wieder zögerte er, „vielleicht war es auch eine Gegend, die mich an die Schweiz erinnerte – die haben mich entspannt." Das Studium sei sehr interessant gewesen. Danach sei das Erarbeiten der wissenschaftlichen Texte so langwierig geworden, dass er keine Zeit gehabt hätte, an etwas anderes zu denken.

– Du hast mir immer noch nicht gesagt, warum du nicht Schluss gemacht hast mit dem Studium.
– Ja, ich war sehr engagiert, war gezwungen, Multitasking zu machen, zum Beispiel lesen und essen zugleich. Ich

habe die Nächte in den Bibliotheken verbracht. Die PCs waren gerade am Aufkommen; ich bin oft über den Büchern und Notizblättern eingeschlafen.

Zudem die Einarbeitung in die Informatik, die damals neu war. Schließlich hingen unsere wissenschaftlichen Arbeiten davon ab. Wir setzten uns auf eine Bank und tranken aus unseren Wasserflaschen. Später standen wir vor einer Hängebrücke, die über einen Canyon führte. Ich spürte einen Anflug von Übermut in mir aufkommen, ein Hauch der Erregung, die uns früher verbunden hatte. „Du gehst voran", lachte ich ihm zu. Er schaffte es leicht, rüberzukommen. Als ich mitten auf der Brücke stand, erfasste mich Schwindel. Ich hielt mich am Seil fest. Jonas kam mir entgegen und stützte mich. Unvermittelt brach es aus mir heraus: „Ich bin krank, Jonas, es geht nicht mehr lange."

Jonas nahm meine Hand bis zum Ende des Stegs. Dann starrte er mich wortlos an.

- Ein bösartiges Melanom, Hautkrebs. Da lebt man normalerweise nach der Diagnose nur noch kurze Zeit.
- Er schüttelte konsterniert den Kopf.
- Um Himmels Willen, Gail! Seit wann weißt du das?

Er nestelte an meinem Rucksack herum.

- Seit einem Monat. Ich war beim Dermatologen, um die Resultate der Probe zu besprechen.

Am liebsten wäre ich Jonas in die Arme gesunken. Doch da lag eine Riesendistanz zwischen uns. Er rang um Worte. Ich spürte seine Verlegenheit und schlug vor, dass wir uns auf den Rückweg machten.

- Gail ... ich werde bald in die Schweiz zurückkehren. Die Stelle bei Northeast Lodge in San Francisco habe ich nicht

bekommen. Ich muss mich in Zürich um eine Arbeits-
möglichkeit kümmern. Und nun habe ich das Gefühl, ich
kann dich nicht allein lassen.
- Ich weiß. Ich werde dich nicht mehr besuchen. Dazu bin
  ich zu schwach geworden.

Ich habe ihn nie mehr gesehen. Seine damalige studentische Unruhe erinnert mich heute an Albert. Noch dreimal pro Woche
fahre ich mit meinem Auto in die Zentralküche des Altenheims
und belade den Kofferraum mit dreißig fertigen Mahlzeiten, ver-
packt in einen Wärmeplastikbehälter. Dann bringe ich sie zuerst ins Behindertenheim, dort leben Menschen, die meine Hil-
fe dringend nötig haben. Dann weiter zum Ehepaar Baker, zum
alleinstehenden Pastor Harper, weiter zu Frau Smith, der Wit-
we des früheren City Majors. Die letzte Mahlzeit trage ich über
die Steinstufen zum Haus, das hoch über der Klippe liegt und
von dessen Blick durch die Fenster sich die Meeresküste südlich in Nebelschleiern verliert. Die greise Eliza lebt dort allein,
nachdem ihr Mann John vor mehr als dreißig Jahren eines Tages nicht mehr zurückgekehrt war. Er hatte beim Secret Service
gedient und war eines Tages nicht mehr zurückgekommen. Ich
war ihr beim Einnehmen der Mahlzeiten behilflich, da sie aufgrund arteriosklerotischer Gelenke ihre Arme nicht mehr an-
heben kann. Ich lege sie nach der Mahlzeit ins Bett. Bevor ich
mich verabschiede, sagt Eliza, dass sie bestimmt heute Nachmittag endlich wieder einmal Wale beim Spielen beobachten könne.

Das war mein letzter Besuch bei Eliza. Mittlerweile bin ich zu
schwach, um die „Meals on Wheels"-Tour machen zu können.
Es gibt Tage, an denen ich fiebrig bin und mich nicht unter die
Sonne getraue. Auch heute, da ich weiß, dass meine Krankheit
fortschreitet, mein Tod unausweichlich ist, bin ich der Meinung,
dass freiwillige Arbeit die Menschheit retten könnte. Der Tod
bedeutet weder, dass mir die Zukunft geraubt, noch das Ver-
gangene genommen wird. Ich bereite mich auf ihn vor. Ich habe
nicht mehr auf einen Mann gehofft. Die Stimme von Jonas ist

in mir – ich kann mich mit ihm unterhalten, wenn ich will. Die Chakras und die weltumspannenden Gesänge, die endlosen Umarmungen an den Happenings, das New Age sind längst wie ein Haufen alter Spukgeschichten begraben. Mein Sohn und ein paar Freundinnen werden um mich sein.

I Won't Back Down

Wenige Wochen später kaufe ich mir auf ein Inserat hin an der Stanford University einen alten Toyota Celica Sport. Das Fahrzeug des Studienabgängers kostet nur wenige Dollar. Ich bin euphorisch: So ein Glück!

Das Psychologiegebäude ist ein großer Backsteinbau. Als ich aus dem Auto steige, habe ich das Gefühl mich einem Ofen zu nähern. Ich konsultiere die Liste von Professorinnen und Professoren, die auf einer Kreidetafel am Eingang angebracht sind und die ich aufzusuchen habe. Als erste die Klassenlehrerin, Mrs. Bliwise. John hat mir Respekt vor den Professoren angeraten. Ich atme tief durch, dann klopfe ich an die Türe, die sofort aufgerissen wird. Ein Raum von der Größe einer doppelten Schuhschachtel. Das Pult übersät mit Papieren, Büchern, Notizen, einer Plastik von William James. An der Wand eingerahmt, ein Familienfoto der Professorin, sie umringt von Kindern und Enkeln. Das Buchgestell, das bis zur Decke reicht, quillt über vor Büchern. Der Raum ist fensterlos. „Hello, you must be a Freudian, all Europeans are Freudians", begrüßt mich die Professorin. „But Freud was completely wrong. We will see that in our upcoming Seminars." Dann drückt sie mir eine Literaturliste in die Hand und fordert mich mit einer Handbewegung auf, die nächste Studentin hereinzulassen.

Die sonnengebräunte Professorin Mrs. Greyson begrüßt mich freundlich: „Oh, we like Students from Europe, we don't have many. Do you know Susanne, she is also Swiss? She has already been a year with us." Dann wendet sie sich einem Stapel von Textbüchern zu, die mit einem Band zusammengehalten werden, sie greift sich den obersten: „Das wirst du in den kommenden drei Monaten zu lesen haben." Ich balle meine Hände zu Fäusten, um mir Mut zu machen, gehe von einem Raum zum nächsten, bis ich meine Liste abgehakt und das Ende des Gangs erreicht habe. Mein Rucksack ist zu klein für die Textsammlungen, stelle ich fest. Es ist Mittag und damit ist der Moment für den Dean[3] gekommen, sich an die neuen Studierenden zu wenden. Wir befinden uns in der Gebäudemitte, dem einzigen Raum, der von Tageslicht durchflutet wird. Einige Studenten sitzen auf Hockern, die meisten stehen entlang der Wände. Der Dean trägt ein blütenweißes Hemd und eine rote Krawatte, in der rechten Hand hält er einen Hamburger, in eine Serviette gehüllt. Er sagt einige Worte mit einem gekünstelten Lächeln, während des Sprechens tropft die feuerrote Sauce auf sein Hemd. Mit zunehmend lauter Stimme erklärt er uns, wie streng die kommenden Monate für die Studierenden sein werden. Zum Schluss betont er, wie erfolgreich sein Institut ist und schwört damit die Studierenden auf hohe Leistungen ein. Kurzer Applaus beendet die Einführung.

In der Lobby herrscht erregtes Stimmengewirr. Ich kann nur einzelne Wortbrocken oder Fetzen von Sätzen ausmachen, welche meine zukünftigen Mitstudierenden austauschen. Ich verstehe nur einzelne Brocken des lokalen Dialekts. Einige scheinen sich bereits zu kennen, andere tauschen intensiv Informationen zum Stundenplan aus. So viel kann ich der Sprachmelodie entnehmen. Ich spüre den Puls in meinen Handgelenken, Herzklopfen. Was soll ich hier mit dem steifen Oxford-Englisch, das in der Mittelschule erwünscht war? Ich fühle mich, als wäre ich eben auf dem Mars gelandet.

„My name is Cheryl, Cheryl Levy. I saw you walking in this morning. Can I help you?" Ich wende mich der angenehmen Stimme zu. Sie trägt ein mit Blumen bedrucktes Kleid, während die meisten Studentinnen Jeans tragen. Ein brünettes Gesicht, umgeben von pechschwarzen Locken, lächelt mich an. Cheryl musste

---

3 Schulleiter

um die fünfundzwanzig sein. Ich schlucke leer und nicke: „Oh, I don't know where to start here. Are we in the same class?"

„Step in my car, we drive to Kinkos, to get textbooks,"sagt Cheryl. Ich atme tief ein. Wir fahren an die Alston Avenue und holen ein Bündel Ordner, die Textbücher unterschiedlicher Autoren enthalten, welche wir für die morgen beginnenden Vorlesungen benötigen. Ich lade Cheryl zu einem Cappuccino ein, der für amerikanische Verhältnisse ungewöhnlich stark ist und nach Vanille duftet. Auf dem Rückweg nach Belmont höre ich im Autoradio Tom Petty's „I Won't Back Down" und singe laut mit. Was hat Cheryl mir spontan erzählt? Sie stammt aus einer jüdischen Familie, hat vier Geschwister und zwei Enkelinnen, eine Tante in L.A., die in der Nähe von Venice Beach lebt und ihr sehr nahesteht. Für den nächsten Tag hat sie mich gebeten, die Badehose einzupacken. Am folgenden Tag mittags nach der ersten Vorlesung über Persönlichkeitstests stehen wir am Pool. Wenn ich den Tumult von Schwimmenden, von Armen und Köpfen, die im Becken um die Wette crawlen, beobachte, packt mich nacktes Entsetzen. Ich nehme meinen Mut zusammen. Ich benetze die Füße, das Wasser ist kalt, während sich Cheryl bereits von der Pool Wand abgestoßen hat. Ich huste Wasser, fuchtle wild um mich. Doch nach ein paar Längen gelingt die Technik des Kraulens besser. Es macht sogar Spaß. Ich habe mich ins kalte Wasser gestürzt und Crawlen in wenigen Minuten gelernt. Wieder in Kleidern, sagt Cheryl: „Come on, Jonas, we'll swim twice a week! Crawling is going to be Part of our daily routine." Später essen wir in der Crunchy Bakery Schoko-Brownies. Bei ihr zu Hause in der Fifth Avenue will sie mir ihren neuen PC zeigen: „Meinen neuen *Mac* solltest du sehen! Ich schreibe jetzt schon alles auf Disketten." Nun bin ich vollends platt. Ich habe noch nie einen Mac gesehen.

Die Levys bewohnen ein rotes Backsteinhaus mit einer feuerroten Eingangstüre und einer roten Bank neben der Einfahrt. Frau Levy hat rote Haare, der feurige Wuschelkopf erinnert mich ein wenig an Frau Lüthi. Cheryl führt mich in ihr winziges Zimmer.

Der kleine weiße Mac steht auf dem Schreibtisch; sie drückt einen Knopf und ein farbiges „Hello!" erscheint in Schreibschrift auf dem Screen. Sie strahlt. Eine Reihe von Codes flimmern über den Bildschirm, eine Diskette präsentiert die rechte Hemisphäre des Gehirns, eine andere das neuronale Netzwerk des menschlichen Körpers und eine weitere Diskette Läsionen der sensorischen Sprachregion. Cheryl fragt:

- Do you like Neuroscience? I've already read a lot about it.
- Well, for me it's pretty much like coming to this country – all new territory.

Sie fährt fort:

- How do you like all these new things? It must be overwhelming!

Sie muss die Verlegenheit in meinen Augen wahrgenommen haben.

- I am sorry for you, Jonas, you got to learn this material at the hell of a pace,
- flüstert sie. Ich schnäuze die Nase, wische mit der Hand über die Augen, starre Cheryl an:
- Ich habe mich ein wenig eingelesen, in deutscher Sprache. Alles interessiert mich.

Wir schweigen. Meine Zuversicht gewinnt Oberhand. Mein Blick geht zum Fenster. Cheryl lächelt mich an. Draußen zieht Dunkelheit auf. „Well, I see you tomorrow!" sagt sie fröhlich und begleitet mich zur Tür.

Prima, dass Cheryl auf mich zukam. Ich hätte wohl nicht den Mut gehabt, ausgerechnet auf sie zuzugehen.

Als ich im Auto sitze, kommen die Selbstzweifel zurück. Ich war ein Versager, sicher vor mir selbst, vor meinen Eltern, vor den

Lehrern und Freunden wohl auch. Werde ich diesmal wieder für Enttäuschung sorgen? Sollte ich besser gar nicht anfangen, um dann nach einem Jahr zu merken, es geht einfach nicht? Solche Gedanken sind Blödsinn, ich kurble das Fenster hinunter. Ich fahre durch die Golden Hills des Skyline Boulevard nach Belmont. Die kühle Luft, welche durchs Fenster hereinströmt, entspannt mich. Kurz vor Belmont erreiche ich eine Reihe majestätischer Häuser, die alle fast gleich aussehen: fächerartige Einfahrten gesäumt von braunem Rasen, weißgetünchten Fassaden. Die Straßen sind von Schlaglöchern durchsetzt, welche der kleine Chevy nur schlecht abfedert. Täglich kommen Studenten und Studentinnen auf mich zu. Scott grinst mich an: „How're u doing?" „I am All Right." Doch Scott hat meine Bemerkung überhört und wendet sich sofort seiner Tischnachbarin zu. Es war seine Art der Begrüßung eines noch unbekannten Mitstudenten. Ende der Woche steht bereits ein Test in Philosophiegeschichte an. Als ich nach Mitternacht das Licht lösche, schwitze ich in meinem Bett. An Schlaf ist so nicht zu denken. Ich habe an diesem Abend weder etwas gegessen noch geduscht, nur Wasser getrunken.

Einige Prüfungen habe ich hinter mir. Das gibt Selbstvertrauen. Das letzte Wochenende im November bricht an. Ich fahre mit meinem alten Auto über die Dumbarton Bridge nach Fremont. Die Freundin einer Mitstudentin – wir haben uns kaum je gegrüßt – hat mich zu einer Newcomer-Party eingeladen. Nein, kein Alkohol, nehme ich mir vor; in diesem Land, wo nullkommanull Promille am Steuer gilt. Ich treffe auf eine Menge elegant gekleideter Menschen: „Nice to meet you here", „Ohh, you are from Switzerland?" Es ist mir peinlich, mein Auftritt in einem T-Shirt mit dem grauen Matterhorn. Es sind vor allem IT-Spezialisten aus aufstrebenden Firmen des Silicon Valley anwesend. Ich spreche mit einigen von ihnen, spende einige Dollar für eine Charity Foundation[4] zur Unterstützung bedürftiger

---

4 Wohltätigkeitsstiftung

Menschen, die an diesem Abend gegründet wird. Die Aufbruchs-stimmung lässt sich mit Händen greifen. Es werden Häppchen herumgereicht, libanesische Küche, Teller „Made in Venezia". Die Gespräche sind kurz. Man ist darauf bedacht, mit jedem anwesenden Gast ein paar Worte zu reden, um bei möglichst vielen einen Eindruck zu hinterlassen. Als ich die Treppe vom Klo heraufkomme, spricht mich ein Mann, lässig ans Geländer gelehnt, an: „Hey, willst du eine Prise Schnupftabak?" Er greift zu einem Säckchen mit weißem Pulver. Alles, was mir hier passiert, ist positiv, denke ich. „Nimm noch eine Nase voll", sagt er und verschwindet unter den Anwesenden. Um drei Uhr morgens fahre ich über die Brücke zurück. Cocain! Ich bin hellwach: Über mir die Sterne, der Große Wagen, das Sternbild Kassiopeia. Auf beiden Seiten der Brücke die Wasserfläche. Die Zeit hat ihre Dimension verloren. In Kalifornien ist es nicht wichtig, wo du herkommst, sondern was du machst, denke ich. Wenige Stunden später parke ich vor dem Psychologischen Institut, ohne geschlafen zu haben. Die Prüfung in der praktischen Anwendung von Persönlichkeitstests gelingt.

Ich verbringe die Tage in den Vorlesungen, die Nächte über meinen Textbüchern im heißen Dachzimmer in Belmont. An einem Mittag lehne ich mich an den Stamm der Sequoia im Pfarrgarten, zu der ich eine innere Brücke gebildet habe. Das Gefühl der Verlorenheit hat mich eingeholt. Viele Ideale haben mich hierhin geschwemmt, wenige sind geblieben. Dachte ich mir, dass ich hier haufenweise neue Freunde finden würde, dass es diesbezüglich besser wäre als in der Heimat? Das Erlebnis mit dem Cocain zeigte doch, dass die Menschen – einige immerhin – wollen, dass ich dazu gehöre. Ich fühle mich einsam. Und warum wohl? Das Marsgefühl, das ich mit Fritz Zorn teile, ist zurückgekehrt. Die Menschen hier haben einen so unglaublichen Drive. Daneben komme ich mir wie ein Pflänzchen vor. Da kann ich nicht mithalten. Sind sie in ihrer Natur oberflächlich, wie man mir in der Schweiz immer vorgequatscht hat? Nonsens. Sie kümmern sich einfach um ihre nächstliegenden Dinge. Sie streben

Ziele an. Wenn der Kontakt mit anderen Menschen ihnen dabei hilft, umso besser. Das tun sie jenseits des Teichs auch! Ich dachte doch immer, die Schweizer sind so beschäftigt. Cheryl und Scott sind unermüdlich am Lernen. Dabei strahlen sie Leichtigkeit aus. People here are much more outgoing and funnier, damn it. Thinking this way, lifts my mood. Ein Studienfach hat „Die Erfassung der Menschlichen Persönlichkeit mittels Tests" zum Gegenstand. Wir müssen lernen, die Begabungen, die Interessen und Vorlieben junger Menschen ans Licht zu bringen. Sind diese gesellig und weltoffen oder kleinlaut und distanziert, stumm wie Makrelen oder haben sie eine extrovertierte Persönlichkeit? Dafür brauchen wir Testpersonen, Guinea Pigs. Einmal mehr sitze ich in der Patsche. Ich habe kaum Menschen in Palo Alto und Umgebung kennengelernt. Woher nur soll ich die Jugendlichen nehmen? Ein Dutzend! Erneut tauchen die Schatten meiner Vergangenheit auf. Es ist nicht zu schaffen! Soll ich das Schlachtfeld frühzeitig verlassen? Zurück in die Schweiz, deren Voraussetzungen mir bekannt, der Lebensstil vertraut sind? Sitze ich auf der falschen Seite der Zuschauertribüne? Susanne hat mich ins Aikido Training eingeladen. Ich schiebe die schlechten Gedanken beiseite, gehe mit ihr, schaue beim Training zu. Den Kämpfenden zuzusehen, begeistert mich. Sofort ist mir klar: ich möchte diese Halte- und Wurftechniken, erlernen. Zwei Abende pro Woche fürs Training, das sollte drin sein. Das wird mich fit halten.

Ich trainiere nun schon einige Wochen. Ein Aikido-Schüler versetzt mir einen Schlag auf die Schulter. Den Schmerz spüre ich danach eine Zeitlang. Doch ich werde weitermachen, jetzt erst recht. Aikido stärkt die Kampfbereitschaft, jetzt nicht aufzugeben. Andererseits die vielen Verneigungen vor den Lehrern, diese Demut. Doch die Lust am Kämpfen überwiegt. Ich gehe regelmäßig in die Trainings. Im Autoradio scheppert wieder Tom Pettys „I Won't Back Down". Petty hat einen großen Hit gelandet; ich kenne den Text auswendig. Im Aikido übe ich Würfe, werde angegriffen und greife selbst an. Die Erfahrung der

Geschmeidigkeit bei der Ausübung dieser Kampfkunst erfüllt mich mit einem gewissen Stolz. Die Selbstachtung wächst. Ich wende mich an meine amerikanischen Studienfreunde, aber sie haben selbst Mühe, genügend Jugendliche für die Persönlichkeitstests zu finden. Pamela und Bill geben mir die Telefonnummern der Eltern Halbwüchsiger, die ich anrufen kann. Ich telefoniere erfolglos: Der Vierzehnjährige ist gerade in einem Jugendcamp, die elfjährige Tochter ist an sich schon mit Hausaufgaben überlastet. Ein Vater, Vizepräsident einer Schiffsbaugesellschaft, beschimpft mich, sein Sohn sei doch kein „Psycho". Er hängt auf. Eine Mutter nennt mich gar einen „Experimental Animal Doctor". Es ist zwecklos, kein Fisch wird anbeißen. Ich werde morgen mit Scott sprechen. Ein blonder, temperamentvoller Mitstudent in den Zwanzigern, der sich nur für ein Probesemester eingetragen hat. Wenn ich ihn sehe, begrüßt er mich mit „How are you?". Er begeistert sich für Baseball und ist ein fanatischer Anhänger der SF 49'ers. Er arbeitet unregelmäßig in einem Jugendheim. Scott wirkt wie ein Teenager mit seinem feinen Gesicht und den langen Haaren, denke ich, als ich am Ende der Lektion auf ihn warte. Lässig lehnt er an seinem Cabriolet, lächelt, eine Krähe stürzt sich vom Himmel und landet auf dem Kühler. „Du kannst es mit denen versuchen." Er notiert schnell einige Telefonnummern auf ein Blatt Papier, ruft mir „See You!" zu und ist verschwunden.

Ich fahre an einem Samstag in das „Youth Rehabilitation Center" von San Jose, das Gebäude ist so trostlos, dass ich mich mehrmals verhasple, als ich mich nach dem Empfang durchfrage. Die erste Testperson, ein molliger heiterer Jugendlicher im Rollstuhl erkundigt sich bei mir über „Switzerland". Nach einigen Erklärungen hole ich das Testmaterial hervor.

Der erste Novemberregen fällt, als ich schließlich mit einem ganzen Stapel ausgefüllter Testdokumente und geschwellter Brust nach Hause fahre. Kommenden Sonntag werde ich Scott zu einem Spiel der 49'ers einladen.

Das Spiel findet im Candlestick Park statt. Scott trägt seine Cowboy-Stiefel und ein 49'ers T-Shirt. Auf der Zuschauertribüne erklärt er mir die Spielregeln. Wir trinken Bier aus 49'ers-Bechern. Je länger sich das Spiel hinzieht, umso mehr gerät er in Fahrt. Seltsam, es ist ganz anders als bei einem Eishockey- oder Fußballmatch. Das Publikum plaudert während des dreistündigen Spiels über die lange anhaltende Trockenheit in Kalifornien, über die Probleme beim Job. Ab und zu wirft Scott einen Blick aufs Spielfeld. Dann bringt er noch mehr Bier. Das Geschehen unten auf dem Rasen läuft scheinbar nebenbei ab. Und die Spieler erst in ihren clownesken Anzügen, mit ihren verbandähnlichen Höckern an Ellbogen und Knien. Plötzlich frenetisches Gebrüll: Die San Francisco 49'ers haben gewonnen. Scott strahlt. Später pilotiert er sein Auto in einem Ozean von Limousinen nach Palo Alto. Er verspricht, mich in der Schweiz zu besuchen: „Whenever that may be ..." Ich habe Scott nie mehr getroffen.

Die Tage werden kürzer. Um sieben, wenn ich in die Medical Library der Stanford University radle, ist es bereits dunkel. Den Inhalt meines Rucksacks leere ich auf den Studiertisch. Der Automat am Eingang spuckt ein starkes Kaffeegebräu aus. Der Gang über die Treppen hinunter, wo ich den Becher nachfülle, ist eine willkommene Pause – genau wie der Gang zu einem der neuen Mac Computer, die im obersten Stock zur Verfügung stehen. Um mir Informationen über Forschungsprojekte zu holen, muss ich am Desk meine Studentennummer abgeben. Anschließend wird mir das Gewünschte geliefert. Meine Semesterarbeit befasst sich mit den psychologischen Folgen von Schleudertraumata nach Unfällen. An den Tischen wird gearbeitet. Abgesehen vom Klicken von Kugelschreibern und gelegentlichem Hüsteln ist es still wie in einer Kirche. Es ist zwei Uhr früh. Nach Stunden konzentrierter Arbeit flimmert es vor meinen Augen. Ich döse weg, mein Kopf sinkt auf das Pult.

Die Vorprüfungen habe ich bestanden. Ich bin zufrieden. Doch meine Genugtuung währt nicht lange. Die Weihnachtspause naht. In der Bay Area hat der ersehnte Regen eingesetzt. Meine Freunde sind nach Hause gefahren. John und Gretchen verbringen einige Wochen in Europa. Sie schicken mir eine Postkarte aus Paris in ihr großes Haus, das mir groß und kalt, wie ein Kerker erscheint. In dieser Jahreszeit wird es einfach sein, eine neue Bleibe zu finden. Viele Studierende haben Wohngemeinschaften verlassen. Das habe ich mir vorgenommen. Viele Studenten haben ihre Unterkunft verlassen. Das Help Desk am Campus, wo das Ads Board hängt, ist voller Inserate. Ich habe mich für eine Hausgemeinschaft in der Nähe des Campus entschieden. George und Charly sind meine neuen Room Mates. Der erstere, ein schlaksiger Typ mit langen dunklen Haaren, hat frappante Ähnlichkeit mit George Harrison. Charly, rothaarig, Physikstudent, ist der Mieter des Hauses. Obschon er auch Psychologie studiert, sehe ich ihn nie auf dem Campusareal. Wie er das wohl macht? Er legt Wert darauf, dass der Kühlschrank immer mit marinierten Steaks gefüllt ist. Mein Pult habe ich vor dem Fenster platziert, sodass ich Sicht auf den Garten mit mehreren Orangenbäumen und einer Sequoia habe. Doch was tun über die Feiertage? Ich rufe Gail an:

- Darf ich dich an Weihnachten besuchen kommen? Ich weiß, es ist lange her …
- I'm sorry, Jonas. Terribly sorry. Alison, my son will be with me. It's rainy and cold in Santa Cruz. I can hardly get out of my bed. See you later. Sie hängt auf.

Ich rufe Saul an, der in der Nähe von Esalen wohnen soll. In einem Haus, von dessen Südseite die Klippen steil in den Ozean abfallen. Damit hat er doch damals in Zürich angegeben. Seine Stimme am Telefon treibt mir Tränen in die Augen. Er wird mir sein Haus über die Weihnachtstage überlassen. Es gebe noch Gemüse und Fleisch im Kühlschrank.

Am Tiefpunkt

Der Wind heult zwischen den Klippen, im Blockhaus über den Felsriffen ist es still. Wenn ich vor die Tür trete, sehe ich die langgezogene Coastline von Big Sur. Ich höre das Rauschen der Wellen, die an die Felsen schlagen. Es liegt in der Nähe von Esalen, über den Klippen des Ozeans. Eine Einbauküche hinter der Fensterfront, bestehend aus zwei Herdplatten, wenig Geschirr auf den Gestellen und einigen Barhockern. Zwei Schlafräume, ein Hot Pool mit Meersicht.

Bei meiner Ankunft habe ich Saul getroffen. Wir haben uns umarmt. Eine Stunde später fährt er weg, um eine Freundin in Monterey zu besuchen. *Ich kann es nicht mehr hinausschieben: Ich muss hier und jetzt entscheiden, ob ich weitermachen will oder nicht.* Ich unternehme einen Spaziergang bei den Klippen. Ich gehe langsam. Meine Beine sind schwer. Mit jedem Schritt werden auch meine Gedanken schwerer. Ich bräuchte einen Menschen, der mir die Angst nimmt vor den bevorstehenden Jahren. Der mich in die Arme nehmen würde, wie ein kleines Kind, liebevoll, um mich zu beruhigen.

Ich bin an einem paradiesischen Fleck dieser Erde, doch weshalb berührt mich das nicht? Fuck It! Es fehlt eine Person, die meine Situation versteht, mit mir darüber reden kann. Gestern rief ich Gail an. Jetzt würde ich so gern mir ihr reden, hören, wie es ihr geht. Wie schön es wäre, hier – beinahe wie damals – die Ozeanküste entlangzugehen. Ich nehme die salzige Luft kaum wahr. Es erscheint mir, als berühre ich die Erde nicht mit meinen Füßen. Die Mitstudenten sehen mich als Fremden, aus einem ihnen völlig unbekannten Land in Übersee. Wenn ich sage, dass ich in Zürich gelebt habe, fragen sie: Ist das die Hauptstadt von Schweden? Einige haben mich nach der offenen Drogenszene in Zürich gefragt. Mir ist, als ob meine Kolleginnen und

Kollegen ein Gebilde formten, das sich auflöste, am nächsten Tag erneut auftauchte und sich wieder auflöste. Cheryl, ja, sie horchte hin, wenn ich erzähle. Sie will in Europa studieren, in Paris oder Rom. Sie interessiert sich für Europäische Geschichte.

- Die Vereinigten Staaten wurden gegründet, als in Frankreich die Revolution stattfand. Ein junges Land, in dem ich geboren wurde. Diese lange Geschichte Europas beeindruckt mich.
- Du wirst mich irgendwann in Zürich besuchen kommen.
- „Zürich" habe ich noch nie gehört! Doch, ich werde kommen.

Mein früheres Leben in der Schweiz erscheint mir schemenhaft. Weshalb habe ich mich immer über Kleinigkeiten aufgeregt, mich in beruflichen Sorgen wie ein Schwein im Dreck gewälzt? Meine Freundinnen, die ihre Zukunft mit mir zusammen entworfen hatten, erscheinen mir ebenfalls als schemenhaft. Es ist doch ein Privileg, in den USA zu leben. Seit dem 2. Weltkrieg ist dieses Land Vorbild für die Schweiz. Die Demokratisierung der Vereinigten Staaten mit dem Zweikammersystem hatte doch unsere Verfassung wesentlich geprägt, hatte Vater einmal mit ehrfurchtsvoller Stimme gesagt. Doch hier spüre ich den Lebenskampf an allen Ecken und Enden. Die Supermarkets haben in den riesigen Lebensmittelabteilungen Regale für verarmte Menschen. Schweinefleisch, das in erster Linie aus Fett besteht. Nebst frischem auch viel fauliges Gemüse, zu einem günstigen Preis. Ich erinnere mich an meine Schwärmerei, ein Rockstar zu werden. To Hell With It. Wozu habe ich mich mit Gitarrenspielern abgemüht? Ssssh … Die Gedanken gehen zu meiner Beschäftigung als Sozialarbeiter zurück. Das Getriebe der Amtsstellen, die sich um Sozialhilfeempfänger bemühten, die bedürftigen Menschen, die von der Gesellschaft Ausgeschlossenen. Das war mir zu viel. Mit dem Marlboro Man samt seinem Stetson-Hut, dem Cowboy mit ledrigem Gesicht und durchdringenden Augen bin ich nicht zu verwechseln. Dieses amerikanische Ideal eines Menschen – Mannes? „Sei nicht so sensibel, du Arsch", sagte Rudi damals zu mir. Ich reagierte gekränkt, als er mir eine Schallplatte der Who nicht auslieh. „Du bist ein empfindsamer Bub", bedeuteten mir die Eltern oft.

Auf der anderen Seite des Ozeans zünden die Menschen jetzt Kerzen an, sitzen um einen Tannenbaum, singen Weihnachtslieder. Die Kinder packen Modelleisenbahnen oder Legos aus. Die dunkelgrünen Wälder in der Schweiz. Ich höre den Ruf des Meeres, achte auf die Gischt tief unten ... *warum nicht springen, jetzt gerade?* Ein Schritt; es wäre geschafft. Da plötzlich, ich höre einen ungewohnten Laut, ein Zischen, Ssssh. Ich schaue mich nach einem Vogel um. In unmittelbarer Nähe, in einer Nische zwischen Felsklippen, richtet sich etwas auf, es muss eine Klapperschlange sein. Ich starre sie an, fasziniert von dem schuppigen Reptil, das seinen Rachen aufreißt. Blitzschnell stößt ihr Kopf vor. Ich renne zum Haus, schlage die Türe hinter mir zu. Die kurze Begegnung schreckt mich auf. Ich bin hellwach. Hätte diese Begegnung für mich tödlich enden können? Das kann hier nicht das Ende sein. Ich muss, nein, ich will. Noch heute. Jetzt. Hier, in Kalifornien! Ich will die Herausforderung annehmen. Ich greife mir eine Tabakdose und stopfe eine von Sauls Pfeifen. Ich werde nach meiner Rückkehr Cheryl anrufen und mit ihr über einen Wechsel des Studienplatzes nach Berkeley reden.

Der alte Drugstore an der Ecke zu unserem Institut auf dem Campus sieht hässlich aus mit seinen Neonröhren und den Resopal-Möbeln aus den fünfziger Jahren. Von gleicher Hässlichkeit kündet der unechte Weihnachtsbaum vor der Tür mit ein paar elektrischen Kerzen, die aufgrund des Windes, der von der nahen Bay herkommt, längst in alle Himmelsrichtungen weisen. Es ist Mitte Februar und der Besitzer scheint noch immer keine Zeit gefunden zu haben, ihn zu entfernen. Ein Laden, in dem von verwaschenen Jeans bis zu unterschiedlichen Teesorten und Medikamenten beinahe alles zu haben ist. Cheryl und ich haben uns einen Becher Coke mit Eiswürfeln besorgt. Wir haben noch zwei Lektionen in Statistik und Neuropsychologie vor uns. Cheryl lächelt mir zu:

- How is it going?
- Oh, was over Christmas in Esalen, have you been there?
- Never.
- Ich bin gerade wieder mal umgezogen. Ich wohne nun mit zwei Typen zusammen, die auch studieren, Charly und George. Charly wirft ab und zu ein leckeres Steak auf den Grill. Wir essen und trinken dann Bier zusammen. Den kennst du vielleicht?
- Nein, nie gehört.
- Ich weiß auch nicht, was er den ganzen Tag über macht. Ich habe ihn bisher erst einmal bei uns auf dem Campus gesehen – und da schien er sehr in Eile.
- Ich kann zum Ende jeden Monats kündigen. Wenn wir im kommenden Herbst in Berkeley anfangen werden, wird das von Vorteil sein.

Die Kontaktfreudigkeit der Menschen in Berkeley hat etwas Ansteckendes. Hinzu kommt, dass es viele Studierende aus allen Ländern der Welt gibt.

Cheryls Mut, diesen Schritt nach Berkeley zu wagen, hat mich ermutigt, meinerseits das Risiko einzugehen, mit allem, was der Anfang in Berkeley bedeuten würde. Nebst den flüchtigen Kontakten kommen einige Bekanntschaften hinzu. An einem Filmabend im „International Students Club" an der Stanford University lerne ich Carla aus Bremen kennen. Ihr Mann Philipp ist auch dabei. Sie wird im nächsten Semester mit Psychologie beginnen. Philipp hat lange blonde Haare. An seinem Auto kleben Sticker von Greatful Dead-Konzerten. Er ist Dozent für Physik und möchte später gern am CERN in Genf arbeiten. Carla und Philipp laden mich gelegentlich in ihre kleine Studiowohnung ein. An einem Abend diskutieren wir, welche Songs der Greatful Dead die meisten Euphemismen über Sex enthalten. Darüber weiß ich nichts. Stattdessen frage ich in die Runde, welches Wort die Menschen in Kalifornien für menschliche Geschlechtsteile gebrauchten. Na ja, im Deutschen gibt es viele. Vulva, wie im Deutschen. Philipp schlägt vor: Vulvagina. Das würde die Diskussion um Außen und Innen klären. Gelächter. Na und, im Volksmund? Beaver, sagt Philipp, der schon lange hier lebt, und Coo, ergänzt Carla. Das Wort Coo habe ich tatsächlich auch schon gehört. Philipp: „Nun sagt mal, der Phallus, wie siehts denn bei uns Männern aus?" Die bekannten Ausdrücke wie „Prick", „Dick", „Cock" fallen, die ich alle von Blues und Rock Songs kenne.

- Kennt ihr Esalen?
- Esalen? Nie gehört!

Ich erzähle Carla und Philipp einiges über Esalen. Am Wochenende besuchen wir das Kurszentrum hoch über den Klippen von Big Sur. Wir bleiben nur für eine Nacht, werden besonders gastfreundlich empfangen, da es in dieser Jahreszeit nur wenige Gäste gibt. Wir sitzen nach dem Nachtessen bei einem Glas Cabernet auf der Holzbank der Veranda, als plötzlich ein Schwarm Monarchfalter über die Bäume im Esalen Garden herfällt. So viele, dass der Himmel für einige Augenblicke verdunkelt ist.

Mein Geburtstag fällt auf Ostern. Die Levys feiern Pessach und ich bin zum Festessen eingeladen. Nachdem ich meinen Wagen in der großen Einfahrt geparkt habe, zeigt mir Cheryl die Riesenschildkröten im Garten hinter dem Backsteinhaus; sie bemerkt lachend, dass diese Tiere so alt wie wir beide zusammen werden können. Ein Truthahn war ausgeweidet und mit Kohl und anderem Gemüse und Kastanien gefüllt worden. Hungrig machen sich alle über den Braten her. Kevin, ihr Bruder, trägt einen dicken Verband über der Stirn, unter dem dunkle Blutspuren zu sehen sind. Er wurde am Kopf hart von einem Baseballschläger getroffen und darauf von seinem Vater Stephen, der Arzt im Queen Elizabeth Hospital ist, behandelt. Kevin verschwindet in seinem mit Postern berühmter Baseballspieler ausgeschmückten Schlafzimmer. Ich helfe Cheryls Mutter bei den Hausarbeiten in der Küche. Nachher setze ich mich zu meiner Mitstudentin in den Living Room. Sie sagt, das Institut hier in Palo Alto sei durch übermäßigen Wettbewerb geprägt. Nancy hatte sie kürzlich ein „Molly Coddle" (Weichling) genannt, als sie sich über die exzessive Last der Studienarbeiten beklagte. Ich erinnere sie an ihre Bemerkung in einer Klassenaussprache neulich, dass Bliwise sich über politische Interessen von Studierenden lächerlich mache. Cheryl war mehrmals nach Berkeley gefahren, um an Demonstrationen gegen die israelische Apartheidpolitik teilzunehmen, was Bliwise zu Ohren gekommen war. Ich wollte eine Semesterabschlussarbeit über den Maler Henri de Toulouse-Lautrec schreiben, was von Professor Rodriguez abgelehnt wurde. Rodriguez empfand den Maler als „frivol" und damit einer Studentenarbeit nicht würdig. Ich bewundere dessen Gemälde, insbesondere eine Sammlung von Bildern, die während der zahlreichen Bordellbesuche des Künstlers in Paris entstanden waren. Cheryl berichtet von ihren Interessen an Psychoanalyse und dass auch andere psychotherapeutische Modelle am Pacific Institute in Palo Alto nicht vorgetragen würden. Ihre Stimme wird höher, ihren Ärger darüber verratend, dass die Ausbildung mit ihrer einseitigen Konzentration auf experimentelle Psychologie sie nicht befriedigt. Sie möchte in die Tiefen der menschlichen Psyche sehen. Ich denke an meine seelischen Abgründe, die ich über Weihnachten in Big Sur erlebte, zurück. Ich würde ihr gern körperlich näherkommen, ihre Hand ergreifen, doch soweit möchte sie es nicht kommen lassen. Ok, das weiß ich.

An der Universität Berkeley könnten wir im kommenden Herbst beginnen, falls wir angenommen werden. Ob ich schon von „Northeast Lodge" gehört habe, einem Psychiatriezentrum in einer elenden Region am Rande von San Francisco. Da müsse man auch Nachtschichten einlegen, da wolle sie hin. Der Sturmwind bläst durch die Sequoias vor dem Fenster und einzelne

Regentropfen trommeln aufs Fensterbrett. Cheryl schenkt mir ein weiteres Glas Zinfandel ein. Ihre durchsichtigen schwarzen Strümpfe enden irgendwo am Saum ihres knappen Schotten-muster-Kleids und verhüllen schlanke Füße. Mein Kopf läuft dunkelrot an. Cheryl spürt, dass ich sie jetzt gern in den Arm nehmen würde: „No Romance", lächelt sie mir zu und drängt mich durch die Haustüre. Ein guter Abend.

Brooks, the Sweaty Face

An einem Maitag – der kalifornische Mohn blüht rund um den Campus – trinke ich mit Cheryl Kaffee. Ich trage ein verwaschenes T-Shirt: „Wasn't born to be perfect; was born to be real", ein Second Hand-Kauf. Sie trägt eine weiße Bluse und rostrote Trainerhosen. Sie redet über die Palästinische Befreiungsfront PLO, die in diesen Tagen Palästina als unabhängigen Staat ausruft. Ich höre ihr zu, wie sie von Protesten gegen Rassismus erzählt, die kommende Woche in Berkeley stattfinden werden. Selbstverständlich werde sie dabei sein. Ich kratze meinen Hinterkopf und kommentiere:

- Die Uni Berkeley wurde doch durch die Proteste in den Sechzigern bekannt. Meine Eltern hatten beim Nachtessen immer das Radio eingeschaltet.

Cheryl antwortet mit einem Anflug von Stolz:

- Die UC Berkeley unterscheidet sich von allen anderen Hochschulen. Die Gleichwertigkeit aller Studierenden ist Programm. Es gibt auch einen Frauenförderungsplan. Jede Form von Diskriminierung wird von der Uni-Leitung abgelehnt.

Schweigen, dann sage ich:

- Ich fühle mich hier wie ein Tiefseeforscher in der Wüste. Die Menschen sitzen sechzehn Stunden täglich am Computer. Sie nehmen Kurse in Computertechnik, was mich wenig interessiert. Es gibt so viel über Psychotherapie zu lernen. Komm, wir gehen.

Cheryl und ich beschließen, uns an der Uni Berkeley einzutragen. Im Spätsommer werden wir dort beginnen.

Doch das Studium in Palo Alto geht weiter. Mein Room Mate Charly wurde vom Psychologischen Institut der Universität weggeschickt. Er erschien kaum je zu den Vorlesungen und hat offensichtlich Prüfungsarbeiten abgeschrieben. Er hat sich auch bei uns aus dem Staub gemacht. So muss ich nun die Wohnungsmiete mit George teilen. Die neue Wohnsituation spornt mich an, nun bald eine Bleibe in Berkeley zu suchen. Die Fahrt von Palo Alto mit der BART (Bay Area Rapid Transport) und zurück dauert einen ganzen Tag. Nach dem Aufnahmegespräch blättere ich im Mitteilungsblatt der Studenten. Mich springt das Inserat einer preiswerten kleinen Mietwohnung an. Kurzentschlossen notiere ich mir die Telefonnummer. Gleichentags drücke ich die Klingel an der Nummer 22234 Browning Street in Southwest Berkeley. Eine Frau mit langen ungeordneten Dreads stellt sich als „Marylin" vor. Sie führt hinter das vernachlässigt wirkende Haus und zeigt mir in einiger Entfernung davon eine Garage. Sie ist ausgelegt mit einem olivgrünen Spannteppich und hat beidseitig Glasfenster, die viel Licht hereinlassen. Ich habe wenig Zeit, um mich weiter umzuschauen. Bad und Küche kannst du bei mir mitbenutzen, sagt Marilyn. Sie lächelt durch ihre von Nikotin gebräunten Zähne. Wie alt sie wohl sein mag? Der Deal ist schnell abgeschlossen. Um neunzehn Uhr fährt mein letzter Zug zurück nach Palo Alto.

Meine Habseligkeiten aus den zwei Koffern sind schnell verstaut. Am Tag des Einzugs sticht die Augustsonne, die Hügel über Berkeley sind ockergelb. Sie bilden einen Kontrast zu den blassgrünen Blättern der Eukalyptuswälder am oberen Rand der Stadt. Ich liebe den Anblick. Ein Neubeginn. Morgen. Die Wände der Garage, die ich bewohnen werde, sind kahl. Pult und Computer stehen an der südlichen Fensterfront. Ich schlafe auf meinem Futon, den ich von George übernommen habe.

Das Institut ist klein. Ich arbeite während einiger Stunden der Woche in der Bibliothek – ein guter Ort für Smalltalk. Ich lerne Kim aus Stockholm kennen. Kim schreibt eine Dissertation über kanadische Minoritäten. Sie hat eine Weile bei Dina Lévy-Strauss an der Sorbonne studiert. Sie berichtet von ihrem großen Haus an der Durant Avenue, wo sie häufig Gäste empfängt. Hin und wieder bin ich auch dabei.

Bis zum „Pizza Hut" sind es drei Straßenblocks. Die Sacramento Street, die in Richtung Berkeley North führt, wo die Universität liegt, ist gesäumt von Obdachlosen, eingewickelt in schmuddelige Schlafsäcke und Wolldecken. Sie liegen auf zusammengefalteten Kartons. An den Straßenecken riecht es nach Abfall und Urin. Nachts bellt ein Hund aus der Nachbarschaft. Ich traue mich kaum, auf die Toilette ins Haus zu gehen. Auf den Regalen lagern Marylins Strickjacken und Wolldecken. In der Badewanne ihre Haare. Mein Magen dreht sich, nur mit Widerwillen benutze ich ihre Dusche. Es gibt keine Ablagefläche für mich. Meine Kleider muss ich auf den schmutzigen Boden legen. Zudem muss ich vor der Badezimmertüre oft lang warten, da ein Mann die Lokalität benutzt, den mir Marylin nicht vorgestellt hat. Ist der Mann ihr Lover? Nach einigen Wochen ist der Typ verschwunden. Danach ist die Hausherrin noch unwirscher als zuvor. Sie macht mir klar, dass sie Gäste meinerseits nur nach vorheriger Absprache mit ihr duldet. Gern schiebe ich die Garagentüre hinter mir zu, um in dem hellen Raum Stunde um Stunde über meinen Arbeiten zu sitzen. Kognitive Psychologie, Soziologie, Psychopathologie, Ethnische Minderheiten in den Vereinigten Staaten und Kanada.

Ich gehe gelegentlich in die Bars in San Francisco oder Berkeley, um Fast Food zu essen und Bier zu trinken. Haight Ashbury ist eine schöne Straße, um zu schlendern. Eines Abends im „Hobsons Choice" an der Haight Street, kippt einer mir mein Bier über die Jacke. Ich verlange, er solle mir wenigstens das Bier ersetzen. Doch er schlägt blitzschnell zu. Der Barkeeper anerbietet sich, die Polizei zu rufen. Doch der Angreifer ist längst verschwunden. Mein Gesicht rund um die Nase schwillt blau an, das Nasenbein ist gebrochen. Verdammt, das kenne ich schon. Schon wieder so ein Reto Fischer, dem meine Nase nicht passt.

Am nächsten Tag finde ich eine freundliche Ärztin in Berkeley. Die Heilung dauert diesmal länger und ist schmerzhafter als zu Retos Zeiten. Mit verformter Nase und blutunterlaufenen Augen unterlasse ich es vorläufig, in Bars zu gehen. Scheisse, immer allein in der Garage an der Browning Street. Eines Abends kommt Kim, meine Mitstudentin aus der Bibliothek, zum Nachtessen. Die Hausherrin kommt spät heim. Als sie uns sieht, verschwindet sie zunächst in ihrem Zimmer, erscheint wenig später. Ihre Nase ist feuerrot und die Haare scheinen noch grauer als zuvor. „Du wolltest mich immer mal wütend sehen", faucht sie. Ohne sich um Einwände meinerseits zu kümmern, jagt sie Kim aus dem Haus. Verstört von einer so heftigen Reaktion wende ich mich dem Abwasch zu. Da biegt Marylin schon um die Hausecke und schleudert meine beiden Koffer die Treppe hinunter. Dann stürzt sie durch die Hintertüre, kommt mit meiner Wäsche unter dem Arm zurück und wirft sie achtlos in Richtung der Koffer. Das wiederholt sie mehrere Male: Garage, Treppe und zurück. Ich überlege mir, ihr in den Arm zu fallen. Doch meine noch nicht verheilte Nase hält mich davon ab. Hinzu kommt, dass ich mir eine Prügelei hier nicht leisten kann. Ich möchte nicht noch mit den Cops zu tun bekommen, who knows what Marylin would tell them! Fuck you, Marylin.

Entkräftet bleibe ich auf meinen Koffern sitzen. Im Haus geht das Licht aus. Um Himmels Willen, muss ich nun im Peoples Park am Rand von Berkeley schlafen, zusammen mit anderen Obdachlosen? Um Mitternacht läute ich bei Kim an der Durant Avenue. Sie ist noch am Korrigieren von Studienarbeiten. Nachdem ich ihr meine elende Situation geschildert habe, lacht sie mich an:

– Ok. Come on in, diesmal bin ich deine Gastgeberin. Du darfst so lang hier sein, bis du eine neue Bleibe hast.

Zwei Wochen später beziehe ich eine winzige Wohnung in einem Studentenquartier namens Rockridge in Berkeley, froh, allein zu sein. Wenn ich das Fenster öffne, nicht größer als eine Schiffsluke, blicke ich in einen wuchernden Garten voller lodernder Blumen. Das Bike habe ich von Palo Alto mitgebracht und benutze es nun für die kurze Distanz zur Uni. Ich genieße das Gefühl, mehr Kontrolle über mein Leben zu haben. Einmal will Marylin die Bibliothek betreten, während ich dort arbeite, sie dreht sich rasch unter der Türe um, als sie mich erblickt. Die Tage gehen schnell vorbei, da mich das Studium in Berkeley interessiert. Cheryl sehe ich kaum, da sie nach den Vorlesungen zurück nach Palo Alto fährt. Bei einem Cappuccino im Café Strada, wo es die Muffins mit süßen Karotten oder Preiselbeeren gibt, erzählt sie mir, dass sie einen jüdischen Mann kennengelernt hat. Ihre Augen funkeln. Ich verdrücke meine Enttäuschung.

Kurz vor Weihnachten gehe ich zu Elmwood Hardware und kaufe mir einen Hammer und ein paar Nägel. Schließlich sind einige Bilder aufzuhängen. Beim Hinausgehen renne ich beinahe eine Frau um. Ich erhasche ihren verärgerten Blick. „Sorry", sage ich. „Say What?", sagt sie. Ich erkenne ihren deutschen Akzent. Die Frau, schmal, ein gereiztes Lächeln um den Mund, will weitereilen. *Bleib doch*, denke ich und frage die dümmste aller Fragen: „Where are you from?" Die Frau, die sich als Katja vorstellt, ist in Berlin aufgewachsen, hat einige Semester Kunstgeschichte an der University of California studiert. Sie lebt bei ihrem Freund Brooks Miller an der Woodside Road. Brooks möchte Deutsch lernen, ob ich Zeit habe, ihm einige Lektionen zu erteilen. Warum nicht? Schließlich habe ich schon in Palo Alto einige Kids aus reichen Familien unterrichtet. Wir verabreden uns für den nächsten Abend. Katja wird ihren Freund mitbringen.

Das „House of Curries" ist ein einfaches indisches Restaurant an der Durant Ave, gleich unterhalb des Maslow Instituts. Im ersten Stock sitzt mir Brooks gegenüber. Die Spannung zwischen Julia und Romeo ist spürbar.

- Du wolltest doch hierherkommen, was soll das? Warum bringst du ihn mit? Er wird's nicht ändern können, dass du übermorgen abfliegst, zu Weihnachten in deinem gottverdammten Berlin sein willst.
- Ich wollte ... dachte, hier ist ein Schweizer, der dir Deutschstunden geben könnte.

Brooks haut mit der Faust auf den Tisch. Die Faust hinterlässt einen Fettflecken darauf.

- Das ändert nichts daran, dass ich dich im Frühling nicht mal besuchen darf. Goddamm Katja, you're an awful bitch!

Die beiden starren sich an. Nach einigen Schlucken Bier beruhigt sich Brooks. Vermutlich spürt er, dass seine Wut an der Sache nichts mehr ändern kann. Katja wird zurück nach Deutschland fliegen. Verlegen schielt er zu mir hinüber. Katja sagt mit hochrotem Gesicht: „Damit ist nun Schluss. Ich habe deine Ausfälle satt. Du weisst seit langem, dass ich gehen werde. Well now, baby meet me downstairs, bring me my running shoes, I'm out of here!" Sie packt ihren Rucksack und verschwindet die Treppe hinunter. Vom Erdgeschoss ist Gläserklirren hörbar. Brooks starrt an die Decke, räuspert sich laut. „Well, what are we going to do now?" Ich hüstle. Schweigen. Eine Träne rinnt über Brooks linke Wange. Es ist ihm peinlich. Schweigen. „Kommst du morgen Abend zu mir? Ich wohne drüben beim California Memorial Stadium, an der Haste Street. Ich koch gern indisch, ich liebe dieses indische Brot, Chapati, weißt du? Würze alles mit Curcuma, spielt eine wichtige Rolle in der traditionellen indischen Heilkunde. Ich könnte Falafel mit Mince-Chutney machen."

Brooks lebt in einer Einliegerwohnung im Erdgeschoss eines Gebäudes, das in die Jahre gekommen ist und dessen ursprünglich schneeweiße Fassade mit Flechten bewachsen ist. Die Hintertüre öffnet auf einen Rasen hinaus, wo sich ein ebenfalls nicht mehr junger Golden Retriever ausstreckt, der bei meinem Kommen keine Anstalten trifft, auch nur den Kopf zu drehen. Der Mann mit den blonden Locken kocht ein indisches Gemüsegericht für uns, dazu eine schmackhafte Yoghurt-Sauce und bäckt Chapati. Während wir essen, spricht er über Katja. Gegenüber gestern scheint er verändert, nicht mehr voller Groll, eher betrübt. Er fühlt sich von der um einige Jahre jüngeren Katja zurückgestoßen. Er erlebt die Trennung als schmerzhaft, so viel ist sicher. Dieser Mann ist vermutlich einsamer, als es sein selbstsicheres Gehabe vermuten lässt. Ich verstehe nun, wieso er Deutsch lernen möchte. Beim Kaffee versuche ich, ihn in einen Dialog in Deutsch zu verwickeln. Stotternd kann er auf meine einfachen Fragen antworten. Warum er so interessiert sei, Deutsch zu lernen? Ah, er will Katja im Sommer in Berlin besuchen. Ob er sicher sei, dass Katja dann noch an ihn denke? Bei dieser Frage verdüstert sich sein Gesicht. Ich kann mir nicht vorstellen, dass die junge Frau in einem halben Jahr noch Interesse an der Fortführung der Romanze haben wird.

Schließlich lädt er mich für das kommende Wochenende zu einem Konzert der Rockgruppe „Greatful Dead" ein. Ich bin begeistert, hat doch Stefan auf unserer Reise durch die Sierras oft CDs von dieser Band vorgespielt. Katja wird auch dabei sein, Brooks schenkt ihr das Konzert zum Abschied. Samstags fahren wir mit Brooks Chevy auf das große Parkgelände hinter der Stanford Universität in Palo Alto. Katja will uns nicht begleiten, sie sei mit der bevorstehenden Rückreise sehr beschäftigt. Die Sonne geht hinter dunklen Wolken unter; bald beginnt es zu regnen. Ich ziehe mir eine farbige Einkaufstüte über den Kopf. Es ist unglaublich viel Publikum da. Obschon nun noch ein Sturmwind aufkommt, betreten die sechs Musiker die Bühne und versuchen, das Publikum auf sich einzuschwören: „Do you feel alright tonight? Yeah?" Als die ersten Takte von „Friend of the Devil" erklingen, wird ein Teil des Zeltdachs fortgerissen. Ein Blitz reißt den Himmel auf. Dann ist es stockdunkel. Als ein Scheinwerfer wieder aufleuchtet, sind die Bandmitglieder verschwunden. Ein Mann gibt bekannt, dass das Konzert aus Sicherheitsgründen abgebrochen werde. Das gelbe Stoppelfeld hat sich in schlammigen Morast verwandelt. Die Menge zerstreut sich. Viele haben Regenmäntel oder Schlafsäcke über ihren Kopf gezogen.

Wir finden uns an einem Ecktisch im „Hobbes" wieder. Katja stößt nun doch noch zu uns. Wir sind in einem Café, Bier gibt es hier nicht, uns ist ohnehin eher nach heißer Schokolade zumute. Brooks beginnt das Gespräch: „Wie weit kannst du deine Familie zurückverfolgen?" Ich sage: „Ich besitze zu Hause eine Kartonrolle, auf der mein Stammbaum festgehalten ist." Brooks ist neugierig: „Go on! How far back?" Ich spüre sein Interesse. Ich beginne mit meinen Vorfahren aus dem 13. Jahrhundert; alles Bauern und Feldpflücker. Ein Vorfahre nahm 1531 an einem Feldzug von protestantischen Freischärlern teil. Sie lagerten nachts am Gubel, einem Hügel nicht weit von Luzern. Das stimmte nur ungefähr, aber wie sonst sollte ich dem Amerikaner Brooks die Geografie erklären:

- I'm sure you have heard of Lucerne, the famous Tourist town.
- Yeah, I once got a postcard ...
- There was a pic of this wooden bridge from the 14th century on it.
- Something like that, yeah.

Die habgierigen Reformierten wurden nachts von Katholiken überfallen und niedergemetzelt. Brooks zögert, dann sagt er: „Mein Bruder hat im Vietnamkrieg gedient, als Helikopterpilot. Nun lebt er in einem Vietnam Veteran Hospital in Texas. Er wird dort nicht mehr herauskommen." Ich bin betroffen. Sein Bruder Kevin hat das alles miterlebt, was ich als Jugendlicher jeweils im Radio gehört habe. Ein kräftiger Wind bläst und zischt durch die Ritzen der dünnen Bretterwand des „Hobbes". Brooks zieht die nasse Jacke enger um sich.

- Ich beneide dich um diesen Stammbaum durch die Jahrhunderte. Ich weiß nur, dass mein Großvater im 18. Jahrhundert aus England nach Oregon einwanderte und dort eine Norwegerin heiratete. Nach der Scheidung nahm die Mutter beide Kinder mit und fuhr zurück nach Europa. So kam es, dass ich in Berlin aufwuchs, wohin es mich nun auch wieder zurückzieht. Besonders jetzt, wo die Mauer eben gefallen ist. Mehr weiß ich nicht über meine Familie.

Schweigen.

Ich fahre fort:

- Meine Vorfahren waren allesamt einfache Leute, die sich selbst versorgten, ihr Auskommen durch Landwirtschaft verdienten.

Brooks strahlt mich an.

- Ich bin auf einer Farm in Texas aufgewachsen. Yeah man, tägliche harte Arbeit war unser Brot.

Ist es wohl Neid oder Bewunderung? Zu meinem Erstaunen zeigt er Interesse an der Schweizer Geschichte. Ich entscheide mich, ihm eine Zusammenfassung der Ereignisse auf dem Rütli, am Morgarten und Sempach zu geben, verzichte aber auf die Sage von Wilhelm Tell. Es ist mir zu peinlich, weiter historisch nicht abgesicherte Schlachtengeschichten von mir zu geben.

Doch Brooks will immer mehr wissen. Er redet nun plötzlich über die Griechen und Römer. Darauf mag ich nicht mehr eingehen. Viel eher interessiert mich *seine Geschichte*.

- Ich habe in den Siebzigerjahren in New York gelebt. Den Lebensunterhalt als Taxifahrer verdient, weißt du? Oh, all these parties. You know who sat in my car? Andy Warhol, Joni Mitchell, David Bowie.
- I do not believe you – tell me more about it!

- Sometimes, they were quite high, on drugs, you know.
- Dann wechselt er das Thema. Seine Stimme wird dunkler.
- Ein New Yorker Großwildjäger hat mich angeworben. Ich flog mit ihm nach Argentinien, in die Provinz La Pampas. Dort managte ich Jagdtouren, Bergpumas, Wildschweine, allerhand Wild. Eine Weile habe ich das mitgemacht. Dann hatte ich genug – all diese großkotzigen Jäger aus Europa und den USA.

Während bei mir der erste Teil der Geschichte Bewunderung hervorruft, erweckt der zweite Teil Abscheu. Wie konnte Brooks nur all diese Wilderer unterstützen, diese ultrareichen Gauner vom ganzen Globus, um sich bei der Ausrottung gefährdeter Wildtierarten zu beteiligen? Er ist ein Abenteurer, ganz klar. Er hat mein Unwohlsein bemerkt und wechselt das Thema:

- Kalifornien ist am Austrocknen.
- In den vergangenen Jahren haben wir immer wieder Dürren gehabt, kaum Niederschläge im Herbst. Im Winter in den Sierras nur wenig Schnee, sodass die Stauseen nicht nachgefüllt wurden.
- Ich war am Shasta Lake, ein tiefblauer See in den Sierras, im Hintergrund von allen Seiten sichtbar der schneebedeckte Mount Shasta. Ich ging Wasserskifahren mit Kim, einer Mitstudentin. Doch ich bin erschrocken, wie weit in der Tiefe der Wasserspiegel war. Die braunen Ränder des Sees, Steinwüsten, alle früher unter Wasser, waren bei weitem größer als die Wasserfläche.

Brooks runzelt die Stirn:

- Hinzu kommen die zunehmend hohen Temperaturen. Falls die Niederschlagsmenge in Form von Schnee statt von Regen geringer ist, versickert das Wasser. Insgesamt nimmt der in den Bergen Kaliforniens als Schnee gespeicherte

Wasservorrat ab. Umgekehrt steigt die Nachfrage nach Wasser in der Landwirtschaft. Das ist eine Zwickmühle.

Katja steht auf:

- Das alles interessiert mich längst nicht mehr.
- Du kannst ja gehen.
- Übermorgen bringst du mich zum Flughafen Bryan.
- Fuck it, nimm dir doch ein Taxi.

Drought

Ein Jahr ist seit jenem Abend mit Jonas vergangen und der Wassermangel hat zugenommen. Es ist streng verboten, den Rasen zu wässern. Wer es trotzdem tut, dem drohen hohe Bußen. Die Vorgärten gleichen braunen Steppen. Gelber Staub weht durch die Straßen. Die Toilette darf man nur noch zweimal täglich spülen; die Dusche wird nur mit einem Rinnsal an Wasser bedient. Die Santa Ana Winde, trockene Sturmböen, sind im Herbst ein jährlich wiederkehrendes Wetterphänomen. Die Stadt fühlt sich an wie ein ausgetrocknetes Seebett.

„Ich denke, es wäre gut, euch unermüdliche Studenten mal vom Hocker und aus dem Umfeld von Gelehrten und Bibliotheken wegzulocken." Ich schlage vor, das nächste Wochenende in den Sierras zu verbringen. Jonas ist sofort dabei. Ich sehe seinem Gesicht an, wie er sich freut. Wir sitzen in meinem Chevy und fahren über Walnut Creek und Fairfield in Richtung der Sierras. Südlich von Yosemite wüten einige Waldbrände und wir müssen einen Umweg machen. Es ist später Nachmittag, als wir in die Dogtown Road und später auf ein noch engeres Sträßchen abbiegen, das auf einem staubigen Vorplatz endet. Rechts steht mein Gästehaus, geradeaus sind die Stallungen für meine wenigen abgemagerten Kühe und Pferde. Aus dem baufälligen Gebäude rechts kommt uns Rose entgegen. Zwei kleine Kinder in zerlumpten Kleidern stieben auseinander. Ich erkläre: „Ich weiß auch nicht so genau, ob der jüngere Mann der Vater der Kinder oder ein Sohn der Frau ist. Ich habe es diesen Menschen ermöglicht, auf meinem Grundstück zu wohnen, weil sie zu den Tieren schauen. Rose, die ältere, mit langen, fettglänzenden Haarsträhnen und spindeldürr, schreibt gelegentlich Artikel für den „San Francisco Chronicle", wenn es um regionale Informationen geht. Sie engagiert sich überdies gegen Hinrichtungen in St. Quentin." Als wir aussteigen, betrachtet Jonas die Szene wie gebannt, wahrscheinlich hat er sich unter einer Ranch so etwas wie Bonanza, die Westernserie aus den Sechzigern, vorgestellt. „Ok, mit Pferderanch habe ich den Mund etwas voll genommen", sage ich. Rose nickt Jonas freundlich zu, der, vorerst zögernd, einige Schritte auf sie zugeht, ihr die Hand drückt. Ich sage ihm, dass ich mit Rose einige Dinge zu besprechen habe. Ich verliere ihn aus den Augen. Vermutlich schaut er sich um. Dann setzt er sich auf die Verandatreppe und zieht ein Buch mit Tintenklecksen hervor. Unterwegs hat er mir erzählt, dass der Test von einem Schweizer namens Hermann Rorschach entwickelt wurde und nun auch in den Vereinigten Staaten weite Verbreitung findet. Ob ich ihm als Testobjekt zur Verfügung stehe? „No way", entfährt es mir sofort. Das mache ich nicht mit Freunden. Die Bilder erinnern mich zu sehr an Draculas Monster. Später backe ich meine indischen Brote, Mehl, Wasser und Salz. Aus der Bay Area haben wir Artischocken und Karotten mitgenommen, die ich koche. Fleisch hätte die lange Fahrt in dem heißen Fahrzeug wohl kaum unbeschadet überstanden. Ich schleppe eine alte Sitzbank aus dem Schuppen auf die Veranda, die nun tatsächlich an die Bonanza-Filme erinnert. Hier weht ein kühler Wind. Wir trinken Bier. Ich lese ihm das Gedicht „Howl" von Allen Ginsberg vor, aus einem zerlesenen Buch, das seit Jahren hier herumliegt: „What sphinx of cement and aluminum bashed open their skulls and ate up their brains and imagination? Moloch, who entered my soul early! Moloch, in whom I am a consciousness without a body!"

Von Ginsberg hat Jonas noch nie gehört. Er sagt:

- Dieses Gedicht ist voller Hoffnungslosigkeit, Trauer und Wut. Da könnte ich Zahnschmerzen bekommen! Ganz anders als die Menschen, die ich in der Bay Area kennengelernt habe. Mit ihrer Fröhlichkeit.
- Ja, das entsprach der Haltung dieser Beatnik-Dichter in New York: „Erweitere dein Bewusstsein, bis es so weit ist, dass es deinen eigenen Tod einschließt."

– Das tönt spannend, komm lies das Gedicht nochmals vor.

Beim Nachtessen beginnt er:

– Ich bin überrascht über die kargen Lebensbedingungen, unter denen die Menschen hier leben.
– Diese Leute sind eher menschenscheu. Sie haben Angst vor Überfällen und viele tragen daher Gewehre mit sich herum.

Jonas schaut mich an, sichtbar erschrocken.

– Und die Winter in dieser Gegend?
– Die Wintermonate können hart, weil sehr kalt sein. Keine Heizung, selbst feuern. Die Menschen sammeln das ganze Jahr das trockene Unterholz der Macchia.

Er scheint nicht mehr zum Sprechen aufgelegt, gähnt mehrmals hintereinander. Für ihn ist das eine neue Welt hier. Sogar das Buch mit den seltsamen Tintenklecksen hat er auf der Veranda vergessen. Die Grillen zirpen, eine gescheckte Katze hat sich in einem alten Korbsessel zusammengerollt. Es ist stockfinster geworden, aus der hohen Macchia rund um uns dringen zahlreiche Geräusche, die mein Freund zu analysieren versucht.

– Was muss man sich in diesem Dschungel alles vorstellen?
– Es gibt hier viele Kleintiere wie Squirrels. Aber auch Pumas und sogar Berglöwen (Cougars) sind schon gesehen worden. Und natürlich Schlangen, Rattle Snakes.
– Interessant! Aber ich werde heute nicht mehr auf einen der vielen Wege gehen, die ich bei der Ankunft gesehen habe.
– Morgen haben wir einen ganzen Tag hier. Wollen wir reiten gehen? Hier gleich führt ein Weg tief in einen Canyon hinunter. Wir packen ein Sandwich ein ... und dann hocken wir den ganzen Tag auf dem Pferd.

Jonas gähnend:

- Ja das werden wir tun, ich freue mich darauf.

Ich denke an den Muskelkater, der ihn abends quälen wird, doch darüber verliere ich kein Wort.

Ritt im Yosemite

Brooks hält die Halfter seines Pferdes Lizzy, das die Nüstern bläht. Lizzy hat breite Hinterbacken und muskulöse Beine. Er steigt auf, schnalzt mit der Zunge und Lizzy trottet brav an. Mein Pferd Daisy, mit langen, in der Sonne golden leuchtenden Haaren an den Beinen, ist kleiner als Lizzy. Sie hat Nüstern so groß wie zwei Tennisbälle, da sie einmal von einer Klapperschlange in die Lippen gebissen wurde. Sie ist es gewohnt, dass die Ältere den Ton angibt und setzt sich hinter ihr in Bewegung.

Die ockerfarbene Fahrstraße, durch starke Regenfälle geriffelt, führt uns eine Felskuppe entlang. Eine Staubfahne senkt sich hinter uns. Nach einer Anhöhe führt die von dorniger Macchia umgebene Piste kurvenreich in die Tiefe. Wir reiten nun hintereinander, nur die Aufschläge der Hufe auf Felsboden sind hörbar. Stundenlang geht es auf diesem felsigen Pfad in die Tiefe. In einer Waldlichtung kommen wir an einigen Wohnwagen vorbei, vor denen haufenweise leere Bierdosen und anderes Gerümpel liegen. Zerlumpte Kinder spielen mit den Dosen. Brooks schaut zurück und sagt, ich solle den Blick abwenden. Es könnte sich um Outlaws handeln, die nicht gesehen werden wollen. Trotzdem schiele ich hinüber. Eine Frau mit blutverschmiertem Haar schiebt einen Vorhang zur Seite. Ein Mann, der hinter einem Wohnwagen hervorschaut, wedelt mit einer Pistole. „Nun aber schnell weg." Brooks treibt sein Pferd an. Wir galoppieren kurze Zeit. Später binden wir sie bei einer Brücke, die sich über einen Flusslauf zieht, an einer Steineiche fest. Nackt springen wir von einem Felsen ins Wasser. Dann tränken wir die Pferde. Über einen anderen Weg, diesmal mehr zwischen hohen Kiefern, geht es zur Ranch zurück. Nach dem ganztägigen Ritt schmerzen meine Oberschenkel und ich komme mir wie einer der drei Bonanza-Brüder vor. Brooks, der Marlboro Man, lächelt wie ein Lausbub zu mir herüber, während er seine Chapatis vorbereitet.

Ich sehe Brooks schweißbedecktes Gesicht vor mir, die blonden Haare stehen in alle Richtungen, ein geheimnisvolles Lächeln umspielt seine Lippen. Das bis zum Bauchnabel offene, vom Waschen gebleichte Hemd, blaue Palmen auf weißem Hintergrund.

Ich erinnere mich seiner Vorgeschichte, die er bei unseren Besuchen in den indischen Restaurants und Bars von Berkeley erzählt hat. Lisa hieß seine damalige Freundin. Brooks war verrückt nach ihr. Er verfolgte sie einmal nach einem Streit von der Bowery bis nach Queens. Als sie ihm dann gestand, sie habe AIDS, trennte er sich von ihr. Sein Test danach war negativ. Tagelang zog er sich dann allein mit LSD in seine Wohnung in Brooklyn zurück. Die Zeit in New York forderte ihren Tribut. Mit Schmerzen in der Hüfte und Blut im Urin suchte er den Arzt auf: Nierenkrebs in frühem Stadium. Die dringend gewordene Operation zahlte er von seinem letzten Geld. Ein Teil der von Krebs befallenen Niere wurde entfernt. Natürlich wurde ihm die Veränderung seines zügellosen Lebensstils nahegelegt. Doch Brooks war wieder bei Kräften, konnte arbeiten. Dann wollte er weg. Er verkaufte den größten Teil der Ranch in Yosemite, 20 Hektar Land mit Viehbetrieb, um mit dem Gewinn eine Existenz als Immobilienmakler in Berkeley anzufangen.

Warum haben mich seine Erlebnisse dermaßen beeindruckt? Was hat das alles im Grunde genommen mit mir zu tun? Ich denke an Stefan zurück. Er hatte mein Interesse für die Hippiekultur heftig kritisiert. Er hatte immer von einem Makel bei mir gesprochen. Meine frühe Begeisterung für die Hippies hatte er auf den Mangel an Mutterliebe zurückgeführt. Unter seinem Einfluss war ich innerlich zwiespältig geblieben. Hatte er recht? Brooks hatte mir begeistert von seiner Zeit im Umfeld der Gegenkultur erzählt. Er hatte sich mitten in dieses Getümmel in New York gestürzt und diese kraftvolle und befreiende Lebensart verwirklicht. Er war eine Weile so richtig happy gewesen, als er in dieser vehementen Gegenkultur gelebt hatte, worum ich ein bisschen neidisch war. Er hatte sein Leben nie aus dem Blickwinkel eines Mangels geführt.

Ein halbes Jahr verbringe ich in einem Praktikum. Ich bin glücklicher Stimmung – endlich kann ich anpacken. Ich fahre frühzeitig über die San Rafael Bay Bridge. Diese vier Kilometer lange Brücke führt am Gefängnis San Quentin vorbei. Ich arbeite in einem Team unterschiedlicher Berufsgruppen in einem Medical Center in San Rafael. Einige kommen auch nach dem Austritt aus der Klinik in die Psychotherapie. Ich stelle mein Auto vor einem hässlichen Betonklotz ab, der Parkgaragen an Flughäfen gleicht. Mittags flimmert die Luft in der Hitze, das Innere ist heruntergekühlt, sodass ich über dem Hemd einen Blazer trage. Krawatte oder Fliege sind vorgeschrieben. Billie heißt sie, meine coachende Psychiaterin. Sie trägt schwarzes Leder und Lackstiefel. Als sie mich zur ersten Beratung in ihrem mit Akten, Büchern und Lederkoffern vollgestopften Arbeitsraum empfängt, halte ich den Atem an. Sie erinnert mich an die deutsche Sängerin Nena, ich pflanze sie innerlich vor ein Mikrophon, verscheuche den Gedanken gleich wieder, da ich an meinen Patientinnen und Patienten und nicht an Erotik interessiert sein muss. Immer mittwochs, pünktlich um zehn, klopfe ich an ihre Bürotür. Ich erzähle ihr die Geschichten der Menschen, die zuvor in mein Büro kamen.

Matthew, LKW-Chauffeur, der häufig im LKW schlief und sich angewöhnte, nachts Nasentropfen zu benutzen, um seine eingetrockneten Schleimhäute zu befreien. Diese trockneten immer mehr aus, sodass er die Tropfen schließlich jede Viertelstunde nahm – ein verhängnisvoller Teufelskreis. Er leidet an Schlaflosigkeit, Erschöpfung und Depressionen und er ist deshalb unlängst arbeitslos. Es fällt mir schwer, diese gefährliche Abhängigkeit von Nasentropfen zu verstehen – zumal hier in Kalifornien, wo ich noch nie an Erkältung und laufender Nase gelitten habe. Mila, die ihren Ehemann nachts halbstündlich veranlasst, unter das Bett zu kriechen, um zu kontrollieren, ob sich dort eine

Schlange befindet. Sie kommt mit ihm zu Paargesprächen. Ich kann ihr Problem verstehen. Mutter musste, nachdem ich das Bild von Eva und Adam in Julius Schnorr von Carolsfelds Bilderbibel gesehen hatte, gelegentlich auch mitten in der Nacht unter meinem Bett nachkontrollieren. Mila leidet an schweren Angstzuständen. Selbstverständlich verweigert sie getrennte Schlafzimmer. Ihr Mann möchte endlich mal ruhig schlafen können. Ich kann mich in beide Personen hineinversetzen.

Eine junge Frau, Nora, die ungefähr so groß ist wie ich, nämlich 172 cm und noch 34 kg wiegt. Eine schwere Magersucht, Anorexie. Sie leidet an Kreislaufproblemen, Haarausfall und dauerndem Frösteln. Ich überweise sie an die stationäre Abteilung der Klinik. Ein Gleisarbeiter, Carl, der bei einem Sturz über eine Bahnböschung beide Hüftknochen brach. Er liegt seit drei Wochen im Spital, klagt über schwere Migräne. Er wird nicht mehr in seinem Beruf arbeiten können und empfindet sein Leben als aussichtslos. Seine Partnerin hat sich deswegen unlängst von ihm getrennt.

Nach der psychotherapeutischen Tätigkeit verwende ich kaum zu erübrigende Stunden auf Telefonate und das Schreiben von Berichten, sodass ich oft erst spät in meine Wohnung zurückkomme.

In den letzten Semesterferien nehme ich mir vor, Gail zu besuchen. Ich hatte in letzter Zeit oft an sie gedacht. Da ich nach dem Abschluss der Dissertation in die Schweiz zurückzukehren beabsichtige, wird der Besuch nun dringend. Ich bin beinahe bankrott. Es ist schwierig, eine Stelle in Zürich zu finden. Ein Jackpot würde das sein. Ich rufe Gail an. Ich spüre meinen erhöhten Puls und atme tief durch, als es auf der Gegenseite klingelt und sie endlich den Hörer abnimmt. Gail antwortet mit reservierter Stimme. Sie lehnt es ab, mich in ihrem Haus zu empfangen und schlägt stattdessen einen Streifzug im nahen Santa Cruz Forest vor. Meine Gedanken wandern zurück zu den Tagen, als wir den Strand entlang schlenderten und uns wie tolle Hunde aufführten. Schade, ich hätte ihr Haus gern wieder gesehen. Aber ich räume ein, dass das ein egoistischer Gedanke ist. Wieviel Zeit ist seither vergangen! Ich hatte immer wieder Gründe gefunden, um sie nicht zu kontaktieren: die Vorlesungen, der Rückstand in meinen Arbeiten. Mein Professor saß mir ständig im Nacken, mit der Abschlussarbeit vorwärtszumachen. Schließlich – als wir uns an einem Samstag verabredet hatten, verfuhr ich mich im Wochenendverkehr zwischen Palo Alto und Los Gatos. Ich konnte mich im Straßengewirr des Silicon Valley nicht orientieren und kehrte am Boden zerstört zurück. Nun, beinahe ein Jahr später, ist es so weit.

Wir treffen uns am Santa Cruz Pier. Sie trägt dieselbe weiße Bluse und die hellblauen Shorts, in welchen sie mich bei unserer ersten Begegnung verzaubert hatte. Sie lädt mich ein, neben ihr im Mazda Cabriolet Platz zu nehmen, dem neueren Modell mit den aufklappbaren Scheinwerfern.

- Wie kommst du mit deinem Studium voran?
- Ich bin zufrieden. Allerdings habe ich alle anderen Beschäftigungen an den Nagel gehängt. Ich besitze zwar eine Gitarre, habe sie aber seit Jahren nicht mehr berührt. Freunde habe ich einige wenige.

Mit dunkler Stimme sagt sie:

- In deinem früheren Leben hast du immer so viel unternommen. Konzerte, Lesungen, Kino. Stolz hast du mir davon berichtet.
- Hoppla, ich war kürzlich in Moes Buchhandlung bei einer Lesung. Irvin Yalom hat aus seinem neuen Buch „Die Liebe und ihr Henker und andere Geschichten aus der Psychotherapie" vorgelesen. Doch du hast recht. Ich wollte wirklich dranbleiben. Aus vielerlei Gründen: Geld, der Druck von Seiten der Dozentinnen und dem Doktorvater, doch auch mein Interesse an der Sache haben eine Rolle gespielt.

Ich zögere, ihr mehr von den Fächern meines Studiums zu erzählen. Ich weiß nicht, wie sie eine Abhandlung zu all den komplizierten Dingen aufnehmen würde, die ich zu lernen habe. Zu sehr haben wir uns voneinander entfremdet.

- Bist du immer noch im Immobilienbusiness?
- Das habe ich schon lange an den Nagel gehängt. Es war schon immer mein Traum, Freiwilligenarbeit zu leisten.
- Und, da bin ich aber neugierig?
- Ich fahre nun dreimal wöchentlich für „Santa Cruz Meals on Wheels", ich bringe warme Mahlzeiten in Altersheime und fahre zu den Häusern gebrechlicher Frauen und Männer.

Sie parkt, ich werfe einige Münzen in den Schlitz der Parkuhr. Wir gehen schweigend bis zum Eingang des Forests. Der Baldachin der Sequoias fühlt sich angenehm kühl an. Auch hier im Wald dauert das Schweigen zwischen uns an, doch auf einmal sagt Gail: „Es ist einige Jahre her, dass wir uns gesehen haben. Das letzte Mal warst du auf Tauchstation wegen des Studiums. Ich ahnte, dass ich dich wohl kaum so bald wieder sehen würde. Leider geht es mir nicht besonders gut." Ich horche auf: „Gail …?"

Sie fährt fort, mich mit Fragen zu bedrängen. Ich bin aufgewühlt, der Tonfall in Gails Stimme hatte etwas Beunruhigendes. Um das Gespräch nicht zum Stocken zu bringen, teile ich ihr einige Details aus dem Studium mit. Augenblicklich beschäftige ich mich mit den Formulierungen und der Zusammenfassung wissenschaftlicher Ergebnisse zur Abschlussarbeit. Ich berichte ihr, dass ich ein Buch meines Vaters aus der Schweiz mitgenommen habe: „Ethik im Alltag der Tiermedizin – Ethik bei den Tierversuchen Albrecht von Hallers." Ab und zu lese ich darin, um mich wieder an die deutsche Sprache zu gewöhnen. Mein Vater hat oft von Tierversuchen gesprochen. Er wies mich auf die dunkle Seite dieses berühmten, in Bern aufgewachsenen Forschers hin. Von Haller hatte Tiere bei seinen medizinischen

Versuchen einem qualvollen Ende ausgesetzt. Er opferte hunderte von Tieren – vor allem Hunde, Katzen und Kaninchen –, um fundamentale Fragen zur Funktion von Nerven und Muskeln beantworten zu können. Die Wurzeln der Küstenmammutbäume um uns stehen wie überdimensionierte Elefantenfüße und ich klettere über einen Riesen, der quer über dem Weg liegt. Ich biete Gail meine Hand, um ihr zu helfen. Sie stolpert und droht hinzufallen: „Gail, was ist los?", frage ich sie. Ohne darauf einzugehen, wiederholt sie mit Nachdruck, wie glücklich sie in jenen zwei Wochen im Juli mit mir und der Zeit danach gewesen sei. Ich fasse sie leicht um die Schulter: „Während dieser Zeit war ich so glücklich, dass ich mich nur an wenige Einzelheiten erinnern kann. Ich schwamm einfach im Strom unseres Erlebens."

Wir gelangen zu einer schmalen Hängebrücke über einem ausgetrockneten Canyon. Die Passanten sind nur auf einer Seite durch ein Drahtgitter geschützt. „Geh du zuerst", sagt Gail. Ich bemerke, dass die Holzbretter feucht und rutschig sind. Dann blicke ich nach oben, vom Himmel ist nur ein kleiner Fleck zu sehen. „Was mache ich, wenn mir schwindlig wird? Die schwankenden Wipfel der Sequoia-Bäume geben keinen Halt", versuche ich zu scherzen. Von der anderen Seite winkt Gail zu: „Die Sache schaukelt ein bisschen, aber komm, ich werde dich in der Mitte abfangen!" Gail setzt einen Fuß auf den Holzsteg und die Hängebrücke beginnt, leicht zu schwanken. Sie scheint unsicher, ich spüre plötzlich Schweißtropfen auf meiner Stirn. Wenn sie nun ausrutschen und in den Canyon stürzen würde? Ich eile ihr entgegen und fange sie gerade noch rechtzeitig auf:

- Ich bin krank, sehr krank.
- Sie fährt über ein medizinisches Pflaster am rechten Oberarm. Es durchzuckt mich, dass sie an jenem ausgelassenen Abend in Santa Cruz auf einen dunklen Punkt am Oberschenkel gezeigt hatte. „Ein gutartiger Hautkrebs", hatte sie beiläufig bemerkt, „Nichts Gravierendes." Ich werfe

einen Blick auf meine Schuhe – mein hilfloser Blick auf meine ausgelatschten und schmutzigen Schuhe ist ein Versuch, um mich von meiner Bestürzung abzulenken.
- Ein Melanom, Dr. Graves hat mir die Diagnose vor ein paar Wochen eröffnet.

Ich starre sie an, murmle etwas wie „Um Himmels Willen! Was hast du?" Ich nehme sie in den Arm: Was sollte ich nun tun? Nun, da mein Abschluss der Doktorarbeit bevorsteht. Würde sie mich jetzt nötig haben? Mein Atem stockt, ich schlucke leer. Ich halte sie mit beiden Händen etwas von mir weg, drücke sie zugleich fest und schaue ihr in die Augen: „Gail, was kann ich für dich tun?" Gail lächelt – ich merke, wie unbeholfen meine Worte sind. Mir wird klar, dass Gail sterben wird. In meinen Gedanken hatte sie für immer weiterexistiert. Vielleicht hatte ich sogar gehofft … Weiter wage ich nicht zu denken. Wie ist das, wenn eine Person, die mir nahesteht, weggeht? Ich hatte das noch nie erlebt, dass eine nahe Person starb. Mein Großvater war vor vielen Jahren bei einem Autounfall ums Leben gekommen. Doch ihn hatte ich nicht gemocht. Er war aufbrausend gewesen und hatte die Beatles und ihre Musik gehasst.

Doch das war anders. Wir waren uns nahe gewesen, sehr sogar. Wir hatten zwei Wochen zusammengelebt, in denen wir unzertrennlich waren. Gails Blick wandert zwischen den Farnen am Boden hin und her:

- Gail, lass uns zu dir zurückgehen. Wir müssen darüber sprechen.

Sie lädt mich in ihr Haus in Santa Cruz ein, kocht Wasser auf. Während sie den Tee anrichtet, fällt eine Tasse vom Tablett. „Ich weiß, dass ich in letzter Zeit andauernd alles fallen lasse", sagt sie. „Früher hätte mich das genervt. Heute nehme ich es als das, was es ist, nämlich ein Zeichen der fortschreitenden Erkrankung. Das ganze Leben lang habe ich mich bemüht, anderen Menschen die Lehre des Neuen Zeitalters, des Aquarius Age, beizubringen."

- Was verstehst du darunter?
- Der Grundgedanke einer Lebensgemeinschaft, in der alle friedlich miteinander sind und in alltäglichen Dingen kooperieren. Das Ideal, dass es kein Vietnam mehr geben wird, nie mehr Kriege auf der Erde.
- Wenn ich ehrlich bin, trage ich diese Ideale noch heute mit mir herum.
- Das ist vorbei. Ich muss mich nun ins Sterben einüben. Übrigens: ich war nie mehr in Esalen. Unsere Begegnung soll für sich stehen. Auch das Wiederholen-Können ist eine Illusion, die ich längst aufgegeben habe.

Beim Abschied bringe ich kaum ein Wort heraus. Ich bin so aufgewühlt, dass ich mich nicht hinters Steuer setzen kann. Wieder einmal kann ich die Tränen nicht zurückhalten. Ich gehe den Strand entlang, so wie wir das vor Jahren gemacht haben. Einzelne Menschen kommen mir entgegen. Ein Mann, in der Hand ein kleines Netz voller Muscheln, lächelt mich an. Ich würde ihn am liebsten fragen, ob er solche Trauer auch schon erlebt hat. *Was soll ich jetzt machen?* Ich habe mich unlängst entschieden, in die Schweiz zurückzukehren. Ich habe einige Kontakte zu Angehörigen meines Berufs in Zürich angerufen. Wenn ich auf sie höre, müsste ich mich beeilen, um dort den Berufsanschluss noch zu finden. In meinem Alter.

Liebesbriefe

Einige Wochen später ruft mich Tina an:

- Ist deine Doktorarbeit fertig?
- Ja, ich habe sie in einem Schluss-Sprint fertiggestellt und abgeliefert.

An der Graduierungsfeier trage ich diese schwarze Graduierungskappe mit dem Band. Ein Foto zeigt mich stolz in die Kamera feixend. Gretchen und John Kelly laden mich zum Nachtessen nach Belmont ein. Noch einmal stehe ich im Schatten dieser geduldigen Sequoia. Ich werde die Sequoias vermissen. Aber all diese Dinge, diese Zusammenkünfte betreffen mich nicht mehr. Meine Zeit hier geht dem Ende entgegen. Noch vor einem Jahr hatte ich mit Brooks erwogen, die Baja California, die Halbinsel im Westen Mexikos, zu bereisen. War sein alter Cadillac dazu noch zu gebrauchen? Es wäre eine Abenteuerreise geworden. Wenn ich daran denke, gibt es mir einen schmerzhaften Stich ins Herz. Ein Stellenangebot von „North East Lodge" liegt nun doch vor, jener Institution, von der mir Cheryl erzählt hatte. Einige Tage zögere ich, die Aussicht, in San Francisco zu arbeiten, finde ich verführerisch. Allerdings könnte ich mit dem Einkommen hier nur knapp überleben. Meine Taschen sind leer. Ich muss mich beeilen, damit ich den Anschluss nicht verpasse – in der Schweiz. Cheryl hat, kaum war ihr Studium fertig, den Mann der jüdischen Gemeinde geheiratet.

Ende Januar fliege ich nach Zürich. Ich beziehe eine Wohnung in einer Kleinstadt unweit von Zürich, dort wo die Dorfstraße endet, und in einen Feldweg übergeht, welcher zum Wald führt. Während der ersten Monate nach der Rückkehr genieße ich meine Abgeschiedenheit. Die Bilder, welche um das Erlebte in Kalifornien kreisen, halten mich im Griff. Sie besetzen mich stark, sie verunmöglichen es mir, mich sogleich in ein neues Leben zu stürzen. Ich kaufe mir eine akustische Folkgitarre. Meine Vergangenheit lässt mich immer wieder zur Gitarre greifen; die dabei entstehenden Klänge sind so zerbrechlich wie das Leben selbst. Die städtische Verwaltung bietet mir bald eine Stelle in der Sozialberatung an. Ich zögere. Doch warum nicht! Ich trage meine Nase nicht mehr so hoch im Wind wie vor meiner Abreise. Schließlich muss ich dringend zu Kleingeld kommen. Ich arbeite mich rasch ein, doch das Leben in der Kleinstadt ist eintönig. Mit Rudi habe ich Kontakt aufgenommen. Er arbeitet als Kulturjournalist bei einer großen Zürcher Tageszeitung. Die anderen Freunde interessieren mich nicht mehr. Gegen Ende des ersten Jahres erhalte ich einen Anruf von Rudi. Er informiert mich über eine Stelle in der Städtischen Sozialpsychiatrie. Ich wünschte mir immer, einmal eine Zeitlang als Psychologe in Zürich arbeiten zu können. Ich gehe öfters in die Konzerte in der Tonhalle Zürich, wo nun Kent Nagano Chefdirigent ist. Er hat auch im Auditorium in Berkeley dirigiert. Plötzlich klingelte das Telefon.

„Hallo Frank, How are you doing down in L.A.?"

„Oh, I'm fine."

Ein Anruf von Frank Zappa persönlich. Schallendes Gelächter, dann setzte Nagano das Konzert fort.

Das frühere Leben in der Schweiz besteht nur aus vagen Erinnerungen. Die deutsche Sprache ist mir fremd geworden. Berührungspunkt ist das Bündel von Briefen der Eltern und von Freunden, das ich aus Kalifornien mitgenommen habe. Dazu einige Ferienpostkarten aus Zermatt und anderen pittoresken Orten der Schweiz, eine aus Berlin und zwei aus Australien. Nichts Schriftliches von Bea oder einer anderen Frau.

Übrigens: Ich habe eine Kartonschachtel mit der Korrespondenz meiner Eltern aus ihren ersten Jahren nach deren Tod auf dem Estrich gefunden. Meine Eltern starben beide binnen einiger Wochen, zuerst mein Vater, dann die Mutter. Nach dem

Tod des Vaters war sie von einer ehemaligen Hausangestellten, die in der Nachbarschaft wohnte, umsorgt worden. Wir verkauften das Haus. Bei der Räumung ging ich mit Tina und Beni über den Dachboden und nahm eine verstaubte Kartonschachtel mit, die Briefe enthielt. Waren es die Liebesbriefe meiner Eltern? Die Schachtel landete im untersten Regal meines Kastens im Keller. Es war mir unangenehm, die Briefe zu öffnen. Als ich im Bett lag und nicht einschlafen konnte, dachte ich daran, wie gewissenhaft mein Vater gewesen war. Es musste einen Grund gehabt haben, weshalb er die Briefe nicht weggeworfen hatte. In den Jahren vor seinem Tod hatte er ein Testament geschrieben und sich mit seinem Besitztum auseinandergesetzt. Bücher, die er für die Nachwelt uninteressant fand, sowie Akten aus seiner Tierarztpraxis entsorgte er gewissenhaft. Er wollte sie für einen Leser aufbewahren und nun war ich derjenige, dem diese Rolle zufiel. Hatte er vielleicht sogar mit mir gerechnet?

Mutters Briefe, in zittriger Handschrift, reden von ihrer Sehnsucht, Rolf zu treffen, ihrem Entzücken, wenn sie einen Feldpostbrief von ihm öffnete. Ich stelle mir vor, dass sie das mit leicht zitternder Hand und einem Lächeln tat. Ihr Feingefühl, dass sie spüren ließ, dass er auf einige Zeilen von ihr warte. Ja, auch von ihrer Hoffnung auf eine gemeinsame Zukunft. Ab und zu schrieb sie auf marmorfarbenem Büttenpapier mit ausgebleichtem Rosenmotiv. In einem dieser Briefe klagte sie, ihn seit einer Woche telefonisch nicht erreichen zu können. Sie hatte eine Nummer vor sich, die sie mit einem Labor des Tierspitals verband. Man kannte da keinen Rolf. Dieser war wohl dort, arbeitete aber in der pferdechirurgischen Abteilung.

Rolfs Briefe, auf feldgrauem Schreibpapier, mit fetter Tintenschrift, berichteten von seinen Erlebnissen in Manövern der Armee. Er war zu Pferd, mit einem Zug von Maultieren in unwegsamem Gelände unterwegs. Sie hatten einen Fluss zu durchqueren. Das Tier stolperte und er stürzte ins Wasser. Völlig durchnässt gelang es ihm, sich zu einem Bauernhof durchzuschlagen. Die

Bäuerin hatte Erbarmen mit dem frierenden Soldaten und bereitete ihm sofort ein heißes Bad vor. Für die Nacht bot sie ihm ein Zimmer an. Der Brief endet mit der Bemerkung, das Pferd habe ein Bein gebrochen und hätte abgetan werden müssen. Kein Wort über die weiteren Begleitumstände. Hatte die Bäuerin ihm aus den nassen Kleidern geholfen, hatten sich die beiden später gesprochen? Im Antwortschreiben meiner Mutter, datiert auf den 27. Februar 1945, geht sie nicht auf die Episode ein. Hatte sie sich dazu Gedanken gemacht, war sie eifersüchtig gewesen? Sie ließ sich nichts anmerken, berichtete stattdessen, dass ihr Vater, mein Großvater, aufgrund eines Herzinfarktes ins Spital eingeliefert worden war. So viel zu meinen Eltern.

Cheryl schreibt, sie sei Mutter geworden, eine einjährige Tochter. Ich nehme nicht an, dass wir uns so bald wiedersehen werden. Doch ich schreibe zurück, lade sie ein, mich zu besuchen.

Mitte November ruft mich Albert an, Gail sei vor drei Tagen gestorben. Im Estrich stöbere ich durch meine Notizen. *Hier sind sie.*

Über Brooks habe ich einen Song geschrieben:

Come Back Brooks
I just wanna see your sweaty face one more time
we used to run around in your big pink – Cadillac
at night sittin' in those Berkeley Bars exploring our minds
exploring our minds.
You told me about those wild New York days
You were crazy about those fancy pills
Doing your own thing, drinking wine
Smoking chasing women all night long
I envied you for those crazy times.
Hunting mountain lions in those Argentinian hills
Taming wild horses in Yosemite Park
Swearing wearing those flowery Hippie shirts
Never really coming down to Bourgeois life!

Last thing I heard you passed away… Brooks
You know you really destroyed my day
memories of you will stay with me …
Always

Der Song über Gail ist noch unvollendet.

Die *Gitarre mit dem krummen Hals* begegnet mir immer wieder im Traum. Ich spiele sie unter einem Oak Tree in den Golden Hills des Tilden Regional Parks oberhalb von Berkeley. Manchmal tritt Brooks hinzu. Er spricht in seinem breiten texanischen Akzent, der sich vom kalifornischen unterscheidet. Ich sehe die Schweißtropfen rund um seinen blonden Schnurrbart und wir lächeln uns zu.

Epilog

Viele Jahre später kehrte ich mit meiner Frau nach Berkeley zurück. Jeanne ist einen halben Kopf größer als ich, smaragdgrüne Augen und dunkelbraune Haare. Sie ist zehn Jahre jünger als ich. Sie hatte die Bücher der kalifornischen Kultautorin Joan Didion gelesen und wollte den Sun State unbedingt kennenlernen. Ich brannte darauf, ihr meinen früheren Lebensort zu zeigen. Es interessierte mich, zu sehen, was sich verändert hatte. Auch wollte ich mit meiner Frau einige der Trails in den Golden Hills begehen, die ich durch Brooks kennengelernt hatte. Auf unseren Spaziergängen hatten wir endlose Gespräche über unsere Herkunft geführt.

Jeanne hatte einen früheren Freund, Toni, der nun in Santa Rosa lebte und den wir gemeinsam zu besuchen beabsichtigten. Santa Rosa, die Stadt in Marine County, wo ich am liebsten hingezogen wäre – in meiner damaligen Vorstellung mit Arbeit und Familie. Einige Tage wollten wir in der Bay Area verbringen, bevor wir von San Francisco Airport aus zurückfliegen würden. Wir verbrachten die Nächte in einem Hotel in Downtown Berkeley. Der Eingang war mit einem dunkelgrünen Tor gesichert, um Einbrüchen vorzubeugen. Um vom Schlafzimmer zum Frühstücksraum zu gelangen, mussten wir einen Innenhof durchqueren. Es gab selbstgemachte Waffeln, ein Schüsselchen Brombeeren, dazu einen schrecklich süßen Sirup. Jeanne hatte mir gesagt, dass Toni ein Freund von Tom Waits sei. Vielleicht würden wir die Gelegenheit haben, den schrägen Musiker kennenzulernen. Ich kannte seine Songs nicht gut, würde aber den Komponisten und Sänger gern kennenlernen. Gleich würden wir nun mit BART, der Bay Area Rapid Transport, nach San Francisco fahren, um uns etwas umzusehen und dort ein Auto zu mieten. Nachmittags wollte ich mit Jeanne in die Oakland Hills fahren. Wir fuhren bis zum Grizzly Peak Boulevard und parkten oberhalb der Claremont Hills, in der Nähe des Eingangs zum gleichnamigen Park. Wir gingen auf einem mit rötlichem Staub bedeckten Pfad und gelangten in einen lichten Wald von kalifornischen Eichen. Viele Bäume waren dürr, ihre kahlen Äste ragten in einen wolkenverhangenen Himmel. Der Schweiß tropfte uns von der Stirn. Im Schatten einer mächtigen roten Eiche packten wir unsere Sandwiches und die Wasserflasche aus. Auch eine kleine Flasche Wein hatte den Weg in den Korb gefunden. Ich dachte daran, dass wir uns in der Gegend befanden, wo vor Jahren der Berkeley Oakland Hills-Firestorm gewütet hatte. Ich erzählte Jeanne davon. Damals war mir morgens der übermäßig heiße Wind aufgefallen, der von den Oakland Hügeln herüberwehte. Um zehn sah ich eine schwache Rauchfahne in den Himmel steigen. Der Qualm verdichtete sich rasch. Er musste aus den Quartieren unterhalb des Parks stammen. Gleichzeitig hörten wir eine Sirene, dann mehrere, die zu einem Crescendo wuchsen. Dunkle Asche wehte vom bewohnten Hügel herunter. Ich wurde unruhig. Wenn das Feuer auf unsere Häuser in Berkeley übergreifen würde? Am Fernsehen sah ich in einer Liveübertragung Bilder vom lodernden Eukalyptuswald, von Büschen, brennenden Autos und fliehenden Menschen. Gegen Abend war das Feuer gelöscht. Es hatte viele Menschen das Leben gekostet sowie hunderte von Häusern zerstört.

Ich wusste damals, dass Cheryl mit ihrer Familie ein Haus in den Hügeln bewohnte. Tags darauf versuchte ich, sie anzurufen, doch niemand nahm ab. Sie rief erst Tage später zurück. Sie war immer die fröhlichere von uns beiden gewesen. Ich erkannte sofort an ihrer gequälten Stimme, dass etwas nicht stimmte. Sie hatten ihr Haus samt ihrer Habe verloren, darunter auch den Computer, auf dem sie ein angefangenes Buch gespeichert hatte. Sie konnten nur noch ihr nacktes Leben retten.

Nach dem Picknick zweigten wir auf die Alavarado Road ab, die uns nach Berkeley führte.

Ende

Der Autor

Jürg René Ackeret wurde 1953 in der Schweiz geboren und absolvierte, angetrieben durch die Freude
an der Arbeit mit Menschen, die Höhere Fachschule
für Sozialarbeit in Luzern, bevor er für mehrere
Jahre nach Kalifornien in die USA ging. Nach dem
Abschluss des Ph.D. in Psychologie an der University of Berkeley kehrte er wieder in die Schweiz
zurück. Heute blickt er auf eine langjährige Tätigkeit
als klinischer Psychologe sowie als selbständiger
Psychotherapeut zurück. Der Autor und Vater einer
Tochter hatte immer schon eine Leidenschaft für das
Schreiben und besuchte über die Jahre zahlreiche
Schreibseminare. Neben diversen Fachartikeln pu-
blizierte Jürg René Ackeret bereits 2015 sein erstes
Buch „Helfen – Aber richtig!" (Shaker Media). Wenn
er nicht gerade selbst schreibt, dann liest er oder
genießt das Leben bei einer Bergtour, beim Gitarre-
spielen und Komponieren eigener Songtexte.